교사 상처

고단한 교사들을 위한 치유 심리학

교사 상처

초판 1쇄 발행 2013년 9월 30일
초판 11쇄 발행 2020년 8월 18일

지은이 김현수

발행인 김병주
출판부문대표 임종훈
책임편집 김미영
디자인 신미연
마케팅 박란희
펴낸 곳 (주)에듀니티(www.eduniety.net)
도서문의 070-4342-6124
일원화구입처 031-407-6368 (주)태양서적
등록 2009년 1월 6일 제300-2011-51호
주소 서울시 종로구 인사동 5길 29 태화빌딩 9층

ISBN 979-11-951761-8-2 (13370)
값 15,000원

이 책은 저작권법에 따라 한국 내에서 보호를 받는 저작물이므로 무단 전재 및 복제를 금합니다.

교사 상처

고단한 교사들을 위한 치유 심리학

김현수 지음

에듀니티

| 여는 글

교사 마음의 상처
– 고단한 교사들과 나누는 따뜻한 차 한잔의 대화

쉽지 않다, 아니 어렵다

　　　　　　　　　　교사로 지내기가 쉽지 않을 때가 많습니다. 아이들 다루기도 쉽지 않고, 수업도 행정도 관계도 그리고 교사이면서 동시에 부모 노릇하기도 다 쉽지 않습니다. 2012년 5월 교원단체연합회에서 실시한 설문조사를 보면 최근 1~2년 사이에 교사들의 만족도는 조사 대상 3,000여 명 가운데 81퍼센트에 해당하는 2,400명 정도가 하락, 또는 매우 하락했다고 응답했습니다. 명예퇴직을 신청하는 사유도 '교육 환경의 변화'를 꼽는 교사들이 압도적으로 많았습니다(2012년 5월 14일자 세계일보 보도).

　매우 열정적이고 헌신적인 교사라 하더라도 잘하기 쉽지 않은 것이 현재의 교직이고, 국민 모두가 전문가라 인정하는 '교육'에 대해서 교사들의 마음이 점점 불편해져 가고 있는 것도 사실입니다.

오늘 학교에서 레슬링을 하셨나요? 즐겁게 춤을 추셨나요?

윌리엄 밀러William Miller와 스테판 롤닉Stephen Rollnick의 저서 〈동기강화상담〉에는 상담가 제프 앨리슨Jeff Allison이 좋은 상담을 즐거운 춤에 비유하고, 매우 힘든 상담을 레슬링에 비유한 이야기가 나옵니다. 레슬링 시합은 상대를 붙잡고 바닥에 눕히기 위해 있는 힘을 다해 싸워야 하기에 시합이 끝날 때쯤이면 둘 다 지치고, 한쪽은 반드시 졌다는 기분에 빠지게 됩니다. 반면, 춤은 파트너끼리 상대를 부드럽게 다루며 한쪽이 보이지 않게 이끌면 다른 한쪽은 잘 따라가면서 서로 기쁨을 느끼고, 춤이 끝나면 정중히 인사를 나눕니다. 저는 이 비유를 〈행복한 교실을 만드는 희망의 심리학〉에서도 말한 적이 있습니다.

오늘 선생님은 춤을 추셨나요? 아니면 레슬링을 하셨나요? 고단함 속에서 하루를 마쳤다면 레슬링을 한 것이겠지요.

저는 이 책에서 우리가 어떤 이유로 춤이 아닌 레슬링의 무대로 가고 있는지에 대해 이야기를 나누려고 합니다(물론 하루하루 춤을 추듯이 잘 지내는 분들도 계실 것입니다).

만약 우리가 레슬링 선수처럼 교사를 하고 있다면, 어떤 상처를 표면은 물론이고 내면 깊숙한 곳까지 받으면서 지내고 있다는 뜻입니다.

그런 교사들의 마음의 상처, 이것이 이번 책에서 다루려고 하는 주제입니다.

교사, 마음의 상처

비록 작은 학교지만 '성장학교 별'을 만들고 10년 넘게 교장을 하고 있습니다. 교장이 할 일이 무엇인가를 고민하다가 그 가운데 가장 중요한 역할이 교사의 삶을 돌보고, 교사가 아이들과 함께 잘 지낼 수 있도록 돕는 일이라는 사실을 깨달았습니다.

교장이 할 일에 대해 참고가 될 만한 자료들을 찾다가 발견한 책이 〈If You Don't Feed the Teachers, They Eat the Students(교사에게 양분을 주지 않으면 교사는 학생을 잡아먹는다)〉였습니다. 저는 이 책의 제목만 보고도 가슴이 철렁했습니다. 그래서 비록 부족하나마 교사들이 힘들어하는 게 무엇인지 알려고 애썼고, 그들이 받는 상처에 관심을 기울이려고 나름대로 노력하게 되었습니다. 하나의 예로 '성장학교 별'에서는 스승의 날, 교장인 제가 선생님들에게 선물을 합니다.

그 뒤로 저는 자주 만나는 공교육 선생님들뿐만 아니라 여러 배움이 일어나는 곳에서 교사들을 만날 때마다 어떻게 돌봄을 받는지, 혹은 어떻게 스스로를 돌보는지, 그들의 마음 상태가 어떤지, 무엇 때문에 힘들어하는지 지켜보게 되었습니다.

교사들을 한 개인으로, 교사로, 또 부모로 상담하기도 했고, 그 자녀들과도 상담하면서 교사들이 받는 마음의 상처에 대해 조금씩 이해하게 되었습니다. 우울증, 학교에서 받는 정신적 외상, 소진, 과도한 업무로 인한 스트레스. 이로 인해 휴직하는 선생님들도 계시고, 결국 퇴직을 결정하는 분들도 계셨습니다. 물론 잘 극복하고 생활해 나가는 선생님도 많습니다. 그러다 2010년 어느 교사 모임에서 교사들의 상처와 치유에 대한 주제로 강의를 하게 되었고, 그것이 지금 이 책을 쓰는 계기가 되었다고 할 수 있습니다.

아픈 세상이 교사에게 주는 피할 수 없는 상처

선생님들이 이야기하는 '교사 상처'는 다양했습니다. 제도로부터, 철학으로부터, 관계로부터 받은 서로 다른 상처들을 보고, 듣고, 느끼면서 제가 깨달은 것은 대한민국 교사들이 받은 상처 가운데 상당 부분은 개인적 차원이 아니라 우리 사회의 교육제도나 시스템에서 오는 피할 수 없는 것이라는 사실이었습니다. 이 사회적 상처를 개인의 문제로 치환하여 아파하는 교사들도 있고, 남의 문제처럼 여기면서 본질을 회피하거나 간파하지 못하는 교사도 있었습니다. 따라서 이 책을 쓰면서 큰 전제가 된 것 가운데 하나는 다소 상투적인 이야기일 수도 있지만, '대한민국이 아프다, 교육이 아프다, 그래서 아이들과 교사들이 아프다'라는, '상황이 상처가 된다'

는 입장입니다. 대기오염이 심각해지면 폐에 병을 얻고, 물이 오염되면 전염병을 앓게 되듯이 우리나라 교육 현장에 퍼진 다양한 바이러스와 오염원들로 인해 교사가 아프다는 관점입니다.

개인의 회복력이나 유전적 요인에 따라서 차이는 있겠지만 환경이 질병에 미치는 영향이 막대하다는 것은 거부할 수 없는 사실입니다. 즉, 우리가 대한민국이라는 환경에서 살아가고 있기에 어쩔 수 없이 받는 상처가 있다는 것입니다. 대한민국의 교육 현장이 선생님으로 살아가는 과정에 주는, 알고도 받고 모르고도 받는 여러 상처입니다. 조금 과격하게 표현하면 모든 교사는 대한민국 교육제도가 할퀴는 상처에 아파하면서 살 수밖에 없습니다. 관점을 조금만 바꿔서 이해하면 교사 개개인의 영역을 넘어서는 지점들이 분명히 존재한다는 이야기입니다. 제아무리 역량이 뛰어난 교사라 하더라도, 혹은 행복해질 수 있는 수많은 비결을 지닌 긍정적인 교사라 하더라도 면역되지 않고, 피할 수 없는 상처들입니다. '역사를 초월하는 개인'을 제외하고는 모두 이런 강력한 환경의 영향을 받을 수밖에 없기에, 더러 자신을 탓할 문제도 없지는 않겠지만 상황이 문제인 경우가 더 많다는 사실을 잊지 않았으면 합니다.

정체성의 한계

그동안 교사 상처에 대한 글을 쓰기

로 하면서 여러 선생님을 만나고, 이야기를 나누고, 설문조사나 초점 집단 인터뷰를 했습니다. 이 과정에서 저에게 당연하면서도 커다란 한계가 있다는 것을 깨달았습니다. 교사들 내면의 고통에 대해 속속들이 알고, 저 깊은 곳에 다다르기에는 부족한 점이 많다는 것, 교사들의 일상생활 안에 놓여 있는 수압을 매일 겪지 않으면 정책과 제도가 미치는 아픔을 교사들만큼 알기 어렵다는 것이었습니다. 따라서 제가 지닐 수밖에 없는 피상성에 대해서는 진심으로 양해를 구하고자 합니다.

고마운 분들께

에듀니티에서 〈행복한 교실을 위한 희망의 심리학〉, 〈공부 상처〉에 이어 세 번째 책을 내게 되었습니다. 그동안 독자들께서 보내 주신 성원 덕택에 이 책의 출간이 가능했다고 생각합니다. 모든 독자들께 먼저 고맙다는 인사를 드립니다. 또 이 책은 '행복한 교사로 살기 위한 치유 심리학'이라는 주제로 2013년 4월에 실시한 현장 연수 강의록을 바탕으로 한 것입니다. 현장 연수가 이루어질 수 있도록 참여해 주신 모든 선생님들께도 고마운 마음을 전합니다. 연수를 진행하는 동안 저 때문에 힘들어하신 선생님들께도 고마운 마음, 용서를 비는 마음을 전합니다.

선생님들을 만나 강연할 기회를 제공해 주시고, 세 번째 책 출판까지 맡아 주신 에듀니티에도 깊이 감사드립니다. 김병주 대표, 이기택 이사, 최윤서 부장, 주은진 대리와 팀원들, 편집팀에도 감사드립니다.

늘 많은 도움을 주시는 경기도 정신건강증진센터, 강서 정신건강증진센터, 성장학교 별, 스타 칼리지, 명지병원 정신건강의학과, 홍덕고등학교에 감사드립니다.

추천사를 써 주신 김태현·조두형 선생님, 감사드립니다.

제목에 대한 의견과 전체 책의 분위기까지 함께 이야기 나누어 준 우리 가족에게도 감사드립니다.

무엇보다 모든 선생님들께 감사드립니다. 오늘도 교실에서 아이들과 함께 서로의 상처, 모두의 상처를 보듬고 계시는 선생님들, 교육이 가장 큰 희망이라고 생각하는 많은 이들에게 선생님은 가장 큰 빛이요, 그 빛을 일구는 분들입니다. 저 역시 다음 세대를 이끌어 나가는 선생님들을 존경하는 마음으로 이 책을 썼습니다. 책 속에 다시 상처를 주는 말과 글이 있다면 그것은 모두 저의 부족함 때문일 것입니다. 너그럽게 이해해 주시기 바랍니다.

2013년 9월

김현수

※ '교사 상처'라는 용어는 '교사 마음의 상처'라고 해야 정확한 표현이라고 생각합니다. 그러나 어떤 분들은 교사이기에 받는 그 자체의 상처도 있으므로 마음의 상처를 넘어선 개념으로 '교사 상처'라고 말씀하신 분도 계셨고, 또 '가르침의 상처'라고 해야 옳은 표현이라는 분도 계셨습니다. '교사 상처'가 이런 개념을 모두 에둘러서 사용한 것이라고 받아들여 주셨으면 합니다.

차례

여는 글	교사 마음의 상처 • 5	
프롤로그 ①	교사 내면의 풍경 • 14	
프롤로그 ②	대한민국 교사 분투기 • 18	

**Part 1
마음통**

1장 _ 세상이 아프다, 교사도 아프다 • 29
2장 _ 선생님 마음통 앞에 서다 • 47
3장 _ 아픈 교사들에게 필요한 것 • 54
4장 _ 상처에서 치유로 가는 여정 • 61

**Part 2
성장통**

1장 _ 성장의 상처 들여다보기 • 71
2장 _ 상처의 또 다른 기원 — 기대, 인정, 정체성 • 79
3장 _ 선생님이 되면서 생긴 병, 선생님병 • 86
4장 _ 마음의 상처는 어떻게 나타나는가 • 92
5장 _ 상처받은 교사에서 치유하는 교사로 • 102

**Part 3
관계통**

1장 _ 다시 아이들을 둘러보다 • 113
2장 _ 내 마음속의 아이들 그리고 관계 • 124
3장 _ 교실에서 일어나는 아이들과의 관계 게임 • 131
4장 _ 교사의 애착 유형에 따른 아이들과의 관계 • 141

Part 4 열망통	1장 _ 성장의 기회는 어떻게 만들어지는가 • 155 2장 _ 교사의 열망 베스트 3 — 수업, 관계, 성장 • 164 3장 _ 언제나 멋진 수업을 꿈꾼다 • 175 4장 _ 아이들을 좋아하는 교사가 더 성장한다 • 182 5장 _ 성장하는 교사의 비결 • 188
Part 5 내면통	1장 _ 왜 교사는 내면의 고통을 겪을 수밖에 없는가 ① • 195 2장 _ 왜 교사는 내면의 고통을 겪을 수밖에 없는가 ② • 207 3장 _ 소리 내어 울 수 없는 교사들, 상처의 치유 • 215 4장 _ 파커 파머가 제시하는 내면 치유 처방전 • 225 5장 _ 행복한+피곤한 삶을 살 준비가 되었는가 • 230
Part 6 행복한 교사	1장 _ 행복한 교사에 다가서기 • 239 2장 _ 불행한 교사의 자화상 • 244 3장 _ 교사 회복 프로젝트 — 레질리언스 워크숍 • 254 4장 _ 교사들이 만든 '행복한 교사 십계명' • 270
에필로그 참고 문헌	선생님, 고맙습니다 선생님, 감사합니다 • 276 • 287

| 프롤로그 ①

교사 내면의 풍경
– 선생님 마음은 쓰레기통

조회 시간, 철수는 오늘도 지각일까 결석일까. 아직 오지 않는다. 개학 이후 하루도 마음 편하게 아침을 맞이한 날이 없다. 철수가 오면 쉬는 시간에라도 다녀가라고 전해 두었다.

1교시, 기분 좋게 수업을 하려는데 첫 시간부터 떠드는 아이들이 있다. 이런 몇몇 아이들 때문에 1교시부터 정신이 사납다. 조용히 시키면서 수업을 했지만 기분이 언짢다.

철수가 오기는 왔다. 왜 지각했냐고 물으니 그냥 늦게 일어났다고 한다. 크게 미안해하지도 않는다. 왜 늦게 일어났느냐고 했더니 잠이 안 와서 늦게 잤다고 한다. 어떻게 하려고 그러냐고 묻고 싶지만 참는다. 일찍 다니라고만 말하고 오후에 끝나고 보자고 했다. 설마 중간에 가지는 않겠지.

2교시, 1교시를 어떻게 참았나 싶다. 벌써부터 자는 아이들이 있다. 간밤에 무슨 일이 있었기에. 자는 아이를 내버려 두어야 하나 깨워야 하나. 깨우면 수업을 방해하고 내버려 두려니 속이 상한다. 수업이 끝날 무렵 그만 일어나라고 했더니 오히려 불만스런 표정을 짓는다. 실랑이를 하면 마무리를 못할 것 같고, 우리 반 아이도 아닌데 붙잡고 상담하기도 그렇다. 다음 시간에는 잘해 보자, 하고 끝냈다. 자는 아이들의 무기력감이 번번이 교사인 내게도 전이된다.

3교시는 잠깐 쉬고, 4교시를 들어갔더니 수업 중에 화장실에 가겠다고 하는 아이가 있다. 안 된다고 했더니 내놓고 식식거린다. 기본 예의를 갖추라고 했더니 생리적인 현상인데 어떻게 하냐면서 오히려 화를 낸다. 어떻게 해야 되나. 그래도 한번 큰소리를 내기는 했다. 쉬는 시간은 그런 일을 처리하라고 있는 거라고. 그랬더니 그냥 잠깐 갔다 올게요, 하면서 제지할 겨를도 없이 나가 버렸다. 기가 막혔지만 막을 수가 없었다. 도대체 기본 규칙조차 몸에 배지 않은 아이들을 어디서부터 지도해야 하나 싶다.

점심시간, 선생님들이 식사를 하면서 자식이나 학생들 이야기 혹은 다른 사람들 뒷얘기를 한다.

5교시, 커피 한 잔을 마시며 밀린 업무를 처리했다. 교사가 가르치는 일에 전념한다는 것은 허상이다. 문득 한심하다는 생각에 빠져 있다가 정신을 차린다.

6교시, 오늘의 마지막 수업. 그래도 마지막 수업은 상쾌하게 마치고 싶었으나 흐트러진 아이들의 자세가 영 나아지지 않는다. 몇몇은 삐딱하니 앉아서 낙서를 하고, 몇몇은 떠들고, 대부분의 아이들은 재미없다는 얼굴이다. 소리를 더 크게 지르고, 이름도 불러 보고, 혼도 화도 내면서 수업을 끝냈다. 하지만 이런 수업은 내가 바라던, 내가 하고 싶은 수업이 아니다.

7교시를 지나 종례, 전달할 게 있으면 빨리 끝내 달라는 아이들의 성화에는 익숙하다. 내 목소리가 어수선함 속에 묻힌다. 지각한 철수의 눈이 빨갛다. 상담을 하기 위해 교무실로 오라고 하고 뒤돌아서는데 아이들 떠드는 소리가 나를 향해 지르는 성난 고함처럼 들린다. 떠밀려 나온 기분이다.

교무실로 찾아온 철수는 학교에 오기 싫다고 한다. 억지로, 간신히 오고 있는 거라고. 공부도 하기 싫고, 학교도 싫고, 선생님들도 싫다고 한다. 의욕도 없고, 희망도 없다고 한다. 아이들과 PC방에서 만나기로 했으니 상담을 빨리 끝냈으면 좋겠단다. 화가 치밀었다. 집안 사정을 물으니 아버지와 어머니의 사이가 극도로 나빠져서 최근에 별거를 시작했다고 한다. 어머니가 일을 나가서 밤에 들어오시는데 하도 잔소리를 많이 해서 짜증이 날 뿐이라고. 그 짜증이 고스란히 전달되어 나까지 피곤해진다.

철수 어머니에게 전화를 걸었다. 안 받으신다. 일부러 안 받으시는 건지, 아니면 일을 하느라 못 받는 것인지는 알 수 없다. 아이가 이렇게 매일이다시피 지각을 하는데 협력하지 않는 학부모는 또 어떻게 해야 하나.

온종일 아이들 떠드는 소리에 귀가 멍하다. 오늘 한 수업 중에 마음에 드는 수업은 하나도 없었다. 아이들과 벌인 신경전에서 오늘은 왠지 내가 진 기분이다. 지겨워요, 싫어요, 왜 안 돼요, 재수 없어요, 헐, 대박, '개'라는 접두어로 시작하는 아이들의 속어에 내 귀까지 절여진 상태다. 지치고 피곤하다. 빨리 학교를 벗어나고 싶다. 어디 시원한 카페에 가서 신나게 수다나 떨고 싶다. 아니면 시원한 맥주 한잔 하거나.

하지만 마음만 그럴 뿐, 이제 제2라운드를 시작해야 한다. 집으로 돌아가는 길, 내 아이들만이라도 나를 피곤하게 하게 않았으면 하고 바랄 뿐이다. 집을 코앞에 두고 몇 분 동안, 머릿속이 복잡하고 생각이 많아진다. 헝클어진 이 기분, 내 마음이 마치 쓰레기통 같다는 생각이 든다.

※ '선생님 마음은 쓰레기통'이라는 표현은 '치료자 마음은 쓰레기통'이라고 하신 은사님의 표현을 빌린 것이다. 정신과 의사는 하루 종일 '죽고 싶다, 미치겠다, 힘들다, 화난다'는 내담자들의 말을 들으면서 마음이 쓰레기통이 된다고 하셨다. 그런데 선생님들과 이야기를 나누다 보니 선생님들의 마음도 그랬다. 아이들이 내뱉는 '싫어요, 하고 싶지 않아요, 재미없어요, 힘들어요…'라는 말을 듣고 살면서 선생님들의 마음도 쓰레기통이 되었다. 선생님의 마음도 참 힘들다.

| 프롤로그 ②

대한민국 교사 분투기
- 통념에서 벗어나야 새로운 출발이 가능하다

'급격한 교육 환경의 변화' 때문에 명예퇴직을 신청한다는 교사들이 많은 것은 왜일까? 환경의 변화가 요구하는 것은 곧 적응인데, 그만큼 적응하기가 어렵다는 뜻일 것이다. 그렇다. 사회적 변화도 워낙 급격하지만 교육 환경의 변화도 그 못지않다. 교사들이 생각하는 통념과 현실 사이에도 상당한 거리가 생겼다. 이런 현실이 일단 교사들에게 가장 큰 상처가 된다. 막연하게 생각했던 우려들이 현실에서 큰 벽에 부딪히게 된 것이다. 예고된 변화라고는 하더라도 예상과 다르게 크게 나타나면 그것은 상처가 된다. 교사들의 기대와 다른 대표적인 현실에는 다음과 같은 것들이 있을 것이다.

첫째, 협력자로서 가정이나 가정교육이 사라졌다

　　　　　　　　　　　　다소 과격한 표현일지 모르지만 현실이 그렇다. 교사가 기대하는 가정의 기능, 가족의 역할이 축소되거나 왜곡됨으로써 학교 교육의 전제라고 할 수 있는 가정교육 역시 미미해졌다. 아이들에게 가정의 역할이 약화된 지는 오래다. 극단적인 형태의 핵가족, 원자 가족이라고 불릴 만큼 작아진 가정은 규모만 작아진 것이 아니라 기능도 줄어들었다. 한 세대에 세 명이 채 안 되는 가정 규모에, 가족 간 대화도 현저히 줄어들었다. 어머니, 아버지와 하루에 한 시간 대화를 한다는 아이들은 거의 없다. 학교와 학원을 거쳐 한밤중에 집으로 돌아가는 청소년들에게 가족은 최소한의 기능만을 제공하는 곳이다. 초등학교 학생들도 혼자 지내거나 학원을 전전하는 시간을 합하면 부모와 보내는 시간이 턱없이 부족하다. 아이들은 혼자에 가깝고, 더구나 맞벌이 가정이 절반을 차지하는 상황에서 아이들과 가정, 가족 간의 유대는 끈끈함을 기대하기 어렵게 되었다. 경제 사정이 어려운 집안 아이들은 더더욱 그렇다. 외양은 문제가 없어 보여도 속을 들여다보면 어려움에 처한 가정이 한둘이 아니다.

　상황이 이렇다 보니 교사들이 기대한 전제로서 가정교육은 시간이 지날수록 미미해진다. 그리고 가정이나 가족의 기능이 축소된 만큼 돌봄에 대한 역할이 학교의 몫으로 돌아오고 있다. 교사들은 가르치는 자로서의 정체성에는 익숙하지만, 부모로서의 정체성에는 취약한 편이다. 또 교사가 아이들의 돌봄을 받아들이는 체계가 만들어지기까지는 역량을 갖출 시간도 필요하다. 게다가 일부 극성스런 부모들은 교사를 존중하거나 충분한 예우를 해 주지 않는다. 오히려 무시하는 경우도 많다. 그들은 단지 자신의 자녀들이 중요할 뿐이므로. 지금 한국의 가정과 가족은 교사에게 큰 짐과 상처를 주고 있다. 일찍이 예상하지 못했던 일이다.

둘째, 배우고자 하는 학생이 사라졌다

이 또한 다소 과격한 표현일지 모르지만 현실이 그렇다. 배우려는 학생, 배움의 동기가 높은 상태로 학교에 오는 아이들이 매우 줄어들었다. 아이들은 학교에 왜 올까? 많은 선생님들은 이미 답을 알고 있다. 적잖은 아이들이 학교에 오는 이유는 첫째 부모가 가라고 하니까, 둘째 학교에 안 가면 달리 갈 만한 곳이 없어서, 셋째 친구를 만나러, 넷째 밥 먹으러.

교사들은 자신을 '가르치는 자'로 정의하지만 정작 학생들은 교사를 가르치는 사람으로 대접하지 않는다. 그들에게 교사는 여러 기능을 하는 한 사람에 불과할 뿐이다. 교사와 제자라는 관계 속에서 보람을 찾던 선생님들은 이런 상황에 당혹스럽다. 열정을 갖고 배우려는 학생이 줄어든 상황에 익숙해진 교사라 해도 이것은 큰 상처로 다가온다. 가르치는 자로서의 정체성이 큰 교사일수록 상처도 잘 받는 법이다.

학교에 진정한 학생들이 사라져 가는 대신 교육 비즈니스에 단련된 고객들은 늘었다. 선생님은 이미 충분히 세속화되었으며, 전 세계에서 가장 이른 나이에 교육 비즈니스를 접하는 나라가 대한민국이다. 세 살 때부터 고객으로 교육 비즈니스를 제공받은 아이들에게 학교 선생님은 인기 없는 인물 가운데 하나다. 아이들은 수많은 선생님을 공교육에 진입하기 전부터 만난다. 어린이집이나 유치원 선생님은 물론이고 학습지, 스포츠, 예술, 영어, 영재, 웅변 등 분야를 셀 수 없을 정도로 다양한 방면에서 만난 선생님들은 아이들에게 불친절하지 않다. 그런 선생님들에 비해 공교육 선생님들은 불친절할 뿐만 아니라 아이들의 시각에서 보자면 성질도 잘 내고, 자기 기준에만 맞추는 고약한 사람들이다. 이런 학생들에게 교사는 번번이 상처를 받는다.

셋째, 배움의 본령으로서 학교가 사라졌다

선생님들에게는 쓰린 이야기지만 학교는 종종 학원에 비교 당한다. 우리나라만큼 사교육이 만연하고, 인터넷 입시 강의가 활성화된 나라도 없을 것이다. 많은 아이들이 배움에 있어서 이중생활을 하고 있다. 애석하지만 어디가 배움의 본가인가를 묻는 일이 중요하지 않게 되었을 정도다. 학년이 올라갈수록 학교만큼 혹은 학교 이상으로 강력한 사교육의 위력 앞에서 학교의 권위는 약화되고 있다. 우리나라 아이들처럼 사교육을 통해 선행 학습을 하고 교실에 와서 앉아 있는 학생들이 어디에 또 있을까? 따라서 선생님의 수업은 이미 상처받은 수업이 되고 말았다.

한편으로 배움을 포기하는 아이들이 많아지고, 배우려 들지 않는 아이들로 인해 교사가 상처를 받는 일도 늘어났다. 일부 아이들은 학원이든 학교든 무턱대고 배우려 들지 않는다. 자신들에게는 수업이 아무런 의미가 없다고 말한다. 오랫동안 축적된 아이들의 무기력은 교사들에게도 전염된다. 이는 교사들 자신의 문제이기 이전에 엄청난 사교육으로 인한 폐해에 다름 아니다. 교사에게는 가장 중요한 수업이, 아이들에게 별로 중요하지 않을 때 교사는 당연히 상처를 받는다. 교사의 수업도, 학교의 본령도 상처받고 있다.

넷째, 교육정책의 일관성이 사라진 지 오래다

지금 우리나라는 기초가 튼튼한 교육제도 위에 새로이 혁신적인 내용이 추가되는 것이 아니라, 갑자기 툭 던져졌다가 회자만 되고 사라지는 정책들이 드물지 않다. 마치 장단이 바뀔 때마다 새로운 춤을 추어야 하는 인형 같은 신세다. 교사를 불안하게 하는 정책의 출몰은 교사의 안정권을 침해한다. 입시 제도에 따라 수업 수가 달라지고, 일부 과목 교사들에게는 자신이 가르치던 교과목이 바뀌는 일도 생긴다. 수많은 입시 전형에 따라 교사가 맡은 과목이 영향을 받고, 어떤 과목은 이름은 존재하나 수업을 하지 않는 개점폐업 상태가 되는 경우도 있다. 학생들이 자치적으로 진행하는 학급회의 등은 대다수 고등학교에서 다른 시간으로 활용되고 있다. 어디 이뿐이겠는가. 교육정책이 교사를 치유하는 쪽으로 작용하는 것이 아니라 교사들이 안고 있는 여러 상처들을 덧나게 하는 경우가 허다하다.

상처에서 자유로운 교사가 되기란 쉽지 않다

교사들이 전통적으로 품었던 학교와 학생과 수업에 대한 기대와 현실이 크게 다르다는 사실을 진작 절감한 교사들이 있는가 하면, 당황해서 어쩔 줄 몰라 하는 교사도 많다. 교사들은 말한다, 요즘 부모들이 이 정도일 줄은 몰랐다고. 교사들은 말한다, 요즘 아이들은 공부하러 학교에 오는 것이 아니라고. 교사들은 말한다, 요즘 학교는 옛날의 그 학교가 아니라고. 교사들은 말한다, 교육정책이 교사를 도운 적은 얼마 없었다고.

가정이 다 하지 못하는 돌봄을 학교와 교사들이 제공해야 하고, 수업이 전부가 아닌 아이들과 새로운 관계도 만들어 나가야 하고, 직업과 인간관계에서 받은 상처도 치유해야 하고, 나를 지키고 교육을 지키기 위하여 교육정책에 대한 입장을 세워야 하는 사람들, 이들이 바로 교사다. 이 분투의 과정에서 교사들의 내면은 과연 어떤 상태가 되었을까? 그 고통을 어떻게 소화시키면서 지낼까?

그러나 누가 뭐라 해도 이 거친 현실 속에서 매일 아이들과 만나면서 참다운 배움을 만들어 나가려고 애쓰는 이들은 교육부 장관도 아니고, 국회의원도 아니고, 시장도 아니고, 유명 학원 강사도 아니고, 슈퍼스타도 아닌, 교실에 있는 평범한 교사들이다. 내가 돕고 싶고 상처를 보듬어 주고 싶은 이들도 바로 이 교사들이다. 격변하는 대한민국의 교육 현실에서 자신을, 아이들을, 또 가정을 행복하게 만들기 위해 고군분투하는 이들. 누구보다 아이들에 대한 사랑과 관심을 잃지 않으려 애쓰는 이들. 나는 교사들이 온갖 상황에서 받는 상처를 잘 치유하고, 고단하지만 행복하기 위한 조건을 만들어 가는 일을 돕고 싶다. 대한민국의 교육 현실로부터, 거기서 파생한 온갖 상처로부터 완전히 자유로운 교사란 결코 없을 것이기에.

1998년 빌 클린턴에게 '올해의 미국 교사상'을 수상한 필립 비글러는 이렇게 말했다. '교사로 살아가는 것은 영원한 낙관주의자로 살아가는 것이다.'

'영원한 낙관주의자' 그리고 '용기 있는 교사'가 되기 위해 새롭게 출발해 보자.

"먼저 '나'를 당당히 말할 수 없다면
'우리'를 말하기도 쉽지 않다."
조너던 코졸

"교사는 금지시키는 사람이 아니라
가능하게 하는 사람이다."
올리비에 프랑콤

Part 1
마음통

1장 세상이 아프다, 교사도 아프다

2장 선생님 마음통 앞에 서다

3장 아픈 교사들에게 필요한 것

4장 상처에서 치유로 가는 여정

1장

세상이 아프다,
교사도 아프다

행복하기를 꿈꾸지만…

올해로 교사직 12년차에 접어든 한 교사는 최근 자신의 적성을 두고 심각한 고민에 빠졌다. 불현듯 교사직이 자신에게 맞지 않는다는 생각이 들었기 때문이다. 몇 달 전부터는 마음을 다잡기 위해 '좋은 선생님이 되자!'고 결심하고 학생들에게 화를 안 내려고 안간힘을 썼더니 화병까지 생겼다.

어느 날 자신을 돌아보니 승진을 위해 해 놓은 것은 하나도 없고, 아이들과의 수업에서도 만족감을 느끼지 못한 한 교사는 탈출구를 찾는 절박한 심정으로 연구년을 신청했다. 그는 요즘 교사이자 한 개인으로서 '행복해지기 위해' 다양한 방법으로 길을 찾으려 노력 중이다.

학교라는 공간을 좋아하고 교직에도 애정을 듬뿍 쏟던 어느 교사는 작년에 처음으로 학교에 가기 싫다고 생각하는 자신을 발견하고 적잖이 당황했다. 주말 내내 수업 준비에 매달리다 일요일 밤이 되면 허망함에 눈물이 쏟아졌다. 여러 연수를 통해 이런 감정이 무의미하고 나쁜 것만은 아니라고 긍정적으로 받아들이게 되었지만, 당시 경험은 앞으로 어떻게 교사 생활을 해 나갈 것인가에 대한 중요한 화두로 남았다.

또 다른 경력 25년차 교사는 혁신학교에서 근무하며 힘들었던 과거의 기억을 치유하고 싶어 했고, 한 교사는 '교사가 행복해야 아이들이 행복하다'는 말을 되새기며 마음공부와 수행에 매달리고 있다.

이 사례들은 현장 연수에서 만난 교사들이 내게 털어놓은 고민들이다. 더 다양한 이야기가 있겠지만, 교사라면 누구나 공감하는 이런 고민들은 학생 못지않게 교사도 상처받고, 그 때문에 아파한다는 사실을 새삼 환기시킨다. 학생이 받는 상처와 고통에 비해 교사가 느끼는 상처와 고통에는 관심이 덜한 것이 사실이고, 그러다 보니 힘든 교사를 치유해 주는 프로그램이나 제도적 장치 역시 부족하다.

선생님들의 마음통은 어디에서 올까? ①
— **대한민국이 아프다**

우리나라는 2012년 현재 세계에서 일곱 번째로 '20-50 클럽'에 가입했다. 20-50 클럽의 가입 조건은 1인당 국민소득 2만 달러, 인구 5천만 명을 동시에 달성한 나라로, 소위 선진국 대열에 진입했음을 가늠케 하는 하나의 기준이다. 세계 무역 순위도 8위까지 껑충 뛰어올랐다. 이처럼 우리나라는 외형적으로 보면 크게 발전한 것 같지만, 그 속을 들여다보면 문제가 많다. 경제협력개발기구OECD가 내놓은 보고들을 보면 정말 살기 힘든 사회라는 것을 알 수 있다. 2012년 현재 34개 회원국 가운데 자살률과 최장 근로 시간, 최저 임금 등에서 1위를 기록하고 있으며, 이혼 증가율과 자살률, 산업재해 사망률, 노인 빈곤, 사교육비 지출 같은 사회 지표는 회원국 가운데 최고 수준이다. 이처럼 사회가 힘들다 보니 국민 대부분이 행복감을 느끼지 못한 채 생활하고, 힘겨운 현실은 고스란히 아이들에게도 전가된다. 한 트위터리언이 OECD 국가 가운데 우리나라가 근래 들어 1위를 차지한 지표들을 모아 보니 다음과 같았다.

- 자살률 1위
- 미국에 아동 입양률 1위
- 위스키 소비량 1위
- 저출산율 1위
- 부패 인식 지수 1위
- 노인 자살률 1위
- 인터넷 IT 강국이면서 가장 소통이 안 되는 불쌍한 나라(영국 BBC)
- 학생들 평균 공부 시간 1위인 동시에 행복지수 꼴지 1위
- 낙태율 1위

- 교통사고율 1위

- 대학 등록금 1위

- 스마트폰 보급률 1위

- 저축률 최저 1위

- 청소년 흡연·음주·낙태율 1위

- 불임률 1위

- 포경수술 1위

- 항생제 사용률 1위

- (덤으로) 성형수술 1위

2009년 9월 이후 OECD 회원국 가운데 우리나라에 매겨진 각종 삶의 불량 지표를 모으면 아래와 같다. 이 가운데 일부는 현재 개선되기도 했겠지만 어찌됐든 우리는 이 지표에서 보여 주는 대로 팍팍한 현실의 삶을 살아가고 있다.

- 어린이 행복지수 낮은 순위 1위

- 청소년 행복지수 낮은 순위 1위

- 어린이+청소년 행복지수 낮은 순위 1위

- 학업 시간 많은 순위 1위

- 과학 흥미도 32위

- 사교육비 높은 국가 1위

- 공교육비 민간 부담 1위

- 국가가 지원해 주는 고등교육 비율 31위

- 국·공립대 등록금 높은 순위 2위

- GDP 대비 공교육비 2위

- 대학 교육 가계 부담 1위

- 청소년 흡연 1위

- 자살률 1위

- 청소년 자살 1위

- 여성 자살 1위

- 남성 자살 1위

- 노인 자살 1위

- 자살 증가 1위

- 여가 순위 32위

- 성 범죄 발생국 2위

- 소득 불평등 2위

- 청년 고용률 낮은 순위 3위

- 정치 참여 안 되는 순위 3위

- 약자 보호 안 되는 순위 3위

- 표현의 자유 안 되는 순위 3위

- 사회 안전망 안 좋은 순위 1위

- 교통사고 사망이 높은 국가 1위

- 근무시간 많은 국가 1위

- 세 부담 증가 속도 1위

- 국가 부채 증가 속도 1위

- 식품·물가 증가 1위

- 양주 소비율 1위

- 상하위 소득 격차 심한 순위 2위

- 중년 여성 사망 1위

- 당뇨 사망 1위

- 남성 간질환 사망 1위

- 대장암 사망률 증가 1위

- 15세 이상 술 소비 1위

- 독주 소비량 1위

- 심근경색 사망 1위

- 결핵 환자 발생 1위

- 결핵 환자 사망 1위

- 출산율 낮은 국가 1위

- 보행자 교통사고 사망 1위

- 산업재해 사망 1위

- 남녀 임금 격차 1위

- 어린이 교통사고 사망 1위

- 낙태율 1위

- 낮은 최저임금 1위

- 저임금 노동자 비율 1위

- 환경 평가 낮은 순위 1위

- 온실가스 배출 증가 1위

- 인도에서 교통사고 1위

- 이혼 증가 1위

- 이혼율 3위

- 노령화 지수 1위

- 노인 빈곤 1위

- 국가 채무 증가 1위

지표는 정직하다. 우리는 매우 살기 힘든 나라에서 분투하고 있다. 사회 안전망이 부재하고 보호받기 힘든 나라에서 개개인이 자신을 안전하게 지키기 위해 갖은 애를 다 쓰고, 우리는 그런 가정과 사회에서 살아가는 아이들과 매일 학교에서 함께 지내고 있다.

선생님들의 마음통은 어디에서 올까? ②
— 아이들이 아프다

우리나라 어린이들과 청소년들의 행복지수는 OECD 국가 가운데 꼴찌고, 자살하고 싶다는 생각을 가진 초등학생 수가 걱정스러울 정도로 많다는 뉴스도 들린다. 청소년의 현실 역시 별반 다르지 않다.

2012년 질병관리본부 보고를 보면 청소년들은 높은 스트레스와 정서적 취약성 때문에 성인보다 훨씬 높은 스트레스 인지율과 우울감 경험률을 나타낸다.

이런 아이들이 낮 동안 모여 있는 학교는 당연하게도 힘든 현실을 고스란히 반영한다. 과도한 스트레스에 짓눌린 아이들, 여러 가지 정서 장애를 겪는 아이들이 해마다 늘어나면서 학교 활동에 협조하고 순응적으로 참여하는 학생을 기대하기란 힘들어졌다. 그만큼 사회도 어른들도 아이들도 힘들어졌다.

아이들이 힘들어하는 데는 여러 가지 이유가 있지만, 가정이 약화되고 인간관계의 유대감이 희박해진 점을 주요 요인으로 꼽을 수 있을 것이다. 가족 규모가 작아지고 가족 간 대화가 줄어들면서 아이들은 많은 시간 홀로 방치된다. 2011년 여성가족부 통계에 따르면 방과 후에 혼자 집에 있는 아이가 100만 명가량이다. 이 가운데 절반인 50만 명은 하루에 세 시간 이상을 혼자 보내는 것으로 나온다. 맞벌이 가정이 전체의 50퍼센트에 육박하는데 비해 아이들을 돌봐 줄 사회적 시스템은 턱없이 부족한 형편이다. 맞벌이 가정의 부모는 늘 불안한 상태로 직장에서 일하고, 아이들은 돌보는 손길 없이 혼자 지내면서 여러 가지 위험에 노출되어 있다.

가족끼리 대화가 충분치 않은 문제도 간과할 수 없다. 한 조사에서는 아이 100명 가운데 7명이 아버지와 전혀 대화하지 않는다고 응답했다. 대화 시간이 30분 미만인 아이는 40명, 한 시간 이상 대화하는 아이는 24명이었다. 어머니와 대화를 전혀 하지 않는 아이도 100명 가운데 3명이었으며, 30분 미만인 아이는 20명, 한 시간 정도 이야기한다는 아이는 45명으로 나타났다. 아버지보다 어머니와 대화하는 시간이 많은 것으로 나타났지만 어느 쪽이든 대화가 충분하지 않다는 사실은 자명하다. 예컨대 학교에서 일어나는 여러 문제를 부모님과 의논해서 결정해야 할 경우, 절반 이상의 아이들이 부모님과 한 시간 이상 대화하기가 불가능하다는 결론이 나온다.

가족 규모도 점차 축소되어 2010년 현재 우리나라 가족 평균 세대원 수는 2.69명 수준이다. 평균적으로 부모 외의 가족은 외동 자녀 정도라서 부모 말고는 아이를 돌볼 가족이 없는 셈이다. 여성가족부의 '가족실태조사보고서'는 또 한 가지 충격적인 사실을 보여 준다. 친조부모가 가족이냐는 질문에 2005년에는 63.8퍼센트의 아이가 '그렇다'고 대답했으나, 2011년 조사에서는 '그렇다'고 한 아이가 23.4퍼센트로 급격히 줄어들었다. 100명 가운데 76명이 친할아버지와 친할머니를 가족으로 인식하지 않는다는 이야기다.

이처럼 아이를 둘러싼 돌봄 시스템은 우리가 상상할 수 없을 정도로 약화되었고, 아이들은 외로움 속에서 유대감이 약한 존재로 자라고 있다.

한편 아이들은 스트레스와 외로움, 우울, 자살 충동 같은 부정적 감정을 경험하며 점점 인터넷이나 스마트폰과 친밀해진다. 잠재적 위험군과 고위험군을 합하면 전체 청소년의 10퍼센트가 인터넷 중독 증상을 보인다고 한다. 절반의 청소년이 '청소년 이용 불가' 게임을 해 보았으며, 또 절반에 가까운 아이들이 사행성 게임을 접한 경험이 있다고 한다. 여성가족부 조사를 보면 학교를 다니는 청소년들의 20퍼센트가 인터넷 음란물을 본 적 있다고 대답했고, 위기 상황에 놓여 있거나 쉼터에서 생활하는 청소년들에게 질문하자 100명 가운데 10명이 성매매 경험이 있다고 응답했다. 어른들이 돌보지 않는 사이에 아이들은 인터넷 게임에 빠져들거나 성적 호기심을 충족시키며 혼자만의 시간을 보내는 것이다.

이런 현실 속에서 돌봄의 부재가 단순히 가정의 문제에 그치지 않는다는 점에서 교사의 고민은 가중된다. 가정에서 충족되지 않는 돌봄 시스템이 학교의 돌봄 역할을 강화시키는 쪽으로 문제 해결의 가닥을 잡기 때문이다. 학교가 돌봄 역할까지 맡아야 하는 것 아니냐는 목소리는 교사에게 크고 무거운 부담으로 다가온다. 아이들의 성적도 올려야 하고, 인성도 바르게 지도해야 하는 교사는 부모처럼 아이들을 돌봐야 하는 중압감까지 짊어지게 되었다.

선생님들의 마음통은 어디에서 올까? ③
— 선생님도 아프다 : 한국 교사들의 직업병 실태

2013년 한국교직원공제회에서 전국 유치원, 초·중·고·대학 교원 1,733명을 대상으로 직업병에 대해 온라인 설문조사를 실시했다. 그 결과 목소리 이상이 44.5퍼센트로 가장 많았고, 다음으로 탈모(17퍼센트), 하지정맥류(11퍼센트), 피부 질환(3.5퍼센트), 무지외반증(2.7퍼센트)이 뒤를 이었다. 또한 학생들을 지도하며 받는 스트레스나 고통이 어느 정도인지 살펴보니 '매우 고통 받는다'는 응답이 21퍼센트, '약간 고통스럽다'는 응답이 47.6퍼센트로, '고통스럽다'는 의견이 68.6퍼센트에 달했다. '전혀 고통 받지 않는다'는 교원은 1.1퍼센트에 불과했다.

우리나라 교사들의 자살률도 증가세에 있다. 2008년 자살로 사망한 교사 수가 9명에서 2010년에는 17명으로 늘었고, 2011년에는 31명으로 급증했다.

독일 뉘른베르크대학의 안드레아스 베버Andreas Weber 등이 2004년 실시한 교사 조기 퇴직 연구 결과에 따르면, 독일에서는 교사들의 3분의 1이 정년 전에 정신 질환과 심신 상관성 질환으로 교단을 떠나고 있다.

뮌헨의대 교수이자 정신과 의사이면서 '교사건강연구소' 소장인 요아힘 바우어Joachim Bauer는 〈학교를 칭찬하라〉는 책에서 아이들에게 시달리고, 부모들에게 항의받고, 교육청에 요구받는 생활을 통해 교사들의 스트레스 방어 면역 체계가 점차 파괴되어 건강상의 문제가 발생하고 있다며, 교사들 건강에 대한 연구의 필요성을 제기했다. 하지만 우리나라는 현재 교사들의 신체 및 정신 건강, 소진, 조기 퇴직에 대한 체계적이고 지속적인 연구가 미비한 실정이다. 1만 2천 개 학교에서 근무하는 45만 명가량의 교사들을 위해 건강과 스트레스에 대한 연구가 활성화되어야 한다.

선생님들의 마음통은 어디에서 올까? ④
— 비동시성의 동시성, 초고속 사회

부모도 힘들고, 아이도 힘들고, 교사도 힘든 중요한 원인이 또 있다. 독일 철학자 에른스트 블로흐Ernst Bloch는 1930년대 독일 사회의 특징을 '비동시성의 동시성'으로 설명했다. 당시 독일은 전근대와 근대가 뒤섞이는 혼란스러운 시국을 지나고 있었는데, 과거의 질서와 미래의 질서가 동시에 존재하는 현상을 설명하며 '비동시성의 동시성'이란 용어를 사용했다. 우리나라에서는 '비동시성의 동시성'이 더 불가사의한 형태로 나타난다. 그야말로 동시에 일어나기 어려운, 함께 공존하기 어려운 수많은 현상이 동시에 벌어지고 있는 것이다.

일반적으로 기술·경제·조직·가치의 네 가지 요소를 놓고 보면 어떤 사회가 변할 때 가장 먼저 변하는 것이 기술이고, 그 뒤를 이어 경제가, 다음으로 조직이, 마지막으로 가치가 변화한다. 이에 따르면 사람의 가치관은 기술에 비해 상당히 천천히 변하며, 기술이 변했는데 가치관이 변하지 않으면서 문화적 지체 현상이 일어난다. 한데, 지금 우리나라에는 전근대를 산 70·80대, 근대화를 이끈 50·60대, 탈근대 기수였던 30·40대, 그리고 현대를 살아가는 10·20대가 어울려 살아간다. 서로 다른 경험을 가진 세대가 같은 시대를 살면서 기술·경제·조직·가치를 바라보는 시각차로 인한 갈등이 빈번하고, 그 형태와 범위도 종잡을 수 없는 실정이다. 이런 문화적 지체로 인한 갈등은 학교 안에서도 나타난다. 신세대 교사와 중견 교사, 정년을 앞둔 교사의 문화적 인식 차이는 학교 문화를 불안정하게 만들고, 소통이 어려운 교사 문화의 한 원인이 되기도 한다.

'빨리빨리'라는 속도전에 익숙한 우리나라 사람의 성향도 기형적인 '비동시성의 동시성' 출현에 톡톡히 한몫을 한다. 우리나라 사람들의 피로는 서양이 300년에 걸쳐 형성해 온 민주화와 산업화 과정을 불과 50년 안팎에 이룩하려고 하면서 쌓인 모두의 피로이기도 하다. 어찌 보면 대단하다고 할 법도 하지만 그만큼 모두가 힘들고 뒤돌아볼 틈조차 없을 만큼 정신없이 살아가고 있다. 속도에 집중하다 보니 깊게 들여다보아야 할 것들을 간과하기도 했다. 300년을 50년으로 압축하면서 개인도 사회도 모두 탈진한 것이다. 이를 다르게 표현하면 50대 후반의 초등 교사가 10대인 초등 5학년을 이해하려는 노력은, 서양식으로 계산하면 두 세기를 건너뛰어야 가능한 일일 수도 있다. 이해가 불가능한 것이 아니라 이해하는 데 큰 노력이 필요하다. 이 차이를 서로 이해하지 못하면 상당히 힘든 시간을 보낼 수밖에 없고, 모두 지치게 된다.

퇴근하면서 '오늘 저녁은 마음 편히 푹 쉴 수 있겠구나' 하고 안도하는 교사가 과연 몇이나 될까. 사실 교사에게는 너무 많은 일이 주어진다. 수업만큼이나 행정 업무도 많아서 아이들과 이야기 나누는 일조차 커다란 압박으로 느껴진다. 이것은 개인의 잘못이나 게으름 탓만도 아니고, 관리자가 강퍅해서라든지 교육정책에 중대한 결함이 있기 때문이라고, 어느 하나에 전폭적으로 굴레를 씌울 수도 없다. 오늘날 우리나라 교육의 총체적 상황은 무정부 상태와 비슷할 정도로 상하좌우 아귀가 맞지 않는다. 일본 사상가 우치다 타츠루(內田樹)의 말처럼 '교육이라는 고장 난 자동차에 올라타서 앞으로 나가면서 수리를 해야 하는 상황'이거나, 마치 영화 〈설국열차〉에서처럼 문제를 안고서 끝없이 달려야만 하는 상황이다.

모두 피로하다. 재독 철학자 한병철의 말마따나 우리는 피로 사회를 살아가면서 자기 착취를 통해 파국을 미루고 있는지도 모른다. 한병철은 〈시간의 향기〉라는 책에서 '오늘날의 피로 사회는 시간 자체를 인질로 하고 있다'고 말했다. 학생도 교사도 부모도 모두 무언가에 쫓기며 뛰어가는 삶 속에서 서로에게 고함을 친다. '내가 문제가 아니라, 네가 문제야'라고.

이런 사회를 살아가는 우리 모두가 너무 힘겹기 때문에 우리 자신을 치유하고 회복해서 스스로를 살려 내는 일이 절실하다. 어른들이 만들어 가는 사회 속에서 앞으로 계속 우리 아이들도 살아가게 될 것이기에.

〈이야기 프랑스사〉라는 책에 보면 프랑스의 역사가 쥘 미슐레J. Michelet가 '나는 프랑스가 아프다'라고 말했다는 이야기가 나온다. 오늘날 우리나라와 우리 아이들에 대한 여러 지표를 보고 있으면 나 역시 '나는 대한민국이 아프다'라는 탄식을 삼키기 어려워진다.

치유로 가는 첫 계단, 마음을 여는 시

여기 시 두 편을 소개한다. 하나는 좋은 교사가 되고 싶다는 바람을 담은 이해인 시인의 작품으로, 따뜻하고 희망을 품은 시다. 다른 하나는 프레네 교육 자료집에서 발췌한 것으로, 프랑스의 한 학생이 교사에게 전하는 갈급하고도 호소력 짙은 요청이 담겨 있다. 이 두 시를 천천히 음미한 뒤에 그 여운과 함께 치유의 문을 열어 보고자 한다.

어느 교사의 기도

이해인

이름을 부르면 한 그루 나무로 걸어오고

사랑해 주면 한 송이 꽃으로 피어나는

나의 학생들이 있어 행복합니다.

그들과 함께 생각하고 꿈을 꾸고

희망을 이야기할 수 있어 감사합니다.

힘든 일 있어도 내가 처음으로 교단에 섰을 때의

떨리는 두려움 설레는 첫 마음을 기억하며

겸손한 자세로 극복하게 해 주십시오.

가르치는 일은 더 성실한 배움의 시작임을 기억하며

최선을 다하는 열정을 지니고 싶습니다.

그 누구도 내치지 않고 차별하지 않으며

포근히 감싸 안을 수 있는 너그러운 마음

항상 약한 이부터 먼저 배려하는

따뜻한 마음을 지니고 싶습니다.

학생들의 말을 귀담아듣고

그들의 필요를 민감히 파악하여

도움을 주는 현명한 교사가 되게 해 주십시오.

아무리 화나는 일이 있어도

충동적인 언행으로 상처를 주지 않으며

자신의 감정을 절제할 수 있는

인내의 덕을 키우도록 도와주십시오.

학생들의 잘못을 따끔히 나무라고 충고할 줄 알되

더 많이 용서할 수 있는 용기를 주십시오.

항상 미소를 잃지 않는 얼굴

지식과 지혜를 조화시켜

인품이 향기로운 교사가 될 수 있도록

노력하고 또 노력하는 오늘을 살게 해 주십시오.

기도하고 인내하는 사랑의 세월 속에 축복받은 나의 노력이

날마다 새로운 꽃으로 피어나는 기쁨을

맛보게 해 주십시오.

어느 날 그 꽃자리에

가장 눈부신 보람의 열매 하나

열리는 행복을 기다리며

오늘도 묵묵히 최선을 다하는

아름다운 교사가 되게 해 주십시오.

학생이 교사에게 보내는 청원서

프랑스 학생

우리에게 열정을 가르쳐 주세요.

우리에게 발견하는 경이로움을 알려 주세요.

당신들의 대답만 가져다주지는 마세요.

우리의 의문을 깨워 주세요.

특히 우리의 질문을 환영해 주세요.

우리에게 삶을 존중하라고 말해 주세요.

우리에게 교류하는 법, 나누는 법, 대화하는 법을 가르쳐 주세요.

우리에게 함께할 수 있는 모든 것을 알려 주세요.

당신들의 지식만 가져다주지는 마세요.

우리의 모순과 모색을 환영해 주세요.

우리에게 삶을 향상시키라고 말해 주세요.

우리에게 우리 자신의 가장 좋은 점이 무엇인지 가르쳐 주세요.

우리에게 설명할 수 없는 것을 바라보는 법, 탐색하는 법, 만지는 법을 가르쳐 주세요.

당신들의 방법만 가져다주지는 마세요.

우리 안에 있는 약속에 대한 의욕을 깨워 주세요.

우리의 창조성을 환영해 주세요.

우리에게 삶을 풍성하게 하라고 말해 주세요.

우리에게 세상과의 만남을 가르쳐 주세요.

우리에게 보이는 것 너머에 있는 것을 이해하는 법을 알려 주세요.

지식의 조각과 결합만을 가져다주지는 마세요.

우리 안에 있는 감각에 대한 탐구욕을 깨워 주세요.

우리의 방황과 서투름을 환영해 주세요.

우리에게 더 열정적인 삶으로 들어가라고 간청해 주세요.

매우 긴급합니다.

지금 바로 우리를 만나러 오지 않으시겠어요?

2장

선생님
마음통 앞에 서다

모두 힘들다는 사실 깨닫기

때로 교사들을 만나면 나는 '선생님, 힘들지 않아요?'라고 물어본다. 반응은 제각각이다. '아유, 힘들어 죽겠어요'라거나, '잘 모르겠어요. 매일 하던 대로 하는 거죠, 뭐', 또는 '힘들지만 별 수 있나요. 그러려니 해요'라는 대답이 돌아온다. 간혹 '옛날에 비하면 많이 편해졌죠. 큰 학교를 혼자 지키는 숙직도 안 하지, 가리방이나 철필을 본 적이나 있나, 손에 잉크도 안 묻히고 문서도 컴퓨터로 다 작성하지…. 힘들 게 뭐 있어요?'라고 해서 젊은 교사들로 하여금 시큰둥한 표정을 짓게 만든 노교사도 있었다. 그런가 하면 '상관없어요. 내 일만 똑바로 하면 돼요'라는 교사도 있다. 나는 어떻게 대답하는 교사인지 한번 생각해 보자.

사실 교사들이 자신을 성찰하기 위해 첫 번째로 마주해야 할 과제는 힘듦에 대한 자각이다. 앞서 여러 사회 지표를 통해 확인한 바 있듯이 우리는 힘든 사회 속에서 사는 것이 분명한데도 어쩐지 '힘들다'고 말하는 것을 불편해한다. '힘들지 않다', '이 정도는 누구나 겪는다'고 자신을 위안하면서 말이다. 우울증 환자든 화병 환자든 또는 신경쇠약이나 극도의 피로감에 시달리는 사람에게 가장 중요한 것은 자신의 상태를 정확히 인지하는 것이다. 자신이 우울하다는 것, 내 마음이 화로 가득 찼다는 것, 내가 지금 극도로 피로한 상태라는 것을 제대로 아는 것이 최우선이다. 진단이 정확해야 변화가 가능하기 때문이다. 그동안 우리는 '힘듦을 인정하지 않을 것'을 권하는 사회 분위기 속에서 아픔을 견디고 또 잊도록 훈련돼 왔다. 그래서인지 힘들어도 힘든 줄 모르고 지내는 사람이 많다. 참으로 마음 아프고 슬픈 일이다.

더구나 우리는 인생의 목표나 눈앞의 성과를 좇아 바쁘게 살면서 자신이 얼마나 힘든지, 얼마나 소진되고 있는지 알아차리지 못한 채 앞만 보며 달리고 있다. 개인마다 느끼는 주관적 고통을 쉽게 인정해 주지 않는 풍토에서는 '힘들다'는 하소연이 엄살로 내몰려 호되게 타박 당하기도 한다. 이런 이유들로 힘들어도 힘들다고 말하지 못하고, 아파도 아프다고 말하지 못하면서 고통을 외면한 채 자신의 상태를 돌이킬 수 없을 정도로 악화시켜 간다.

우리는 우리 자신을 파먹고 있다

미국의 정신분석가 마이클 아이건

Michael Eigen은 〈독이 든 양분〉이라는 책에서 고통을 부정하고 무조건 앞으로 나아가는 행동 양식을 일컬어 '자기 식인 행위'라고 명명했다. 고통을 외면하는 것이 스스로를 파먹는 행위라는 뜻에서였다. 누구나 마찬가지겠지만 고통은 가능하면 피하고 싶은 일이다. 그만큼 힘겹기 때문일 터인데, 실제로는 고통을 느끼는 것이 매우 중요한 일이며, 고통을 느껴야 문제를 수월하게 해결할 수 있다.

때때로 우리는 힘듦을 잘 느끼지 못하거나 힘든 현실에 맞서 싸우겠다며 앞으로 달려 나가는 사람을 보고 강인하다고 부러워하는데, 이것은 대단한 착각이다. '내겐 힘든 일이야. 나는 이런 점이 힘들어'라고 인정하기를 스스로에게 허락하지 않으면 더욱 병들고 나약한 사람이 되기 쉽다. 영국의 정신분석가 도널드 위니콧Donald Winnicott은 '건강한 사람이야말로 고통을 제대로 느끼며, 가장 성숙한 사람이 가장 큰 고통을 느낀다'고 말했다. 예컨대 갓난아기는 배고픈 고통과 불편한 고통 정도밖에 못 느끼지만 역사에 길이 남은 위대한 인물들은 타인, 나아가 인류의 고통을 자신의 구체적인 고통으로 느낀다는 것이다. 그러므로 자신이 힘듦을 빨리 아는 것, 무엇이 힘들고 고통스러운지를 제대로 아는 것은 건강하고 성숙하다는 증거이기도 하다.

교사들은 힘들 수밖에 없다. 그렇기에 '선생님, 힘들지 않아요?'라고 물으면 '네, 많이 힘들어요' 하고 대답하는 교사를 만날 때 나는 한편으로 마음이 놓인다.

슈퍼 티처, 아이언 티처 VS
매뉴얼 티처, 쉬링큰 티처

또 한 가지 중요한 자기 인식은 나 또는 우리가 모든 문제를 능숙하게 해결하지 못한다는 사실을 순순히 받아들이는 것이다.

수퍼맘에 이어 '슈퍼 티처super teacher'라는 단어가 등장했다. 교사도 초인적 능력을 발휘하는 슈퍼맘 같은 슈퍼 티처가 되려 한다는 것이다. 슈퍼 티처와 비슷한 개념으로 어떤 고통에도 흔들리지 않고 살인적인 열정으로 헌신하는 '아이언 티처iron teacher'가 있다. 이들은 자신의 목표에 다다를 때까지 끊임없이 스스로를 불태우는 유형이다. 그 덕분에 타인에게 실력을 인정받고 큰 영향력을 갖기도 한다. 하지만 슈퍼 티처와 아이언 티처의 불꽃같은 열정은 결국에는 자기 자신을 타들어 가게 함으로써 삶의 목표가 아닌 죽음에 더 가깝게 만든다. 우리 주변에서도 소명 의식에 집착한 나머지 너무 많은 일에 매달리는 교사들을 볼 수 있다.

한편 슈퍼 티처의 반대편에는 '매뉴얼 티처manual teacher'와 '쉬링큰 티처shrinken teacher'가 있다. 이들은 최소한의 가이드를 따르면서 꼭 해야 하는 일만 하는 교사를 말하며, 학교 안에서 한 방울의 열정조차 불태우려 하지 않는다. 슈퍼 티처와 아이언 티처의 살인적인 열정의 폐해와 마찬가지로, 의욕이 식어 버린 매뉴얼 티처와 쉬링큰 티처도 학교라는 공간에서는 죽어지내는 존재나 다름없다.

이렇듯 학교 안에서 교사는 힘든 현실에 자신을 적응시키거나 보호하기 위해 과잉 전략 혹은 과소 전략을 선택한다. 그리고 때로 과소 전략 교사와 과잉 전략 교사는 서로를 비난하고 대립하며 더욱 힘든 방식으로 살아간다.

'더 잘해 봐 증후군'

과잉 전략 교사에 대해 좀 더 알아보자. 과잉 전략 교사의 기본 성향은 '나뿐만 아니라 다들 힘들고 아프잖아. 해결해야 할 문제도 많으니 더 열심히 해야지'라며 자신을 재촉하는 유형이다. 물론 노력하는 자세는 중요하다. 그렇지만 때로는 '더 열심히', '더 잘'이라는 말이 교사를 힘들게 만든다. 노력이 강박이 되어 어느 순간에도 스스로 만족하거나, 자신을 인정하거나, 평온하다고 느낄 수 없다면 노력은 오히려 독이 된다. 이를 두고 미국의 상담가 데이비드 씨맨즈David Seamands는 〈어린 아이의 일을 버리라〉는 책에서 '더 잘해 봐 증후군'이라 이름 붙였다. 이 증상을 지닌 사람은 본인이나 주변에 항상 이렇게 말한다. '이대로는 부족해', '열심히 하고 있지만 아직은 아니야', '이만큼 했다고 뭐가 크게 달라지겠어?', '이 정도는 교사라면 누구나 하는 거야.'

과잉 전략 교사는 현실은 언제나 부족하고 불만족스러우며 잘못되었다고 느낀다. 예컨대 반에서 성적이 가장 좋은 아이에게 '이것 가지고 되겠니? 학교 전체에서 잘해야지'라고 말하고, 아이가 열심히 노력해서 전교에서 1등을 하면, '시골 학교에서 잘해 봤자 소용없어'라며 도시 학생들과 비교하고, 다음에는 전국으로 그리고 곧 세계로 넓혀

가며 아이를 채근한다. 사람에 따라서는 자신의 자녀에게 노골적으로 '더 잘해 봐 증후군'이 발동하기도 한다.

이 방식은 사람을 불행하게 만드는 전형적인 형태 가운데 하나로, '지금은 아니다, 지금의 나는 부족하다'며 자신을 파멸로 몰아간다. 이런 교사는 선배나 상급 기관이 요구하는 더 높은 기준을 달성해야 한다는 압박감에서 벗어나지 못하고, 단 한 번이라도 자신에게 만족하거나 스스로를 괜찮다고 여기지 못해 행복과 점점 멀어지는 삶을 살아가게 된다.

같은 성취 지점에 이른 사람이 둘 있다고 가정해 보자. 하나는 '능숙하진 못하지만 지금도 괜찮아', '조금 부족하지만 할 만큼 했으니 대견해', '그런데 여기서 조금만 더 나아지면 참 좋겠네'라며 스스로를 바라본다. 이런 시선은 자신뿐만 아니라 타인에게도 같은 방식으로 투영된다. 다른 한 사람은 '지금도 부족한데 어떻게 하지, 앞으로 더 힘들 텐데', '아무리 힘들어도 내가 더 열심히 해야 돼'라며 쫓기는 생활을 한다. 그의 이런 강박도 주변에 고스란히 전가된다.

교사로서 더 잘해야 한다는 강박은 시스템이나 명령 같은 외부 요인에서 시작되기도 하고, 한편으로는 내면의 욕심이나 압박에서 기인하기도 한다. 어느 쪽이든 마음을 쫓기며 일의 덫에서 헤어나지 못하는 교사에게, 스스로 추구하는 삶을 살기란 하늘의 별따기만큼 어려운 일이다. 누구에게 보여 주기 위해, 혹은 누군가를 만족시키기 위해, 또 목표를 달성하고 다음 목표에 이르기 위해 내달리기만 하는 삶이란 얼마나 힘이 들겠는가.

때때로 자신을 치유한다는 명목으로 더 많은 것을 시도하며 열심히 노력하는 교사들을 만난다. 그들은 더욱 유능한 교사가 되기 위해 힘듦을 애써 잊고 일에 매진하지만, 안타깝게도 자신과 아이들은 물론이고 그 누구도 만족시키지 못하는 모습을 많이 보았다.

3장

아픈 교사들에게 필요한 것

아픔에서 시작하라

　　　　　　　　　　　미국의 교육 연구가 샘 인트레이터 Sam Intrator가 편집한 교사들의 내면 성찰 수기 〈용기 있게 가르쳐라〉에 소개된 미국 교사들의 심정은 다음처럼 공통의 아픔을 전하고 있다.

- 우리는 평가절하당하고 있다고 느낀다.
- 우리는 우리의 토대가 침식당하고 있다고 느낀다.
- 우리는 일에 치이고 있다고 느낀다.
- 우리는 고립되어 있다고 느낀다.
- 우리는 상처받기 쉽다고 느낀다.

만약 우리나라 교사들과 자신의 아픔에 대해 이야기해 보면 어떤 말들을 공통으로 적어 낼까? 외면상으로는 그렇지 않을 수도 있지만 내적으로는 매우 고단한 시대를 건너고 있는 현실 앞에서, 교사들은 자신의 상태를 어떻게 느끼고 있을지 궁금하다.

인정받지 못하고, 권리가 확보되지 않고, 열정과 힘이 소진되고, 외롭고, 상처받기 쉽다고 고백한 미국 교사들과 우리나라 교사들은 서로 공감할 면이 적지 않을 것 같다.

외로움 받아들이기

아픔이 있는 교사들이 느끼는 감정을 꼽으라면 첫 번째가 '외로움'일 것이다. 교사들은 자신이 외로운 존재임을 이해해야 한다. 왜 교사는 외로운 존재일까?

가장 큰 이유로 교사에게 적용하는 세간의 높은 기준을 들 수 있다. 흔히 '교사는 이래야 한다', '교사가 그래서야 쓰나', '그런 정신으로 어떻게 교사를 하나'라고 말들 한다. 교사는 아파도 결근하면 안 되고, 가르치는 실력이 부족해도 안 되며, 아이들 앞에서 나약한 모습을 보여서도 안 된다고 목소리를 높인다. 게다가 사람들은 교사가 불평불만 하는 것에 너그럽지 않다. 수업하랴 생활지도하랴 힘들어 죽을 지경인데 왜 몰라 주냐고 하소연해도, 교사에게 돌아오는 대답은 '그게 교사가 할 일 아니냐'는 냉정한 반응뿐이다. 설령 학습 지도에 애를 먹어도 '나는 가르치는 게 힘들어요'라고 말할 수조차 없는 노릇이니 답답하기만 하다.

교사는 소리 내어 자신의 어려움을 말할 수도 없고, 다른 사람의 위로도 기대하기 어려운 처지에 놓여 있다. 그저 스스로 다독이거나 교사 집단 내에서 마음을 내보일 수 있는 몇몇끼리 서로 토닥여 주는 게 고작이다.

그렇다면 교사 집단의 분위기는 과연 어떤가? 교사끼리 서로 위로하고 격려하는 문화가 자리 잡혀 있는가? 아마 교사 자신의 업무에 지치고 다른 교사와 자신을 비교하고 평가하느라 누군가를 위로할 여유가 없을 것이다. 더러 엄격한 교사들은 위로를 바라는 후배 교사에게 나약하다고 꾸지람을 하기도 한다. 이런 분위기 속에서 교사는 서로를 위로해 주기보다 서로를 경계하고 문제점을 지적하는 존재가 되어 버렸다.

교사는 외롭다. 그럼에도 위로와 격려를 받고 싶은 마음을 동료 교사에게 표현하는 일이 쉽지 않다 보니 점점 마음을 닫게 된다. 동료 교사끼리 서로 위로하고, 격려하고, 칭찬해 주고, 돕고, 협력하는 방법은 충분히 활용하지 않으면 금방 잊어버린다. 다른 모든 습관과 마찬가지로 위로와 격려도 자주 해서 습관이 되어야 능숙해지기 때문이다. 이제 교사로 살면서 힘든 일들을 혼자 위로하던 습관을 버리고 과감히 밖으로 드러내어 서로 나누고 위로할 때가 되었다.

매일 상처받고 있음을 이해하기

한 개인에게 있어 이해가 필요한 시점에 적절한 이해와 위로가 이루어지지 않으면 생각보다 심각한 트라우마를 일으킬 수 있다.

예전에는 개인의 정신적 외상이나 충격의 원인을 분석할 때, 그것을 일으킬 만한 크고 중대한 사건에 집중하는 경향이 있었다. 그러나 지금은 사건의 규모보다 그것이 얼마나 오랫동안 꾸준히 지속됐는지에 비중을 두고 접근하는 방식이 설득력을 얻고 있다. 개인의 인생 내력에서 치명적인 충격을 찾기 힘든 경우에는 작은 충격이 오랫동안 꾸준히 가해진 사례가 많았기 때문이다. 말하자면 천둥이나 번개, 폭우를 경험한 적은 없지만 가랑비를 지속적으로 맞은 것과 같다고 할 수 있다. 폭우든 가랑비든 강도 차이는 있지만 몸이 젖는 건 똑같다. 이때 천둥, 번개, 폭우, 해일, 전쟁 등 재앙에 가까운 사고를 '빅 트라우마big trauma'라고 한다면, 가랑비는 '스몰 트라우마small trauma'에 해당한다. 여기서 '스몰'은 '작다'는 의미보다 의식하지 못할 수도 있을 만큼 '일상적'이라는 의미로 받아들이는 게 맞다.

가랑비도 오래 맞으면 옷이 흠뻑 젖듯 오랜 시간 차곡차곡 쌓인 스몰 트라우마는 한 개인의 성격 형성과 대인 관계에 절대적인 영향을 미친다. 예컨대 공포나 두려움의 감정을 몰라주는 부모 밑에서 자란 아이는 공감 능력이 떨어진다. 친구가 무서워서 떨고 있으면 '이게 뭐가 무서워? 난 옛날에 깜깜한 어둠 속에서도 혼자 견뎠는데, 넌 그것도 못 하니?'라고 말한다. 또 끊임없이 잔소리를 들으며 자란 아이는 무언가를 하기 두려워하고, 늘 누군가와 비교 당하며 자란 아이는 아예 의욕을 내지 않는다. 이처럼 스몰 트라우마가 무서운 이유는 체감하지 못하는 사이 내면에 누적되어 아주 오랜 기간 강력하게 작용한다는 데 있다.

특히 스몰 트라우마 가운데서도 위로받지 못한 경험에서 오는 상처는 생각보다 큰 위력을 행사한다. 내가 힘들 때 주변에서 힘든 것을 몰라주는 것, 나는 할 수 없다고 말하는데 아무도 가르쳐 주지 않는 것, 너무 공포스러운데 아무도 달래 주지 않는 것…. '그게 뭐가 힘들다고 그래', '그걸 왜 몰라', '그까짓 게 뭐가 무서워'라며 도와주지 않고, 가르쳐 주지 않고, 이해해 주지 않으면 스몰 트라우마가 일어난다.

그렇다면 교사를 무력하게 만드는 스몰 트라우마에는 어떤 것이 있을까? 먼저 주변에서 한 마디씩 던지는 비아냥거림을 들 수 있다. 동료 교사들이 무심코 하는 말, 관리자들이 혼내는 말, 학부모들이 교사를 신뢰하지 않는 말, 아이들이 막무가내로 부리는 투정 등이 교사에게는 다 스몰 트라우마가 되어 상처를 남긴다.

교사가 힘들고 외롭다는 사실을 아무도 몰라주는 것 역시 스몰 트라우마를 일으키는 중요한 요인이다. 내가 얼마나 힘든지 동료 교사도 몰라주고, 관리자도 몰라주고, 아이들도 몰라주고, 학부모도 몰라주고, 사회도 몰라준다. 힘든 교사들의 스몰 트라우마는 마침내 집단 트라우마로 옮겨 간다. 교사의 집단 트라우마는 아이들을 대상으로 발산할 위험이 크다. 그러므로 교사들이 서로를 인정하고, 이해하며, 트라우마를 치유해 주는 과정이 필요하다. 동료 교사가 어째서 힘들어하고, 무엇에 놀랐고, 어떤 것에 공포를 느끼는지 알아주고 공감해 주어야 한다.

스몰 트라우마

데이비드 말란 등이 저술한 책 〈단기역동정신치료의 최신 이론과 기법〉에서도 자신이 통제할 수 없는 큰 사건이나 사고가 아니라, '주로 대인 관계, 특히 부모나 친구들 사이에서 벌어지는 정서적 문제들에 균형이 깨지고 회복되지 않아서 생기는 작은 충격과 외상들'을 스몰 트라우마라고 일컬었다. 자신감 혹은 자존감을 잃게 만드는 일상의 경험들로는 어린 시절 친구나 가족들로부터 반복적으로 무시 혹은 놀림을 당했다거나 이해받지 못했던 경험들을 예로 든다. 작은 상처들은 개인 정체성의 일부가 되어 추후 성장하면서 인격 형성에 영향을 미치기도 하고, 좀 더 큰 정신적 외상인 경우에는 활성화되어 영향을 미치기도 한다.

가장 대표적인 것은 부모와 아이의 정서적 조율이 깨지는 일로써, 아이는 긴장과 경직을 반복하는 작은 외상 상태에 자주 빠지다가 이것이 축적되어 나중에 정신 병리로 진행된다. 특히 부모의 공감 능력은 작은 외상의 핵심적 조절 기구로, 이것이 부족하면 아이는 반복적으로 외상을 입게 된다.

또 다른 대표적인 스몰 트라우마로는 잘못된 공감 혹은 부족한 공감, 부모-자녀 사이의 역할 역전, 편애, 가족들의 역할 경계를 잘못 정하는 것 등이 있다. 예컨대 마음을 몰라주는 것, 말이 안 통하는 것, 부모나 어른이 할 일을 아이한테 전가시키는 것, 예쁜 아이들만 예뻐하는 것 등이 여기에 속한다.

오늘날 교사들은 매일 스몰 트라우마를 겪는다고 해도 과언이 아닐 것이다. 많은 선생님이 아이들과 잘 지내려고 마음먹지만 소통과 공감이 쉽지 않고, 무언가 매끄럽지 않은 느낌을 자주 경험하고, 그러다 그냥 아이들이 내 말이나 잘 들어주었으면 하고 바라게 된다. 서로 간에 분노와 방어가 쌓여 가는 일상, 교사의 하루하루는 스몰 트라우마를 축적해 가는 시간들이기도 하다.

4장

상처에서 치유로 가는 여정

'함께함'으로써 이루어지는 치유

'교사 마음의 상처'라는 주제를 놓고, 앞서 치유의 출발점에서 교사가 힘들다는 사실을 정면으로 마주할 것을 부탁했다. 힘들어하는 자신을 인정하고, 교사로서 과잉 전략도 과소 전략도 아닌 균형 잡힌 삶을 살기 위한 노력이 필요하다는 점, 교사 집단의 스몰 트라우마를 극복하기 위해서는 동료 교사끼리 서로 이해하고 공감하는 문화가 자리 잡아야 한다는 것도 전제했다. 이제 교사의 마음에 변화가 일어나기 위한 또 하나의 중요한 전제로써 '교사 혼자 있지 않을 것'을 권한다.

많은 이들이 행복을 바라고, 행복의 조건에 대해 이야기한다. 오랜 실험과 인류의 궤적을 살펴보면 그 해답을 찾기가 어렵지만은 않다. 미국의 심리학자 루이스 터먼Lewis Terman은 1,500여 명을 대상으로, 태어나서부터 80세에 이르기까지 그들의 삶을 관찰하며 장수 비결을 연구했다. 그 결과 식습관이나 운동량보다 결혼 여부나 인간관계가 장수에 더 큰 영향을 미친다는 사실을 밝혀냈다. 신체적으로 건강한 사람보다 정서적으로 건강한 사람이 더 오래 살더라는 것이다. 혼자 사는 사람이 그렇지 않은 사람에 비해 치매에 걸릴 확률이 더 높다는 것도 일반화된 사실이다.

미국의 정신과 의사 조지 베일런트George Vaillant의 책 〈행복의 조건〉을 보면, 그 역시 오랜 시간을 들여서 행복의 조건에 대해 추적 조사했다. 교육 수준이 높은 하버드 대학생 집단과 저소득층 출신의 고등학교 중퇴자 집단, 천재로 발탁된 여성 영재 집단을 각각 70년 동안 꾸준히 인터뷰했는데, 우리가 충분히 예상하듯 행복한 노년은 교육 수준이나 아이큐 등에 좌우되지 않는다는 결론을 얻었다. 집단 구분에 상관없이 한 개인이 인생을 살며 누구를 만났는지, 그들과 어떻게 관계를 맺고 자신의 삶에 어떤 변화를 주려고 노력했는지가 노년의 삶과 행복을 결정짓는 중요한 요인으로 나타난 것이다.

이렇듯 '관계' 혹은 '함께'의 가치는 큰 힘을 갖는다. 물론 혼자가 더 편한 사람도 있을 테고, 혼자서는 절대 행복할 수 없다고 말하려는 것도 아니다. 하지만 혼자라면 불행해지기 쉽다. 결정적 순간에 자살을 선택하는 이들의 공통점도 지금 당장 의지할 곳 없이 혼자인 경우가 많은 것처럼 말이다.

교사는 혼자 지내기 용이한 조건을 갖고 있어서 더 위험하다. 지금 당장 옆자리에 앉은 교사와 어떻게 하면 행복을 발견하고, 만들고, 나눌 수 있는지 이야기해야 한다. 아이들에 대해 이야기하고, 수업에 대해 의견을 나누고, 교육제도에 대해 토의하고, 학교 문화에 대해서도 함께 이야기해야 한다. 교사가 혼자 있지 않는 것, 교사들이 함께하는 것이 교사를 행복하게 하고, 또 치유를 가능하게 하는 가장 중요한 조건이다. 그리고 사실 이것은 본능을 충족시키는 일이기도 하다. 우리의 본능은 혼자가 아니라 함께 하는 것에 바탕을 두고 있기 때문이다.

'아이들'과 만드는 치유

이쯤에서 교사를 치유하는 '힘의 기원'을 언급하지 않을 수 없다. 교사의 힘은 과연 어디에서 나올까? 교사는 누구로부터 가장 큰 힘을 받을까?

말할 것도 없이 아이들이다. 교사들을 대상으로 '교사를 가장 행복하게 하는 상황은 무엇인가?', '교사를 행복하게 만드는 사람은 누구인가?' 하고 물으면 가장 많은 비중을 차지하는 대답이 '아이들'에 있다. 아이들이 행복하지 않은데 교사가 행복할 수는 없다. 아이들이 성장해 나가는 과정, 성공하는 모습을 보는 것이 교사로서 최고의 행복이기 때문이다.

이처럼 교사의 행복에 아이들이 미치는 영향이 크기에 교사는 아이들과 가장 밀접하게 연대해야 한다. 교사는 아이들을 지지하고, 아이들은 교사를 지지해야 한다. 아이들의 지지와 존경을 받지 못하는 교사는 행복해지기 어렵다. 이유를 막론하고 아이들과 교사가 대립하는 양상이 극복되어야 하는 까닭이 여기에 있다.

교사에게는 아이들과 한편이며 그들과 깊이 연결되어 있다는 사실만으로 커다란 치유가 일어난다. 그리고 이것이 교사 행복의 원천이기도 하다. 만약 교사가 아이들 편이 아닐 때, 서로가 혹은 어느 한 편이 등을 돌릴 때, 그때부터 괴로운 복수의 악순환이 시작된다. 사실 그동안 학교 문화를 지배해 온 흐름은 교사와 아이들이 대립하는 모습이었다. 이제는 그 현상이 잘못되었음을 증명해야 한다. 교사와 아이들은 한편이고, 제도와 그 밖의 것들이 연대의 반대편에 존재하는 양상이 되어야 한다.

교사와 아이들은 적대적 관계가 아니라 '배움과 성장'이라는 배에 함께 올라탄 공동체다. 교사와 아이들을 적대적으로 만드는 요소를 줄여 나가기 위해서 교사는 아이들과 끊임없이 이야기를 나누어야 한다. 또 아이들로 하여금 이로운 결정을 내리도록 돕는 사람, 즉 그들에게 가장 중요한 협력자라는 사실을 깨달아야 한다.

'가르침의 자유'에서 오는 치유

'관계'와 '연결'만큼이나 교사 치유에 결정적인 힘을 보태는 요소로 '가르치는 자유'를 빼놓을 수 없다. 교사의 핵심 정체성에 아이들 다음가는 요소는 바로 가르침이다. 가르침과 배움이 만났을 때 비로소 교육이 이루어지기에 가르침에 대한 권리를 존중받는 것만큼 교사를 교사답게 하는 일은 없으며, 교사가 된 이유가 여기에 있다고 해도 과언이 아니다. 따라서 교사에게서 가르칠 자유를 빼앗으면 정체성을 훼손당하고 자신감을 잃게 된다.

행복한 교사는 교사로서의 삶이 잘 정돈되어 있다. 이런 교사는 확고한 정체성을 지니고 있으며, 가르칠 자유를 통해 공동의 선을 이룰 수 있다는 희망을 품는다. 단순히 교사로서 책무나 전문성 영역에 머물지 않고 자신의 존재 가치를 높이는 일에 더 적극적으로 참여한다.

개인적으로 기억에 선명하게 남아 있는 영화의 한 장면이 있다. 학부모가 교사를 찾아와 항의하는 가운데 교장이 나타나서 학부모에게 이렇게 말하는 장면이다. '이 과목과 여기 있는 학생들의 가르침에 대해서는 이 선생님에게 권한이 있습니다. 교장인 저에게도 개입할 권한이 없습니다. 저와 우리 학교는 이 선생님의 수업 방식을 존중하고, 적어도 아이들이 거부하지 않는 한 저는 선생님의 수업과 선생님과 아이들의 관계를 지지합니다. 우리는 이 선생님이 자유를 갖는다고 해서 아이들에게 해를 미칠 것이라고는 전혀 생각하지 않습니다.'

물론 영화에서나 그렇지 현실과는 거리가 먼 이야기라고 말하는 교사도 있을 것이다. 하지만 교사에게 가르칠 자유는 무엇보다 소중하고 중요한 가치다. 요즘 대다수의 대안 교육 기관이 학생들에게 가장 소중한 가치를 자유라고 강조하는데, 어째서 교사에게도 소중한 가치라고 인정해 주지 않는 것일까.

존중에 기초한 가르침의 자유를 확보하는 일, 그 가능성을 확인하는 일이야말로 교사 치유를 향해 나아가는 기본적이고도 큰 걸음이다.

'정체성과 자긍심'에서 오는 치유

교사 치유의 마지막 단계는 교사들이 스스로를 어떻게 정의하는지 이야기하면서 마무리하려고 한다.

아이들의 미래가 어느 정도 혹은 상당 부분 교사에게 달려 있음은 부정할 수 없다. 우리나라에서는 교사와 아이가 12년 동안 매일 적게는 4시간에서 많게는 12시간을 함께 보내는데, 이 시간의 두께는 결코 만만히 볼 것이 아니다. 아이에게 교사란 부모 다음으로 중요한 모델이요, 세상을 보는 창이다. 아이들이 미래의 희망이라고 한다면 교사는 그 희망을 만들고, 희망에 불을 지피고, 희망이 꽃 피도록 해 주는 사람이다. 따라서 교사는 자신을 정의할 때 우리의 미래를, 우리의 희망을 만드는 존재로 자리매김해야 한다. 이것이 바로 교사로서 반드시 지녀야 할 자긍심이다.

사실 교사들 가운데는 내적 수치심을 갖고 있는 분들이 상당히 많다. 자신이 처한 여러 가지 힘든 상황, 교사끼리 서로 돕지 못하는 현실, 사회가 교사 집단에 던지는 비난 등에 상처를 받았기 때문이다. 하지만 교사는 자신의 존재를 분명히 정의함으로써 자긍심을 불러일으켜야 한다. 자긍심은 자신의 이상을 실천하기 위해 성실히 노력함으로써 얻게 되는 긍정적이고 고귀한 감정이다. 하지만 현실적으로 이런 소중한 감정을 품고 사는, 혹은 품어 본 교사가 많지 않다는 것을 생각하면 마음이 아프다.

교사는 미래의 불을 지피고 나르는 사람으로서 자긍심을 분명히 세우고, 그 불씨를 동료 교사와 함께 나눠 가져야 한다. 그래서 존중받는 집단으로 거듭나야 한다. 자신을 빛이 나는 사람, 작은 힘이라도 도움을 주는 사람으로 명명하고, 무너지지 않는 자긍심을 지닌 용기 있는 교사가 되어야 한다. 그리하여 참다운 배움이 이루어지는 학교를 만들어 나가야 한다. 자긍심만이 행복한 교사로 살면서 가르치는 일을 지속할 수 있는 원천이요, 지치지 않는 에너지가 되어 줄 것이기 때문이다.

"사람들은 실제로 자살하지 않고서도
때로는 부분적으로, 때로는 대대적으로 자신들의 삶을 취소한다.
삶을 무효화하는 방식을 발견한다."

마이클 아이건

"사람들은 자신이 할 때는 좋지만
남이 나에게 하면 매우 싫어하는 것이 무엇인지를 잘 모른다.
그 가운데 대표적인 것이 잔소리다."

김현수

Part 2

성장통

1장 성장의 상처 들여다보기

2장 상처의 또 다른 기원 – 기대, 인정, 정체성

3장 선생님이 되면서 생긴 병, 선생님병

4장 마음의 상처는 어떻게 나타나는가

5장 상처받은 교사에서 치유하는 교사로

1장

성장의
상처 들여다보기

교사들의 이야기 ①
— 나를 아프게 했던 것들

교사들의 마음통을 이해하고 공감했다면 상처의 실체를 보다 깊고 자세히 들여다보는 과정이 뒤따라야 한다. 오늘날 우리나라 교사들을 아프게 하는 것들, 힘들게 하는 것들, 교사를 교사답지 못하게 하는 것들이 무엇인지, 먼저 그동안 학교 안팎에서 만난 교사들의 이야기를 들어 보자.

교사 A : 저는 교사 경력이 꽤 되는데도 아이들이 너무 힘들어요. 수업 시간에 '수동 공격적인 행동passive aggressive'을 보이는 아이들이 있는데, 대놓고 떠든다든가 반항하지는 않으면서 그저 저를 노려보기만 해요. 그 아이들과 눈을 맞추는 것도 힘들고, 교실에 들어가기도 싫어졌어요. 그런데 '너 왜 나를 그렇게 노려보니?'라고 묻지도 못해요. '집중하는 것도 문제예요?'라는 식으로 대꾸하니까요. 결국 이런 상황이 너무 힘겨워 얼마 전에 휴직했습니다.

교사 B : 어느 날 '당신의 경쟁 상대는 누구입니까?'라는 광고를 봤는데 저도 모르게 '학원 선생님'이라는 대답이 떠올랐습니다. 학교에서 학원 숙제를 하느라 열심인 아이들을 보면 무시당하는 것 같아서 화가 나요. 열심히 가르쳐 보려던 열의가 식으면서 이런 생각이 들지요. '학원에서 다 배웠으니 수업 시간엔 문제나 풀지 뭐…' 이런 모습이 제가 생각한 바람직한 교사상이 아니라는 것을 자각할 때마다 자괴감이 점점 심해져요.

교사 C : 20여 년 동안 교사 생활을 했는데 지금까지 뭐하고 살았는지 모르겠어요. 제게 남은 것도, 학교가 바뀐 것도 없는 것 같고요. 요즘은 관리자들 눈치 보는 것도 귀찮아요.

교사 D : 수업 시간에 보면 자는 애 반, 떠드는 애 반이에요. 이런 아이들한테 수업이 무슨 소용인가 싶은 생각이 들지요. 학교가 정말 아이들한테 도움이 되기는 하는 건지 의구심도 생기고요. 그래도 무덤덤하게 수업을 할 뿐이에요.

교사 E : 저는 좀 무서운 선생님이에요. 친절하게 대하면 아이들이 선생님을 우습게 안다고 생각해 왔기 때문이에요. 여러 연수를 통해 아이들과 친숙하게 관계 맺는 법을 배우고 시도도 해 보았지만 현장은 제 기대와는 다르더군요. 그래서 다시 예전처럼 교실에만 들어가면 자동적으로 무섭게 변하는 선생님으로 돌아갔어요. 솔직히 저는 지금 방식이 편해요.

교사 F : 아이들의 엄마이자 교사로 산다는 게 힘겨울 때가 많아요. 학부모 모임에 나가면 다른 분들이 저를 똑같은 학부모로 대해 주지 않아요. 교사라고 어려워하거나 색안경을 끼고 보기도 하죠. 그럴 때마다 '티처맘'인 제 심정이 참 복잡해집니다.

교사 G : 승진을 바라지 않고 평교사로서 생활지도다 수업이다 나름 최선을 다했지만, 모순이 많은 학교 제도에 실망할 때가 많습니다. 이제 와서 뒤늦게 '나도 남들처럼 승진 줄에나 설 걸' 하는 후회도 들고요.

교사 H : 갈수록 행정 업무가 늘어나서 제가 일반 기업에서 일하는 건지, 학교에서 일하는 건지 잘 모를 지경이에요. 생활지도에 수업에 서류와 공문 작성, 계획서 제출…. 차라리 기간제 교사로 일하면서 수업에만 충실할 수 있으면 좋겠다는 생각까지 들어요.

교사 I : 27년 동안 교사로 일했는데 요즘 들어 내가 시대 흐름과 변화를 따라가지 못하는 게 아닌가 하는 두려움이 생겼어요. 아이들은 젊은 선생님만 좋아해서 나이든 선생님이 담임을 맡으면 노골적으로 싫은 티를 내요. 또래 교사들은 이쯤해서 명예퇴직을 생각해 보라고 권하는데 저는 아직 그러고 싶지는 않거든요.

교사 J : 제게는 무기력한 아이들에 대한 두려움이 있어요. 한 반에서 서너 명은 수업 시간에 엎드려 잔다든가 대놓고 딴짓을 하는데, 이렇게 공부와 담 쌓은 아이들을 보면 참 막막해지지요.

이 밖에도 동료 교사와의 관계에서 오는 좌절감, 학교나 교육제도 변화에 대한 두려움도 교사 상처의 이유로 지목됐다. 교사 상처에 한 발짝 더 가까이 들어가 보면 너무나 다양한 상처가 교사들을 힘들게 한다는 사실을 알 수 있다. 이런 상처들은 교사로서 정체성에 회의를 갖게 만들고, 교사의 삶을 더욱 힘들게 만든다.

교사들의 이야기 ②
— 지금 나를 아프게 하는 것들

현직 교사들이 모인 현장 강연에서 '지금 나를 아프게 하는 것들'을 다섯 개씩 적고, 가장 크다고 여기는 상처를 하나씩 공개하는 시간을 가져 보았다. 당시 교사들과 함께 나눈 사례도 살펴보자.

교사 K : 네 살짜리 아들을 둔 공립 대안학교 교사입니다. 지난 1년은 대안학교 교사로서 마인드가 부족해서 학교생활이 지옥 같았어요. 올해는 정말 잘해 보고 싶어서 주중에는 학교 일에 집중하고, 주말에는 아이와 가정에 충실하겠다고 선언했습니다. 그런데 주중에 에너지를 다 써 버리니 주말이 너무 힘든 거예요. 한번은 장도 안 보고 냉장고에 있는 것을 대충 챙겨 먹였다가 아들이 장염에 걸려서 무척 고생했어요. '내가 왜 이러고 사나' 하는 회의가 들더군요. 교사와 엄마로서 다 잘할 수는 없는지, 어느 한쪽을 선택하는 게 옳은 건지, 혼란스럽습니다.

교사 L : 제가 생각하는 바람직한 의사 결정 방식은 아래에서 의견을 내고 위에서 심사숙고하는 것인데요, 대부분의 학교는 위에서 명령을 내리고 실행하도록 찍어 누릅니다. 저는 이런 일방통행이 너무 못마땅해요.

교사 M : 9년 동안 줄곧 고등학교 3학년 담임을 맡았습니다. 새벽부터 밤 11시까지 아이들과 부대끼는 생활이 힘들기는 해도 보람과 성취감이 컸어요. 그런데 중학교로 전근한 뒤로 수업이 즐겁지 않습니다. 나름 코미디 프로그램도 보고 유머 책도 사서 수업을 재미있게 해 보려고 노력하지만 잘 되지 않아서 고민입니다.

교사 N : 경력 10년째 접어들어서 새삼 교직 사춘기가 온 게 아닌가 싶어요. 제가 꿈꾸던 수업이 이런 거였나 하는 회의가 생기고, 교장선생님과 교감선생님을 대하는 것도 점점 힘들고요. 저와 생각이 다른 교사를 만나면 어떻게 대처해야 될지도 모르겠어요. 아이들한테는 끝까지 포기하지 말라고 가르치면서 정작 제 자신은 남과 부딪혀 상처받는 게 싫어서 '그냥 넘어

가자' 하고 무기력해져요. 요즘은 제가 참 한심하게 느껴집니다.

교사 O : 저는 스스로를 몰아 부치는 성격입니다. 주말이 되면 머리로는 밖에 나가서 문화생활을 즐겨야 한다고 생각하면서도 여전히 집에 틀어박혀 학교와 수업에 관련된 일을 하고 있어요. 그러면서 제 자신을 인정해 주는 일이나 보상에도 인색하고요. 언제까지 '더, 더, 더' 하면서 쳇바퀴를 돌려는지….

교사 P : 제게는 이중성에 대한 상처가 있습니다. 학교에서는 공교육 교사로, 집에서는 아이한테 사교육을 시키는 엄마로, 두 정체성이 충돌을 일으켜요. 그래서 학교에서는 철저히 교사로, 집에서는 순수하게 엄마로, 이렇게 사고를 완전히 분리시키려 노력하는데 쉽지가 않습니다.

교사 Q : 저는 국어를 가르치는데 같은 국어 선생님들끼리 모여 교재 연구도 하고 소통을 해 보았더니 큰 힘이 되더라고요. 그래서 지금 다니는 학교에서도 모임을 만들려고 하는데 다 바쁘고 피곤해서 힘들다고 해요. 제가 볼 때는 어려움을 벗어나는 길이 소통하고 연대하는 거거든요. 적극적으로 제안하면서 마음을 나누자든가 상처를 오픈해야 한다고 말하면 저를 이상한 사람으로 보는 것 같아서 너무 안타까워요.

교사 R : 제게는 세상과 사회가 큰 상처예요. 학교도 마찬가지고요. 아이들과 관련해 문제가 생기면 세상도 사회도 학교도 모두 선생님들 탓으로 돌리잖아요. 가령 학교 폭력이 문제가 되면 교사들이 잘못 지도했기 때문이라면서 교사들에게 새로운 숙제를 마구 던져요. 교육정책도 수시로 바뀌고, 교원 평가니 성과급이니 해서 교사들을 경쟁 구도로 몰아넣기만 하면서 아이들에게 문제가 생기면 교사가 공공의 적이 되는 상황, 참 답답합니다.

교사 S : 잠시 휴직 중인 혁신학교 교사입니다. 저는 어찌 보면 참 사소한 것에 아파했던 것 같은데요. 아이들이나 동료 교사, 관리자들이 던지는 말 한 마디에 크게 상처받곤 했고, 나를 몰라줄 때도 많이 서운했어요. 이 정도까지 노력했는데 왜 몰라주지? 이렇게 열심히 수업 준비를 했는데 왜 몰라주지? 이런 것들이 저를 참 힘들게 했습니다.

교사 T : 저는 우리 반의 썰렁한 분위기가 견디기 힘들어요. 아이들한테 환영받지 못하는 느낌이랄까요? 처음에는 먼저 농담도 걸어 봤지만 반응이 시큰둥하니 저도 점점 말을 안 하게 되더라고요. 지금은 제가 말하면 아이들이 지루해할까 봐 걱정부터 되고요. 그렇게 조금씩 위축되다 보니 이제는 좀 튀고 문제가 있는 아이들도 특별히 신경 쓰지 않고 그냥 넘어갑니다.

교사 U : 교사 생활을 하면서 가장 아팠던 기억은 아이들한테 욕먹었을 때예요. 아이들한테 존중받지 못한다는 생각에 정말 많이 힘들었습니다.

이처럼 과거의 상처든 현재의 상처든 교사들은 다양한 상처의 기원을 가지고 있다. 이렇게 힘들어하면서 어떻게 교사 생활을 유지할 수 있을까? 어떤 힘이 이들을 그럼에도 버티게 하는 것일까? 2013년 교직원공제회의 설문조사 결과를 보아도 '힘들지 않다'고 대답한 교사는 1.1퍼센트에 불과했다. 이런 현실에서 도대체 교사들은 어떻게 자신을 성장시키는 데 필요한 힘을 만들어 내는 것일까?

아마 그 가운데 일부의 힘은 교사들에게 거는 기대에 대한 충족감 그리고 교사 자신이 성장과 인정에 대해 지닌 욕망이 동인일 것이라고 생각한다. 기대와 인정은 개인의 성장 과정에서 늘 상처와 동반하며, 사람을 좌절하게도 성취하게도 하는 친구들이다. 특히 젊은 교사들에게, 인정받는다는 것은 매우 중요한 자기 성취의 원동력이다.

2장

상처의 또 다른 기원
— 기대, 인정, 정체성

교사에 대한 기대

교사들이 받는 상처를 연구한 자료들을 보면 가장 상처를 많이 받는 부분이 앞에서 언급한 '기대'와 '인정'의 문제에서 기인함을 알 수 있다. 기대는 외부의 소망이 우리에게 내면화하는 현상이고, 인정은 우리 자신 혹은 외부의 소망으로 인하여 우리가 받고 싶어 하는 것이다. 기대와 인정도 세월이 지나면서 조금씩 변해 왔다.

강성빈의 〈교사의 전문성 함양을 위한 교사론〉에 나오는 연구 결과에 따르면, 1980년대 논문에서는 교사들에게 기대하는 자질로 '①인품이 좋을 것 ②교육관이 바를 것 ③수업을 잘할 것 ④교양 있고 용모 단정할 것'의 순서로 나타났다. 그러던 것이 1990년대에는 '①학습

지도를 효율적으로 할 것 ②수업을 잘할 것 ③아이들에게 관심이 있을 것 ④성품이 좋을 것'의 순서로 바뀌었다. 과거에 우선시했던 인품이나 교육관의 자리가 수업 능력으로 대체된 것이다.

학부모에게 학교 교사와 학원 강사에 대한 기대를 물은 결과도 눈여겨볼 만하다. 학부모는 교사와 강사 모두에 '학습 지도 능력'을 가장 큰 기대 요소로 꼽았다. 한편 교사에게는 훌륭한 성품과 학생 지도 방침을 더 크게 기대하고, 학원 강사에게는 효율적 학습 지도 능력에 대한 기대 수준이 더 높았다.

학교 교사가 힘든 이유가 여기에 있을 것이다. 교사는 학습 지도도 잘해야 하고, 성품도 좋아야 하는 것이다. 학원 강사에게는 '잘 가르치면 됐지' 하고 허용 범위가 넓은 반면, 학교 교사에게는 성품까지 완벽한 만능인이 될 것을 요구한다. 교사에 대한 기대 수준은 교사의 동의와는 무관하게 크며, 이런 시선과 기대로 자신을 바라보는 학생과 학부모를 견디는 것이 때때로 교사에게 상처가 된다.

교사 자신의 인정 욕구

교사에게 거는 사회와 학부모의 지나친 기대가 상처가 되기도 하지만, 교사 자신이 스스로 인정받고 싶어 하는 욕구 때문에 상처를 받는 것도 사실이다. 타인으로부터 정당한 인정을 받는 것은 자존감을 형성하고 성장시키는 데 중요한 디딤돌이 된다. 하지만 인정에 대한 욕구가 지나치거나 인정 과정에서 과도한 경쟁이 수반될 경우, 교사 상처는 더 부각될 가능성이 높아진다. 일례로 신자유주의와 성과주의가 확산되고 교원 평가가 시작되면서 등장한 '최고의 교사' 붐을 들 수 있다. '최고의 교사란 무엇인가?', '어떻게 하면 최고의 교사가 될 수 있는가?', '최고의 교사는 어떻게 가르치는가?' 하는 책들이 쏟아져 나왔고, 그 가운데 누군가는 최고의 교사로 인정받게 되었다. 이렇게 교사의 자기 계발을 부추기는 현상이 번지면서 다른 교사와 쉽게 비교당하게 되었고, 일부에서는 인정받고자 애쓰는 교사들의 노력이 일종의 투쟁으로 변하기도 했다.

그런가 하면 교사 스스로 최고가 된다는 것의 본질이 무엇인지 잊어버리는 경우도 있다. 또 무리한 인정 욕구는 자기 착취를 가져오기도 한다. 좋은 교사가 되고 싶다는 열망, 혹은 좋은 교사로 위장한 최고의 교사를 향한 열망 등, 여러 열망이 뒤섞이면서 인정의 상처가 다시 교사에게 부메랑이 되어 날아온다.

언젠가 페이스북에 '교사에게 성장 동기를 부여하는 것이 무엇인가?'를 물어본 적이 있다. 상당히 많은 교사가 '인정'을 꼽았다. 인정해주는 대상이 교장선생님이든 학부모든 아이들이든, 자신이 인정받느냐 못 받느냐가 상처와 동기를 좌지우지한다는 것이다. 사람은 누구나 인정에 대한 욕구가 있는데, 교사는 그 욕구가 다른 집단보다 더 큰 사람들이다. 인정받기 위해 만만치 않은 임용 고시를 뚫고 교사가 된 과정부터가 그렇다.

리처드 체식이 쓴 〈자기심리학과 나르시시즘의 치료〉에는 인정 욕구가 지나치게 크고, 인정에 의존하는 사람들의 내면에는 '크지 않은 아이'가 있다는 하인즈 코헛Heinz Kohut의 말이 나온다. 더욱이 다른 사람들의 인정에 의해서만 자신을 평가할 수 있는 사람들은 병적인 자기애로 발전할 가능성이 높다고 했다. 인정에 목을 맨다는 것은 '인정받지 못하면'이라는 전제를 깔고 있다. 타인과 사회로부터 인정받지 못하면 무시당하는 것 같은 두려움에 압도당하는 사람들이 여기에 해당한다.

아이들로부터 받는 적당한 인정이 교사를 충족시키는 것은 사실이다. 하지만 인정이 추종이나 애걸이 되면 마음속 깊은 곳에서 자괴감이 생겨난다. 교사의 비애 또한 자신이 인정받는 과정에 대한 갈등이나 온전한 내가 사라지고 타인을 위해서만 존재한다는 공허함에서 비롯한다. 자기 인정에서 시작해 상호 인정을 위해 노력하는 과정과, 서로를 인정하는 데서 오는 즐거움은 우리에게 상처를 치유하는 힘이 되지만, 인정받기 위해 벌이는 애달픈 투쟁은 하면 할수록 사람을 초라하게 만든다. 오직 타인이 내려 주는 인정, 더 높은 인정을 향한 열망에 눈이 멀면 본말이 전도되어 더욱 불안정한 늪에 빠지기 때문이다.

이상적 인간으로서 교사의 정체성

과연 교사는 어떤 사람이어야 할까? 사람들은 교사에게 어떤 정체성을 기대할까? 이에 대해 먼저 학자와 이론가들이 주장하는 정의를 살펴보자.

▶진보주의 성향의 교육학자 존 듀이John Dewey는 교사의 정체성에 대한 논문에서 '교사는 스스로 학습자여야 하고, 지적 지도자여야 하고, 학생에 대한 동반자 혹은 안내자여야 하고, 현명한 부모여야 하고, 사회

봉사자여야 하고, 예언자여야 하고, 의사여야 하고, 공학 기술자여야 하고, 개척자여야 하고, 예술가여야 한다'고 썼다. 교사는 무려 열한 가지의 정체성을 가져야 한다는 말인데, 존 듀이는 교사라는 주체 안에는 이미 이런 속성이 다 있다고 주장했다.

▶ 다중지능이론으로 유명한 하워드 가드너Howard Gardner는 '교사는 더 이상 가르치는 사람이 아니다. 학습을 안내하고, 학습 자원을 개발하고, 학습을 연결시키는 사람이다'라고 정의했다.

▶ 우리나라 사람들에게 〈가르침은 예술이다〉라는 책으로 유명한 기독교 교육 이론가 존 반 다이크John Van Dyk는 교사의 정체성에 대해 '스스로 장인이어야 하고, 동시에 안내자여야 한다'고 말했다.

▶ 비판적 교육 이론가인 헨리 지루Henry Giroux는 한 발 더 나아가 '교사는 사회 축소판인 교실을 변화시키는 변혁적 활동가여야 한다'고 주장했다.

▶ '성장학교 별'에서 적용하고 있는 교육철학 '프레네'에서는 교사를 '협력의 조직자이고, 교육 자료를 개발하는 사람이며, 아이들을 위한 안내자이고, 사회적 활동가이며, 동시에 연구하는 사람'이라고 정의한다.

▶ 개혁적 교육학의 고전으로 평가받는 〈페다고지〉를 쓴 파울루 프레이리 Paulo Freire는 '교사는 억압에서 해방시키는 사람이다'라고 말했다.

여기에 다 소개하지 못한 여러 교육철학도 저마다 이상적인 교사의 정체성에 대한 이론을 주창하고 있다. 하지만 각각의 이론들에서 발견하는 공통점 하나는 위대한 학자가 되었든, 영웅적 실천가가 되었든, 교사에게 거는 기대가 참으로 '대단하다'는 점이다. 물론 젊은이들 가운데는 이런 이상에 이끌려서 교사를 지망하는 사람도 있을 것이다. 또 교사가 일정 수준 이상의 기대를 삶의 지표로 삼고 살아가야 하는 직업인 것도 맞다. 하지만 때로 현재 모습과 너무 대비되는 이러한 이상적 교사상이 우리를 위축시킨다. 당장 제도와 교실과 학생 그리고 학부모에게 외면당하고 있는 자신이 한없이 왜소하고 초라하게 느껴지니 말이다.

이런 현실에서 교사로 살아가는 지금의 우리에게 필요한 것은, 이상과 희망을 품되 오늘의 상처를 극복하고 꾸준히 우리를 전진시키면서 지낼 수 있는 마음의 습관과 지침이다. 이쯤에서 나는 파커 파머Parker Palmer가 말한 지침을 교사들한테 추천하고 싶다. 높은 수준의 제도 변화에 대한 투쟁은 바로 오늘, 내 교실에서 실천하면서 발생하는 내적 변화로부터 출발한다는, 그리고 '자신의 용기에 따라 행동하면 된다'는 그의 주장에 전적으로 동의하므로. 교실에서 일어나는 작은 일들과 교사 정체성을 연결시키고, 세상의 큰 이야기들을 발견할 수 있도록 이끄는 것은 교사의 중요한 책무이기도 하다.

교사에 대한 이상적 정체성이 주는 교사 상처가 그저 압박이 아니라 교직 생활 전체를 이끄는 지표가 되어야 우리는 성장할 수 있다. 그러려면 이상적 교사의 정체성이 내 삶의 언어로 바뀌고, 교실에서 실천적 목표로 재탄생해야 한다. 교실을 버리고, 내 삶을 버리고, 우리 주변의 연결성을 부정한 이상적 정체성은 우리를 소외시킨 채 깊은 상처만 남길 뿐이다.

3장

선생님이 되면서 생긴 병, 선생님병

**교사가 되는 과정에서 생기거나
강화된 '선생님병'**

　　　　　　　　　한 집단의 교육 과정이나 체계는 사람을 변화시킨다. 이것을 '사회화 과정'이라고 하는데, 교사는 '교사되기becoming a teacher'로 명명할 수 있다. '선생님병'이란 이처럼 교사가 되는 과정에서 생겨나는 사회 환경적 영향과 교사들의 무의식이 상호작용하여 나타나는 결과이다. 아이들이, 교사들끼리, 또 주변의 여러 사람들이 말하는 교사의 과도한 특성들을 모아 정리해 보았다. 나는 이를 '선생님병'이라 이름 붙였다. 스무 가지에 이르는 '선생님병'의 유형 역시 교사 상처가 불러온 과정이자 결과이다.

한국 교사들의 스무 가지 '선생님병'

첫째, '혼내기병'에 걸린 교사는 누구든지 잘 혼낸다.

(내가 상담한 한 아이에 따르면 교사는 언제든, 어디에서든, 누구든 다른 사람을 혼낼 수 있는 혼내기의 달인이라고 한다.)

둘째, '이분법병'에 걸린 교사는 '잘하나, 못하나'를 잣대로 세상과 사람을 둘로 나눈다.

셋째, '너희는 모른다병'에 걸린 교사는 '너희가 뭘 아니?' 하고 아이들을 무시한다.

넷째, '복종강요병'에 걸린 교사는 '시끄러, 그냥 시키는 대로 해', '질문하지 마'라는 말을 습관적으로 한다.

다섯째, '편애병'에 걸린 교사는 '예쁜 아이들은 뭐가 달라도 달라', '역시 이래서 잘하는 애들이 좋아'라고 생각한다.

(교사의 뇌에는 잘하는 아이 다섯 명과 못하는 아이 다섯 명 말고는 기억하는 아이가 없다고도 한다.)

여섯째, '성급병'에 걸린 교사는 '됐어, 내가 먼저 말할게' 하며 상대에게 말할 기회를 주지 않는다.

일곱째, '회피병'에 걸린 교사는 '지금은 바빠', '나중에 이야기해'라며, 일도 관계도 다음으로 미룬다.

여덟째, '모범병'에 걸린 교사는 '똑바로 좀 해', '제발 정해진 대로 하라니까'라고 말한다.

아홉째, '최고완벽병'에 걸린 교사는 제대로 하지 않으면 하지 않은 것과 마찬가지라고 생각할 뿐 아니라, 최고가 아니어도 하지 않은 것과 마찬가지라고 한다.

열째, '구제병'에 걸린 교사는 '넌 나 아니면 벌써 끝났어'라고 생각한다.

열한째, '자책병'에 걸린 교사는 '너희가 담임을 잘못 만나서 그래', '다 내 탓이야'라고 자책하며 잘 안 되는 것을 모두 자신의 탓으로 돌린다.

열둘째, '비교병'에 걸린 교사는 '다른 반은 다 잘하는데 우리 반은 왜 이러니?' 하며 끊임없이 비교한다.

열셋째, '연수병'에 걸린 교사, 혹은 연수 중독에 빠진 교사들은 늘 새로운 연수나 연구회를 찾아다닌다.

(연수회를 무슨 부흥회로 착각하고 은혜(?)가 충만한 연수가 열리는 곳을 열성적으로 찾아다닌다.)

열넷째, '잔소리병'에 걸린 교사는 뭐라도 한 마디 더 보태야 속이 시원하다.

열다섯째, '형사병'에 걸린 교사는 '네가 그랬지? 다 알아' 하고 추궁한다.

열여섯째, '잔업병'에 걸린 교사는 툭 하면 아이들을 남겨 놓고 벌을 주거나 일을 시킨다. 아니면 자신에게 일을 부과해서 학교에 오랜 시간 가두어 놓는다.

열일곱째, '설명병'에 걸린 교사는 매사 '내가 설명해 줄게' 하고 나서는데, 학교 현장에 국한하지 않는다는 것이 문제다.

(함께 단체 여행을 간 팀에서 전직 교장선생님이 가이드를 제치고 자신이 더 많이 설명하거나, 혹은 가이드를 꾸짖어서 단체 여행팀이 장시간 괴로움에 시달렸다는 이야기를 전해들은 적이 있다.)

열여덟째, '규칙병'에 걸린 교사는 '규칙대로 좀 해'라며 틀에 맞출 것을 강요한다.

열아홉째, '공부병'에 걸린 교사는 공부 말고 다른 것은 중요하게 여기지 않는다.

스무째, '경쟁병'에 걸린 교사는 '남보다 잘해야 해', '뒤질 수는 없지'라며 자신과 주변을 몰아세운다.

※ 이 유형 구분은 여러 학교 교사 수십 분과 토론을 통해 얻은 결과에, 필자의 경험을 추가하여 정리했다.

교사로서 경력이 쌓이면 쌓일수록 선생님다워지는 것은 당연한 일이다. 그런데 '저 사람은 천생 교사야'라고 말할 때는 긍정적인 표상이 되는 것도 있지만, 반대로 부정적인 표상이 되는 것도 있다. 선생님병은 어쩌면 교사로 성장하는 과정에서 나온 부정적인 표상이라고 할 수 있을 것이다. 교사들은 자주 선생님병으로 인해 자신들이 상처받는다고 주장하지만, 정작 이런 모습이 자신에게 얼마나 내재돼 있는지 모르고 지내는 경우가 더 많다.

자녀들이 전하는 교사 부모의 직업병 ①
- '조용히해병'

내가 상담하는 아동과 청소년 가운데 교사를 부모로 둔 아이들이 있다. 하루는 교사 엄마에게 불만이 많은 아이가 찾아와서 말했다.

아이 : 선생님, 우리 엄마가 집에 와서 가장 많이 하는 소리가 뭔 줄 아세요?

상담자 : 뭔데?

아이 : '조용히 해'예요. 저한테도 그러고, 아빠한테도 그래요.

상담자 : 그래?

아이 : 그다음은 뭔 줄 아세요?

상담자 : 뭔데?

아이 : '네 자리로 돌아가!'예요.

상담자 : 그렇구나.

아이 : 마지막은 뭔 줄 아세요?

상담자 : 그래, 마지막은 뭐니?

아이 : '네 할 일 다 한 다음에 엄마 찾아! 알았어?'예요.

피곤한 교사 엄마의 직업병은 집에서 이런 식으로 나타나기도 한다.

자녀들이 전하는 교사 부모의 직업병 ②
— '반장양자입양병'

교사인 엄마가 너무 싫다는 한 중학생의 이야기다.

아이 : 저는 엄마가 너무 싫어요.

상담자 : 어떤 이유로 그러니?

아이 : 우리 엄마는 정말 심해요.

상담자 : 어떤 면이?

아이 : 맨날 남하고 비교만 해서 속상해 죽겠어요.

상담자 : 누구랑 비교하는데?

아이 : 엄마네 반 반장이랑요. 매 학년마다 그래요.

상담자 : 속상하겠구나.

아이 : 그 반 반장은 혼자 다 알아서 하는데 저더러는 왜 그렇게 못하냐고요. 성질나면 그 반장이랑 저랑 바꾸었으면 좋겠다고도 해요.

상담자 : 어휴, 속이 많이 상하겠구나.

아이 : 아예 데려다 살라고 했으면 좋겠어요. 정말 짜증나요.

4장

마음의 상처는
어떻게 나타나는가

교사 상처가 표출되는 감정 형태

다양한 원인에서 오는 상처로부터 자신을 잘 면역시키거나 예방하지 못하면 교사는 다음의 중요한 몇 가지 감정으로 그 상처를 드러낸다.

두려움

'아이들이 두렵다, 수업이 두렵다, 관리자가 두렵다' 등 상처받은 교사들이 갖는 가장 흔한 감정은 두려움이다. 성공하기가 쉽지 않은 교실 운영에서 성공과 실패에 대한 판단에 민감해지면서 자신이 반복적으로 실패하고 있다는 느낌을 받으면 더 심해진다.

분노

뜻대로 되지 않는 일에 화가 치밀어 오르는 나쁜 감정을 말한다. 교사라면 누구나 화를 내지 않고 학교생활이 가능할까 싶지만, 교실에 들어가기만 하면 분노에 중독이라도 된 양 화를 내고 있다면 최근에 상처받은 일이 없는지 생각해 보아야 한다. 그리고 무엇에 대한 분노인지 분간해야 한다. 학생들의 화와 분노에도 다양한 기원이 있듯이 교사의 분노에도 이유가 있다. 아이들에게 무시당했다는 기분부터 가르쳐야 할 수업 내용, 한국 교육의 현실과 풍토, 집안 사정에 이르기까지 우리를 분노하게 만드는 것은 많다. 분노를 어디에 토해 내고 있는지도 점검해야 한다.

피로

상처받은 교사에게 나타나는 중요한 징후 가운데 하나로 '피로fatigue'가 있다. 피로는 '수업 피로lesson fatigue', '학교 피로school fatigue', '공감 피로compassion fatigue'로 나눌 수 있다. 수업 피로는 수업이 너무 힘들어서 교실에 들어가기 싫은 형태로 나타난다. 그러다 보니 학교에서 자신이 무얼 하는지 모르겠고, 학교에 가기 싫다고 느끼는 학교 피로가 쌓인다. 여기서 더 나아가면 다른 교사의 감정에 반응해 주는 것도 귀찮아서 혼자 있고 싶어지는 공감 피로로 발전한다. 교사는 학교생활에서 피로감을 느껴도 그것을 푸는 방법을 잘 모르거나, 오히려 자신을 더 착취함으로써 피로를 가중시키는 경향이 강하다.

소진 증후군

피로가 누적되면 '소진 증후군burn out'이 나타난다. 우리 자신을 양초라고 가정했을 때, 다 타 버리고 아무 것도 남지 않은 상태가 되는 것이다.

소진 증후군은 우울증을 동반하여 아무런 의욕도 즐거움도 못 느끼고 모든 것을 귀찮아하게 만든다. 교사가 수업 피로나 학교 피로, 공감 피로를 적절히 조절하지 못한 채 소진하면 가장 흔하게 겪는 정서적 질병이 바로 우울증이다. 우울증 때문에 휴직을 심각하게 고려하던 한 교사는 내게 더 이상 자신은 수업을 잘하는 교사가 아닌 것 같다고 하소연했다. 수업을 하고 아이들을 만나려면 힘이 필요한데, 자기한테는 아무 힘도 남아 있지 않다는 것이다. 이처럼 아이들에게 더는 내줄 게 없다고 느낄 때, 어떤 교사는 자신을 파먹거나 갉아먹음으로써 그것을 만회하려 한다.

매너리즘

교사가 자신이 받은 상처에 대처하는 방식 가운데 하나인 '매너리즘'은, 한계를 정해 놓고 그 안에서 최소한의 행동만 하는 것이다. 교사들은 학교와 집을 분리해 놓고, 학교에서는 학교 생각만 하고 집에서는 집 생각만 하는 형식으로 매너리즘을 수행한다. 이처럼 의식을 딱 잘라 구분하고 양쪽을 왔다 갔다 하는 것을 '해리解離'라고 한다. 교사들은 해리를 통해 고통스러운 기억을 잊거나 최소화하려 든다.

폭력적 권위

교사가 상처를 드러내는 또 다른 형태는 '독선적인 권위authoritarianism'의

발현이다. 독재를 행사하며 아이들에게 상처를 주는 것이다. 교실 독재를 펼쳐서 대항하는 아이들을 모두 짓누르고, 의견을 내거나 시키는 대로 하지 않는 아이들을 탄압한다. 아이들이 하는 말은 듣기 싫고 그저 시키는 대로 따라만 주었으면 할 때, 자신이 무언가에, 특히 아이들에게 상처받은 것은 아닌지 점검해 볼 필요가 있다.

회피

'회피avoidance' 역시 상처 표현 방법 가운데 하나다. 평소에 하던 만큼만 하려는 매너리즘과 달리, 회피는 하던 일의 양을 줄이려는 시도로 나타난다. 전형적인 회피는 교사의 눈이 아이들을 향하지 않고 책에만 파묻히거나, 수업 내용 외의 다른 이야기들은 하거나 들으려 하지 않는 형태로 나타난다.

구제자 증후군

'반동 형성reaction formation'은 자신이 받은 상처를 긍정적으로 해소하기 위해 과잉 액션을 취함으로써 '구제 환상rescue fantasy'으로 이어지는 것이다. 예컨대 잦은 문제 행동을 보이는 아이를 두고 '내가 너를 반드시 인간으로 만들고 말겠다'는 각오로 작심하고 하는 행동을 말한다. 아이도 실패하고 교사도 실패하는 대표적인 사례다.

피해 의식

교사가 상처를 드러내는 감정 표현 가운데 가장 나쁜 형태는 '피해 의식

persecutory thinking'이다. '아이들은 나를 괴롭히기 위해 존재해', '관리자는 나만 괴롭혀', '동료 교사는 나를 비난하는 존재야'라고 생각하면서 주변을 가해자, 자신을 피해자 구도로 만든다. 늘 '왜 나만?', '하필이면 왜 나야?', '왜 내 시간에만 떠드는 거야?'라는 물음표를 수시로 갖다 붙이는 교사에게는 학교에 있는 그 자체가 고통스럽다. 자신을 둘러싼 외부 환경을 다 자신을 괴롭히기 위해 존재하는 것으로 느끼기 때문이다.

성공과 실패에 대한 집착

지금까지 살펴본 상처의 표출 유형은 이미 교사들에게 어느 정도 삶의 일부가 되었다. 상처받지 않은 교사가 없는 만큼, 이런 감정에 노출되어 보지 않은 교사 또한 없을 것이다.

모든 행위와 결과의 잣대를 '성공' 아니면 '실패'로 규정짓는 단편화된 이데올로기 역시 교사들에게는 상처가 된다. 지금 교사들은 '나는 어떤 교사가 되어야 하는가?', '나는 무엇을 이룰 수 있는가?', '교사로서 내 목표는 무엇인가?', '수업을 잘하는 것으로 만족할 수 있는가?', '아이들이 좋으니 다 괜찮은가?'를 끊임없이 자문하고 고민하면서 심리적으로도 신체적으로도 혼란스러운 상태에 빠져 있다.

상처받은 교사의 생활 징표
- 피곤하지 않게 살기
- 아이들과 만나지 않고 살기
- 수업을 창조하기보다 걸어 다니는 문제집으로 살기

- 소명 의식 따위 없다고 후배 교사에게 말하기

- 교육제도 맹비난하기

- 술, 신변잡기와 친해지기

상처받은 교사들의 교실 행동

- 눈 감아 버리기(쳐다보지 않기)

- 말하지 않기(수업 이외에는 침묵)

- 규칙대로만 하기(마음 들여다보지 않기)

- 사물화하기(교실에 앉은 일반화된 학생으로 아이들 보기)

- 익명화하기(이름을 부르거나 특성을 사용하지 않고 번호나 규칙에 따라 대하기)

- 교실 경찰 되기(문제 행동이 있으면 다 학생부로 이전하기)

전문적 피로 증후군

마크 스텝니키Mark A. Stebnicki가 〈감정이입 피로 증후군〉에서 소개한 개념들을 이해하기 쉽도록 교사 입장에서 재구성해 보았다. 이 개념들은 비슷하고 때로는 동의어로 사용되기도 한다.

역전이

학생과의 관계에서 나타나는 행동이 자신의 과거 일들과 깊은 관련이 있는데, 이를 의식 혹은 검열하지 못하고 반응하는 것. 학생의 문제가 아니라 교사 자신의 문제로 인해 발생한다. 피로는 역전이 발생을 더 용이하게 한다.

이차 외상성 스트레스

교실에서 학생이 겪은 사건을 상담한 교사가 학생이 겪었던 일들로 인해 자신도 정신적 충격과 외상을 겪는 스트레스를 말한다.

열정 피로

충격적이거나 혐오스러운 경험을 한 교사가 다시는 그 일에 감정이입을 하고 싶지 않아서 회피하거나 감정을 차단하는 상태를 말한다. 본인에게도 힘들지만 주변에도 영향을 미친다.

대리 외상화

이차 외상성 스트레스가 교사의 스트레스 자체라면, 대리 외상화는 더욱 학생 편이 되어 마치 본인이 피해 학생처럼 행동하는 것을 말한다. 충격적인 사건의 희생자에게 동일시되어 피해자처럼 냉소주의, 우울, 절망 같은 복합적인 외상 상태를 겪는다.

소진

소진은 누적을 기본으로 하는 개념으로, 그간의 여러 피로나 외상이 누적된 상태를 말한다. 기본적으로 에너지, 열정 등이 모두 바닥난 상태이다.

직업적 소진을 점검하는 자가 진단 척도

다음은 크리스티나 매슬랙Christina Maslach과 수전 잭슨Susan Jackson이 1981년에 개발한 척도로 흔히 MBIMaslach Burnout Inventory라고 불리며 관련 연구에서 가장 많이 사용하는 것이다. 여기서는 박헌미(사회복지사의 소진에 관한 연구, 이화여자대학교 대학원 사회복지학과 석사 학위 논문, 2002)의 번역본을 재정리해서 사회복지사를 교사로, 클라이언트를 학생으로 바꾸었다. 정확한 진단은 어렵겠지만 자신의 상태를 확인하기 위해 한번 테스트해 보자.

1. 정서적 탈진

다음 각 문항에 대해 '전혀 그렇지 않다=1', '그렇지 않다=2', '보통이다=3', '그렇다=4', '매우 그렇다=5'의 점수를 각각 부여한다.

1) 나는 일 때문에 정신적으로 지쳐 있다고 느낀다.
2) 나는 하루 일과가 끝날 때면 녹초가 된다.
3) 나는 아침에 일어나서 오늘도 일을 나가야 한다고 생각하면 기운이 빠진다.
4) 사람들과 하루 종일 일하는 것은 정말 힘들다.
5) 나는 일 때문에 완전히 기진맥진한 상태에 있다고 느낀다.
6) 나는 내 직업으로 인해 짜증스러움을 느낀다.
7) 나는 너무 열심히 일하고 있다고 느낀다.
8) 사람들을 직접 대하면서 일하는 것이 나에게는 매우 큰 스트레스다.

9) 나는 내가 속수무책인 것처럼 느껴진다.

2. 학생에 대한 비인격화

다음 각 문항에 대해 '전혀 그렇지 않다=1', '그렇지 않다=2', '보통이다=3', '그렇다=4', '매우 그렇다=5'의 점수를 각각 부여한다.

1) 내가 학생을 비인격적으로 대하고 있다고 느낀다.
2) 교직을 선택한 이후 나는 사람들에게 점점 더 무감각해졌다.
3) 직업으로 인해 내가 감정적으로 무뎌질까 봐 걱정이다.
4) 나는 학생들에게 무슨 일이 일어나는지에 대해 별 관심이 없다.
5) 나는 학생들이 자기 문제로 나를 비난하고 있다고 느낀다.

3. 성취감 저하

다음 각 문항에 대해 '전혀 그렇지 않다=5', '그렇지 않다=4', '보통이다=3', '그렇다=2', '매우 그렇다=1'의 점수를 각각 부여한다(앞의 두 설문과 채점 방식이 반대이므로 주의한다).

1) 나는 학생의 감정을 쉽게 이해할 수 있다.
2) 나는 학생의 문제를 매우 효과적으로 다룬다.
3) 직업을 통해 내가 다른 사람의 삶에 긍정적인 영향을 주고 있다고 느낀다.
4) 내가 매우 활동적이라고 느낀다.

5) 나는 학생들에게 편안한 분위기를 쉽게 조성할 수 있다.

6) 학생들과 친밀하게 일하고 나면 매우 흐뭇해진다.

7) 나는 내 직업을 통해 가치 있는 많은 일을 성취해 왔다.

8) 일을 할 때 나는 감정적인 문제들을 매우 침착하게 다룬다.

설문 후 전체 점수를 총합한다. 모두 22개 문항이므로 전체 총점은 110점이다. 합계 점수가 높을수록 소진이 많이 된 상태라고 할 수 있다. 중간 정도의 점수인 55점을 기준으로 내가 어느 정도 소진 상태에 있는지 살펴볼 수 있다. 물론 55점이 전체 평균을 뜻하지는 않는다. 실제 교사들의 평균 소진 수준을 현재로서는 알 수 없는 실정이기도 하다. 다만 사회복지사들의 평가 결과를 보면 전체 평균 수준은 55보다 낮게 나타났다. 이 척도를 통해 개인의 내적 소진 정도를 알아볼 수는 있으나 전체 평균과 비교하기에는 적절하지 않다는 점을 참고만 하면 된다. 그러나 점수가 55점 이상이라면 자기 관리의 필요성을 점검해 봄 직하다.

5장

상처받은 교사에서
치유하는 교사로

어느 교사의 편지

선생님들께

　부재의 시대를 살아가는 우리이다 보니 예전 방식에서 보면 있어야 할 것들이 많이 없어졌습니다. 우선 학교에는 진정으로 배우러 오는 학생들이 없습니다. 학교에는 잠을 자러 온 아이들과, 친구와 놀러 온 아이들, 그리고 무작정 온 아이들, 또 무시무시한 부모님의 사주를 받고 성적 사냥을 하러 온 아이들뿐입니다.

　가르침을 업으로 한다는 우리 사이에도 진정한 교사는 없습니다. 교과서를 읽히고, 진도를 나가고, 시험 문제를 풀어 주면 그만입니다. 안정된 직업이라서 교사직이 좋다는 사람, 자신이 받은 상처를 되갚아 주는 맛으로 산다는 사람, 승진을 위해 아첨하는 사람, 맞벌이로는 최상이라고 주변에서 부러워해서 좋다는 사람….

아이러니하게도 이런 부재의 공간에서는 규칙을 어기는 것이 존재를 드러내는 방식이 되기도 합니다. 학생이 배우려 한다든가(즉, 의미를 묻거나), 교사가 가르치려 한다든가(즉, 의미를 가르치려거나) 하는 것은 위험천만한 일입니다. 위험할 뿐 아니라 반드시 대가를 치릅니다. 그래서 유명한 교육학자나 교육 지도자들이 '배우는 것이나 가르치는 것이나 모두 용기를 필요로 한다'고 말했구나, 하는 깨달음을 얻습니다.

하지만 있어야 할 것들이 존재하지 않음으로 발생하는 문제는 우리에게 끊임없이 갈등과 분열을 일으킵니다. 늘 두려움과 불안의 그림자가 어른거리기 때문이지요. 가르쳐야 하는데 가르치지 못하게 되었다는 것은 꼼짝도 할 수 없다는 것입니다. 허다한 날 꼼짝도 않고 낮은 포복을 한 채 학교생활을 하면 과연 행복할까요?

우리는 학원 강사들처럼 교과에 투철한 전문성이 있지도 않고, 방문 교사들처럼 친절하게 한 아이 한 아이를 돌보지도 못하고, 과외를 하는 대학생들처럼 아이들과 친근하게 지내지도 못합니다. 우리는 또 비전문가로서 수많은 일을 하고 있지만 그렇다고 멋지게 표가 나지도 않습니다. 만일 표가 나는 멋진 일을 하려고 들면 그 또한 상당한 용기를 필요로 합니다. 지금보다 두 배로 일이 늘어나는 것이라서 특별한 선생님이 되기로 결심을 해야만 가능한 일입니다.

학교보다 학원을 중시하는 학부모들, 배움의 결과는 오직 성적 말고는 없다는 전통은, 득의양양하게 기세를 떨치며 학생들과 교사들을 엇갈리게 만

듭니다. 사실 지금처럼 선행 학습 시대를 살고 있는 교육 환경에서 지식이 풍부한 선생님들은 다른 곳에 있기도 하고요.

무언가를 진정으로 가르치려고 든다면 많은 것을 걱정하고 대가를 치러야 하기에 우리는 몸을 사립니다. 그래서 학교는 조용히 다녀가는 곳이 되었고, 학교 밖에 있는 연수원과 모임들만 시끄럽습니다.

학교는 이렇게 부재한 것들이 모여 있는 공간이 되어 가고 있습니다. 그러면서 우리는 상처를 받습니다. 한마디로 우리는 상처 입은 교사들입니다. 어느 하나의 문제, 누구 하나만의 상처로 이렇게 된 것은 아니겠지요. 모두가 받은 상처들이 커지고 모여서 더 그렇게 되어 가는 것이겠지요.

그냥 이렇게 살아도 별 문제는 없겠지만, 정말 우리 계속 이렇게 살아도 되는 걸까요?

내 교육철학이 내 상처를 구성한다

내가 왜 교사가 되려고 했는지 자문해 보자. 지금 나는 어떤 교사인지, 교사 초기에 꿈꿨던 교사상은 어땠는지도 떠올려 보자. 학창 시절의 꿈과 지금의 자신을 비교하는 일은 상당히 중요하다. 자신이 어디까지 왔고, 어디까지 갈 수 있는지 알 수 있기 때문이다.

사람들은 자신이 가야 할 길에 장애물이 있으면 방향을 바꾸거나 아예 다른 길을 선택하기도 한다. 삶에 어떤 상처가 있으면 그것을 피하든, 돌아가든, 뛰어넘든, 삶의 길이 달라진다. 상처 때문에 못 간 길도 있다. 그래서 더더욱 처음과 지금을 비교하는 일이 필요하다. 교사로서 처음 결심한 모습대로 살고 있는지, 그렇지 못한지, 앞으로 상처를 극복하고 나아가야 할 길이 어디인지를 보다 잘 알게 될 테니 말이다.

나는 어떤 교사가 되기로 결심했던가?

30년 동안 교직에 몸담았다는 어느 교사는 '교사보다 중요한 것은 그 교사가 가진 교육철학'이라고 힘주어 말했다. 자신이 어떤 교육철학을 갖고 있느냐가 그의 삶을 결정짓는다는 것이다. 맞는 말이다. 교사가 가진 교육철학은 때로 영광을 안겨 주기도 하지만 때로는 상처가 되기도 한다. 실제로 자신에게 상처를 주는 대상이 '나'라는 사실에 많은 교사가 공감한다.

교사들이 자신은 어떤 방식으로 상처를 입는지 이해하는 것은 무척 중요하다. 예컨대 전통주의적 교육철학을 가진 교사는 이렇게 질문한다. '왜 아이들은 시키는 대로 하지 않죠?', '왜 아이들은 바보같이 굴죠?', '왜 아이들은 스스로 변하지 않죠?' 그리고 자신에게 도로 상처를 안긴다.

그런가 하면 자유주의적 교육철학을 가진 교사들의 상처는 이런 물음으로 대변된다. '왜 기회를 주는데도 아이들은 능동적으로 움직이지 않죠?', '우리는 자유와 권한을 주는데 아이들은 왜 그걸 쓰지 않죠?', '아이들은 왜 주도적으로 하라는 데도 못하죠?' 그러다 결국에는 이렇게 묻는다. '왜 나는 아이들을 잘 변화시키지 못하는 걸까요?'

전통주의적 교육철학을 가진 교사들은 변하지 않는 아이를 책망하고, 자유주의적 교육철학을 가진 교사들은 아이를 변화시키지 못하는 자신을 책망한다. 두 유형 모두 책망한다는 점에서는 동일하지만, 자기 책망을 하는 후자의 경우, 스스로 극복해야 할 과제가 더 많아진다. 따라서 힘도 더 필요하고 이것이 또 상처로 작용하기도 한다.

교사의 자부심이 되기도 하고 상처가 되기도 하는 교육철학을 갖는 일, 전적으로 교사에게 달려 있다.

'상처받은 치유자'

심리학에서 자주 인용하는 개념 가운데 '상처받은 치유자wondedhealer'가 있다. 그리스 신화에서 반인반마의 모습을 한 '키론'의 일화에 처음 등장한 용어로, 키론은 비록 괴수의 몸을 하고 있지만 예술, 과학, 의학에 능해 아킬레스와 헤라클레스, 에스클레피오스 등을 제자로 둘 만큼 지혜롭고 학식이 깊었다. 어느 날 헤라클레스가 히드라의 피를 묻힌 활을 쏘아 키론의 무릎을 명중시켰다. 그런데 키론은 불사의 존재라서, 영원히 치유하지 못할 상처와 고통을 안고 살아가야 할지언정 뛰어난 의술로 다른 사람을 치료하고 제자들을 가르쳤다. 즉, 치유하지 못할 상처를 간직한 채 다른 이의 상처를 치유하는 역할을 한 것이다.

스위스의 정신의학자 칼 융Karl Jung은 이 신화를 빌어서 정신분석학에 '상처받은 치유자' 개념을 도입했다. 융은 '산다는 것 자체가 늘 상처와 함께하는 일'이라고 했으며, 특히 정신과 의사와 심리 치료사들을 '상처받은 치유자'로 명명했다. 이후 네덜란드 출신의 신학자 헨리 나우웬Henri Nouwen은 '상처받은 치유자'의 개념을 성직자로까지 확대했다. 성직자 역시 같은 인간으로서 본인의 상처와 고통을 안은 채 다른 사람의 상처를 치유해 준다고 보았기 때문이다.

그렇다면 교사는 어떨까? 나는 교사 역시 '상처받은 치유자'라고 생각한다. 교사 자신의 상처를 가슴 깊은 곳에 끌어안고 상처받은 동료 교사나 아이들을 치유하기 때문이다. 그리고 이 치유의 힘은 바로 자신의 상처로부터 출발한다고 믿는다. 다시 말해 상처받은 교사만이 상처받은 동료 교사와 상처받은 아이들을 치유할 수 있다.

새로운 출발을 위한 점검
— 드라이커스가 제안하는 12가지 덕목

교사가 상처받지 않고 건강하게, 또는 상처가 있음에도 건강하게 생활하는지 점검하는 체크리스트가 있다. 미국의 정신의학자이자 교육학자인 루돌프 드라이커스Rudolf Dreikurs가 그의 명저 〈눈물 없는 훈육Discipline Without Tears〉에서 정리한 '건강한 교사로 살아가기 위한 열두 가지 체크리스트'가 그것이다.

첫째 '정서적 안정'이다. 둘째 '신체적 건강'으로, 원문에 '에너지energy'라고 표기한 것으로 보아 아이들과 역동적인 에너지를 주고받을 만한 정력 혹은 활력을 의미하는 듯하다. 셋째 '좋은 교수 능력'이고, 넷째 '창의성', 다섯째 '예의', 여섯째 아이들을 진실하게 대하는지를 묻는 '진정성', 일곱째 '엄격함'이다. 상처를 잘 받는 교사들이 갖고 있는 오해 가운데 하나가 '엄격하면 안 된다'는 것인데, 여기서 엄격함은 친절함과 상반된 개념이 아니다. 여덟째가 '유연성'이고, 아홉째가 '대처 능력'으로, 아이들이 교실에서 일으키는 여러 돌발 상황에 유연하게 대처

할 수 있는가를 묻는다. 열 번째가 '민주적 리더십', 열한 번째는 '직업적 자기 계발', 마지막 열두 번째로 '기본 자질basic quality'을 갖추었는지를 묻는다. 기본 자질에는 책임감, 자원 동원 능력, 합리성, 민감성, 네 가지 필수 덕목이 포함된다.

교사는 많은 것을 요구받기에 건강한 교사로 잘 살기란 결코 쉽지 않다. 수업을 잘하는 교사에게 성직자의 도덕성을 요구하고, 학생 지도를 잘하는 교사에게 연구 기획안을 잘 쓸 것도 요구한다. 아이들과 마찬가지로 교사도 높은 기대로 인해 상처를 받는다. 하지만 아무리 상처를 받더라도 그 늪에 빠져 허우적대다 교사를 끝내지 않으려면, 또 건강한 교사로 살아가려면, 자기중심과 균형을 잘 잡는 일이 무엇보다 중요하다.

"사랑 안에 있지 않고서는
진리를 발견하기란 불가능하다."
아브라함 조슈아 헤셸

"선생님들이 아이들에게 가장 듣고 싶은 말은 '존경합니다'고,
아이들에게 선생님이 가장 해 주고 싶은 말은 '넌 할 수 있어'다."
어느 교원 단체의 설문조사에서

Part 3

관계통

1장 다시 아이들을 둘러보다

2장 내 마음속의 아이들 그리고 관계

3장 교실에서 일어나는 아이들과의 관계 게임

4장 교사의 애착 유형에 따른 아이들과의 관계

1장

다시 아이들을 둘러보다

아이들과 교사의 상태 진단

아이들은 교사가 존재하는 이유 그 자체이기에 교사를 아이들과 떼어 놓고 생각할 수는 없다. 그렇다면 교사와 아이들의 만남에서는 무엇이 일어나야 할까? 또 실제로 어떤 일이 일어나고 있을까?

종이를 한 장 펼쳐 놓고 왼쪽에는 지금 내가 만나는 아이들의 상태에 대한 느낌과 진단을, 오른쪽에는 그런 아이들을 보고 있는 자신에 대한 느낌과 진단을 세 가지씩 적어 보자. 아이들과 나 사이에 어떤 일이 일어나고 있는지 파악하기가 훨씬 수월해진다.

다음 내용은 현장 강연에서 나온 교사들의 사례를 정리한 것이다.

	요즘 아이들의 상태	아이들을 만나는 내 상태
교사 A	무기력하다. 산만하다. 약한 아이를 괴롭히기 좋아한다.	힘이 빠질 때가 있다. 화가 날 때가 많다. 자책할 때가 있다.
교사 B	편안하다. 애쓴다. 서로 챙겨 준다.	편안하다. 신기하고 즐겁다. 감사하다.
교사 C	정이 없다. 이기적이고 개인적이다.	정이 없어져 간다. 아이들에게서 멀어진다. 이기적이고 개인적으로 변해 간다.
교사 D	들떠 있다. 활기차다. 학업에 대한 기대와 걱정이 있다.	기쁘다. 행복하다. 잘 보살피고 안심시키고 싶다.
교사 E	피곤하다. 집안 사정이 복잡하다. 친구 관계로 힘들어한다.	가끔 불안하다. 피곤하다.
교사 F	자신이 누구인지 잘 모른다. 외로워한다. 인정받고 싶어 한다.	실존에 대해 고민한다. 한계를 느낀다. 마음이 바쁘다.
교사 G	무기력하다. 분노 조절이 안 된다. 편한 것만 하려 한다.	애써 달래느라 비굴해지는 것 같다. 강압적으로 변해 간다.
교사 H	무기력하다. 왜인지 모르고 알려고 하지도 않는다. 혼자 있으려 하지 않는다.	무미건조해진다. 나도 '왜'를 잊어 간다. 함께 있으면 회의를 느낀다.
교사 I	불안해한다. 피곤해한다. 정서나 학습 능력에서 개인차가 크다.	전반적으로 나쁘지 않다. 다양한 아이들을 포용해야 한다. 일이 많아서 바쁘다.
교사 J	무력하고 불안하다.	혼란스럽다. 공허하다. 답답하다.

교사 K	성적과 공부에 지쳐서 포기하고 싶어 한다. 자신의 이야기를 하고 싶어 한다.	안쓰럽다. 아이들에게 고통을 보태는 존재인 것 같아서 괴롭다. 스스로 지칠까 봐 걱정이다.
교사 L	책을 안 읽는다. 감정적으로 반응한다. 꿈이 없다.	책 읽기를 강요하다가 속상해진다. 예의를 강조하느라 고리타분해진다.
교사 M	부모와 애착 형성이 덜 되었다. 가정교육이 무시되고 있다. 산만하다.	기본 생활 습관을 강조한다. 안거나 품어 주려고 하지만 잘 안 된다.

뇌사 상태? — 진단에 따른 올바른 처방

표를 보면서 눈치 챘을지도 모르지만 아이들의 상태를 어떻게 진단하느냐에 따라서 교사가 아이들과 어떻게 관계를 맺으려는지가 결정된다.

미국의 교육 지도자 파커 파머는 그의 저서 〈가르칠 수 있는 용기〉에서, 대다수 교육 정책자와 교육자들이 '학생들을 뇌사 상태에 빠져 있는 것으로 진단한다'고 밝혔다. 그리고 그들에게 따져 묻는다. 과연 뇌사 상태에 빠져 무기력하고, 꿈이 없고, 아무 생각이 없고, 감정적이고, 분노 조절이 안 되는 아이들에게 어떤 정책을 내놓았느냐고. 파커 파머에 따르면 안타깝게도 교육 정책자들은 시험을 더 치르도록 하고, 수업을 늘리는 방향으로 나아가고 있다. 뇌사 상태에 빠진 아이들의 링거에 진정 필요한 영양분이 아니라 더 많은 수업, 더 많은 공부를 주사함으로써 아이들을 깨어나기 힘든 깊은 뇌사 상태로 몰아간다는 것이다.

파커 파머는 교사가 아이들이 느끼는 공포를 발견하는 것이 중요하다고 충고한다. 아이들의 공포는 결국 교사에게도 전이되는데, 이때 스스로 치유가 이루어진 교사라면 그 공포를 아이들에게 안정감으로 되돌려줄 수 있어야 한다. 하지만 교사 자신이 치유되어 있지 않으면 아이들에게서 전이된 공포를 더욱 키움으로써 교사도 같이 뇌사 상태에 빠지고 만다. 아이와 교사가 다 같이 뇌사 상태에 빠지지 않으려면 교사는 자신이 가진 공포는 물론이고, 아이들이 전하는 공포를 치유하면서 동시에 아이들의 공포를 줄여 주어야 한다고 강조한다.

그렇다면 다시 앞의 표를 보며 진단과 처방의 문제로 돌아가 보자. 무기력하고, 감정적이고, 분노 조절이 안 되고, 인정받으려 애쓰고, 그렇지만 또 지쳐 있는 아이들에게 가장 먼저 손써야 할 일은 무엇일까?

표를 보면 많은 교사가 아이들을 무기력하다고 진단했는데, 그렇다면 교사는 아이들에게 기력을 불어넣어 주는 쪽으로 처방의 방향을 잡아야 옳을 것이다. 산만한 아이들에게는 에너지를 제대로 발산시키도록 도와주고, 쉽게 분노하는 아이들에게는 분노를 잘 표출할 수 있도록 도와야 한다. 또 수업을 더 늘리고 시험을 자주 치르게 하는 잘못된 진단을 내리고 있지는 않은지도 자문해 보아야 한다. 예컨대 '아이들이 매정하게 구니까 나도 정을 안 주겠다'고 결심한다면 진단에 따른 올바른 처방이 아니다.

왜 아이들은 무기력하게 행동할까?

아이들의 무기력은 게으름이 아니

며, 요즘 아이들에게 나타나는 무기력은 결과이지 원인이 아니다. 어른들이 아이들에게 무기력하기 쉬운 환경을 조성해 주어서 생긴 결과라고 할 수 있다. 쉽게 생각해 보자. '1등만 기억하는 세상'에서 1등과 무관한 대다수의 아이들에게는 세상이 주는 사랑과 관심, 보상이 없다. 모든 아이가 소중하다고 생각하지도 않고, 한 아이 한 아이를 관심 있게 보아 주지도 않으며, 아이들의 가능성을 존중해 주지도 않는다. 그래 놓고 기력이 넘치고 활기찬 교실을 바라는 것은 어불성설 아닐까.

루돌프 드라이커스는 〈아들러와 함께하는 행복한 교실 만들기〉에서 무기력의 패러다임을 설명한다. 그가 제시하는 무기력하고 회피하는 아이들의 네 가지 특성은 다음과 같다.

과잉 열망overambition : 자기가 원하는 만큼 할 수 없다.
경쟁competition : 다른 사람들만큼 잘할 수 없다.
압박pressure : 자기가 하고 싶은 만큼 잘할 수 없다.
실패failure : 했을 때 실패가 뻔히 예측된다.

한마디로 요약하면 '남보다 잘해야 하고, 폼 나야 하고, 그런데 해 보면 안 되고, 안 될 것이 뻔하다'가 된다. 이런 기분에 사로잡힌 아이들은 쉽게 무기력과 회피를 선택한다.

우리는 종종 아이들에게 우월할 것, 최고일 것을 요구하지만 과잉 열망의 아이들은 우월성이 입증되지 않은 활동은 하지 않는다. 부모에 의해, 교사에 의해 자기 설정이 너무 높게 되어 있는 아이들은 창피함,

실망감을 겪기보다 안 하는 쪽을 선택하기 때문이다. 이런 아이들이 생각보다 다루기 어렵고 또 주변에 많다.

아이들이 무기력해지는 이유를 조금만 더 살펴보자. 초등학교 때부터 잔뜩 기대했던 아이들이 학년이 올라가면서 불만이 많아지고, 까칠해지고, 냉소적으로 변하는 경우가 많다. 이런 아이들은 중학생쯤 되어 자신이 우월한 아이가 아니었음이 입증되는 시점에서 아예 공부나 활동을 포기한다. 자신이 우월하지 못하다는 데 깊은 상처를 입고 시간이 지나면서 자신에게 이런 기대를 심어 준 부모나 교사를 원망하기도 한다. 그러면서 겉으로는 '안 한다', '재미없다', '유치하다'라는 식으로 반응하며 태연하게 행동하기도 하고, 게임을 많이 하거나 비행을 함으로써 자신과 부모에게 다시는 기대하지 않게 하려는 역행동도 한다. 개중에는 낭패감을 이해해 주고 자기 설정을 다시 하도록 돕지 않으면 상당히 심각한 양상으로까지 발전하는 아이들도 있다.

사실 이런 아이들에게 '잘하지 않아도 괜찮다'는 말이 수용되기까지는 많은 시간과 노력이 필요하다. 세상의 평가에서 벗어나 자신의 재능에 맞는 노력을 해 나가도록 만드는 일은 수많은 실랑이를 벌인 끝에야 겨우 얻을 수 있는 것이기 때문이다. 즉 잘 못하는 것, 우월하지 않은 것이 자신에게도 부모에게도 완전히 수용되고, 화해가 이루어지고, 스스로 만족할 수 있는 기준을 함께 찾아서 아이에게 사랑이 변치 않을 것이라는 확신을 줄 때 비로소 좋아지기 시작한다.

어떤 아이들은 혼자서는 잘하지만 비교당하는 상황에서, 즉 교실에서는 무기력한 채로 있는 경우도 있다. 어떻게 보면 '강호의 영웅'일 수도 있는데, 사람들이 있는 곳에서는 좀처럼 자신을 드러내려 하지 않는다. 이런 아이들은 비교·경쟁·시합을 통해 상처받은 적이 있거나 승자와 패자로 나뉘는 상황에서 패자가 되는 데 대한 두려움이 큰 경우다. 특히 둘 혹은 소수에서 비교당하는 상황을 싫어하며, 그 대신 어른이 없거나 평가가 없는 상황에서는 잘하기도 한다. 능력이 없어서 하지 않는 것이 아니라 비교당하기 싫어서 하지 않는 아이들이기 때문이다.

비교와 경쟁을 싫어하는 아이들은 부모나 교사들의 영향을 받았을 가능성이 높다. 그래서 형제 간 비교, 이웃 집 아이와 비교, 옆 반과 비교, 순응적인 아이와 빈번히 비교하는 부모나 교사들의 자녀가 가장 무기력해지기 쉽다. 비교나 경쟁을 새로운 설정으로 바꾸고, 승패와 관련이 없는 상황에서 능력을 펼칠 기회를 주어야 한다.

그런가 하면 매번 잘 해낼 것을 압박받는 아이들도 아예 하지 않는 쪽을 선택한다. 이런 아이들은 자주 혼나는 아이들이다. 빨리 어떤 수준에 이를 것을 압박받는데, 이 압박은 외부로부터 오기도 하고, 스스로 부여하기도 한다. 그러다 실패하거나 실수하면 아이는 아무리 강한 압박이 와도 꿈쩍하지 않는다. 오히려 못한다는 것, 무능하다는 것을 확실히 보여 주는 데 주력한다. 그러면서 자신이 제외되기를 바란다.

실패할 것을 확신하는 아이들 역시 무기력하게 행동한다. 이는 실패를 반복하는 과정에서 아이에게 무능하다는 것을 가르쳤기 때문이다. '난 차라리 하지 않는 것이 낫다'는 강력한 신념은 그간 누적된 실패의 고통에서 형성된 것이다. 이 고집을 새 학기 새 선생님이 윽박질러서 변화시키기란 어렵다. 이런 아이들은 자신의 성공조차 믿지 않는 경향이 강하다.

자신이 무기력하고 무능하다고 믿는 아이들에게 다가서려는 교사가 자신과 학생 모두에게 상처를 주지 않으려면 알아야 할 것이 있다. 아이들은 일부러 실패하지 않을 뿐더러 실패하는 것에 호감을 갖는 아이는 없다는 사실이다. 그러므로 아이들에게 새로운 유형의 성공을 가져다주어야 하고, 새로운 시도에 대해 이전에 경험해 보지 못했던 느낌을 주어야 한다. 시도에 대한 창피를 반복적으로 겪은 아이들에게는 시도 자체가 너무 어려운 일이기 때문이다. 또한 아이들이 적절한 자기 설정을 하도록 도와야 한다. 목표 수준이 적절해야 하며, 비교나 경쟁 환경을 최소화해야 한다.

무기력한 아이에게 필요한 것은 협박이 아니라 격려다. 격려할 줄 모르는 교사에게는 무기력한 학생이 힘겨울 수밖에 없겠지만, 그들에게 협박은 익숙한 시나리오일 뿐이므로 이참에 격려를 배우라는 신호로 받아들이면 좋을 것이다.

동기 전략으로서 경쟁

① 건강한 경쟁
- 즐거운 목표, 가치 있는 목표
- 기간이 짧고 높은 에너지를 들이는 것
- 결과의 영향이 길지 않은 것

- 모든 학생이 이해할 수 있는 방식의 경쟁

- 모든 학생이 공평한 승리의 기회를 가질 수 있는 방식의 경쟁

② 건강하지 않은 경쟁

- 경쟁이 너무 현실적이고, 승자와 패자가 크게 영향을 받을 수 있는 것

- 경쟁 결과 큰 보상이 있고, 현실적인 것

- 학습 자체가 목적인 것

- 이후에 경쟁의 결과가 영향을 미치는 것

- 특정한 학생에게 유리한 방식의 경쟁

- 시간이 지날수록 학급 분위기를 경쟁적으로 만들 수 있는 것

왜 아이들은 자기중심적으로만 행동할까?

예의도 모르고, 버릇없이 굴며, 자기중심적으로 행동하는 아이들이 있다. 늘 자신이 주인공이 되어야 하며, 나머지는 엑스트라쯤으로 여기는 아이들. 그 아이들의 부모를 보면, 그들도 마찬가지로 자기 자식밖에 모른다.

한국의 외둥이들(자녀가 남매뿐라면 외둥이 둘인 것과 다를 바 없다) 가운데 소황태자 증후군에 빠진 아이들을 만나는 것은 어렵지 않다. 귀한 자손이다 보니 부모와 조부모가 애지중지 상전처럼 키우는 아이들이다. 집에서 이렇게 '최고'의 대우를 받다가 학교에 와서 공평한 대접을 받으면 견디기 힘들어한다.

여기에는 두 부류가 있다. 안하무인격으로 행동하는 뻔뻔한 소황태자들과, 겉으로는 유순해 보이지만 자신을 인정하지 않을 때는 복수를

계획하는 수동 공격적인 아이들. 소황태자들이 탄생한 배경에는 가족의 의사 결정 과정에서 아이가 최고의 자리를 차지하도록 만든 그 가정의 역사와, 아이들의 내면에 주입된 최고에 대한 압력이 있을 것이다. 그것이 학교에서 최고가 되지 못할 때의 불안감, 두려움과 만나서 생긴 결과라고 할 수 있다. 더욱이 핵가족에 둘러싸여만 있을 뿐, 좀처럼 다양한 어른을 만날 일이 없는 요즘 아이들은 제대로 예의를 배울 기회도 없었다. 이런 아이들에게 공손을 기대하기란 무리일 것이다.

교사에게는 정말 상대하기 버거운 아이들이다. 게다가 이런 아이들의 부모일수록 학교에 영향력을 행사할 만한 지위에 있는 경우가 많아서 더 피곤해진다. 아첨할 필요는 없으나 정중히 다루고, 수치심을 줄 필요는 없으나 간혹 진실과 직면해야 할 필요는 있다.

교사 입장에서는 이런 아이들이 지닌 자기애가 불편하고 얄밉긴 하지만 그래도 어차피 아이고, 학생이다. 변화를 바라는 마음으로 성장 과정에서 받아야 할 피할 수 없는 자기애의 손상을 부드럽게 다루어 주어야 한다. 창피를 주어서 직면하도록 하는 것이 좋다는 생각이 들 수도 있겠지만, 그럴수록 더 강한 자기애의 갑옷으로 갈아입고 무장하는 경우가 많다. 오히려 아이의 내면에 있는 공포를 알아주는 것, 즉 잘난 척하고 인정 욕구가 강한 그들의 마음을 읽어 주는 것이 도움이 된다. '영희는 꼭 잘해야만 한다는 부담을 갖고 있구나', '최고가 되고 싶어 하는 그 마음이 힘들지는 않니?', '누군가에게 인정받지 않으면 간혹 불안해질 때가 있나 보구나', '친구들을 먼저 생각하는 것이 잘 안 될 때가 있나 보구나' 하고 공감해 주는 것이 그들의 마음을 안심시킨다.

강한 사람을 이기는 것은 부드러움이다. 자기애가 강한 아이일수록 겉으로는 강한 듯해도 속으로는 연약하기 이를 데 없고, 얄밉고 이기적이지만 그래도 재능은 있다. 다만 잘해야 한다는 부담과 최고가 아니라는 것을 감추기 위한 방어로 가득 차 있을 뿐이다. 외둥이들은 태생적·본능적으로 그런 부담을 안고 있다. 부모를 기쁘게 해 줄 자식이라고는 오직 자기밖에 없기 때문에, 자신이 잘 못한다거나 부모를 실망시키는 소식을 집에 가지고 가기 두려워해서다. 이런 아이들에게는 간혹 선생님이 나쁜 사람이 되기도 한다. 비록 행동이 얄밉고 성가실 때도 있겠지만, 그 심정의 밑바탕에는 절박함이 있다는 것을 이해하고 측은한 마음을 가진다면, 아이들과의 관계가 덜 불편해지고 상처도 덜 받게 될 것이다.

2장

내 마음속의 아이들
그리고 관계

성공하는 관계, 실패하는 관계

교사가 특정 아이를 기억할 때 자연스럽게 따라오는 감정이 있다. '그 아이를 떠올리면 기뻐'라든가 '그 아이만 생각하면 화가 치밀어' 하는 감정이다. 이런 감정이 드는 이유를 살펴보면 어떤 것이 교사에게 상처가 되고 어떤 것이 보상으로 작용하는지 알 수 있다. 따라서 어떤 아이를 기억할 때는 '그 아이' 자체가 아니라 '왜?'에 방점을 두어야 한다. 왜 그 아이가 기억에 남았는지, 그 아이와 좋은 관계를 유지할 수 있었던 틀은 무엇인지, 혹은 나를 화나게 한 아이와는 어떤 관계의 틀 안에 있었는지를 면밀히 살피는 것이다.

먼저 현장 강연에서 만난 교사들에게 '기억에 남는 아이와 그 아이를 기억하면 어떤 감정이 드는지'를 물어본 내용을 소개한다.

교사 A : 첫 담임을 맡았던 반의 반장을 떠올리면 슬프고 안타까워요. 저는 그 아이를 무척 아꼈는데 아이는 그게 간섭처럼 느껴져서 힘들었나 봐요. 나중에 반장과 친한 다른 아이한테 그런 말을 전해 들었는데 제 마음이 제대로 전달되지 않은 것 같아 지금 생각해도 참 속상합니다.

교사 B : 저는 저를 좋은 선생님이라고 이야기해 준 아이를 생각하면 기분이 좋아져요. 그리고 아이들 앞에서 제게 대들었던 아이를 떠올리면 울적해지고요.

교사 C : 가장 좋은 기억으로 남은 아이가 있는데 봉사 활동 징계를 받고 나서 자발적인 봉사 활동으로 연결한 아이예요. 자신의 행동에 책임을 지고, 또 그것을 긍정적으로 받아들인 것이 무척 기특했습니다. 또 한 아이는 할머니와 살았는데 고등학교에 들어가서 학업을 포기했다는 소식을 들었어요. 그 아이를 떠올리면 슬퍼집니다.

교사 D : 때때로 고등학교 담임을 하던 시절에 만난 아이를 기억하면 기뻐요. 중학생 때 선생님들을 너무 힘들어하던 아이었는데, 고등학교에 들어와서 안정을 찾은 뒤 대학교를 졸업하고는 유치원 선생님이 됐어요. 요즘은 그 아이의 SNS에 올라오는 사진들을 보며 행복한 기분에 젖기도 합니다.

교사 E : 저한테 제 생각을 물어봐 주던 아이들을 기억하면 '나를 믿어 주는구나' 하는 생각이 들어서 기분이 좋아져요. 오랫동안 설득했는데 자퇴 의사를 꺾지 못한 아이를 생각하면 '나를 믿지 못하는구나' 하는 생각에 마음이 무겁고요.

교사 F : 제게 새로운 깨달음을 준 아이가 있어요. 아이의 행동에 화가 나서 자주 싸웠는데, 몇 년 뒤 아무렇지 않게 전화를 걸어 와 안부를 묻더라고요. 그때 '아이들은 다 때가 있구나' 하는 생각이 들었고, 욕심을 좀 내려놓자고 결심했어요. 집안 사정이 좋지 않아 학교생활에 불성실하고 스스로에게 상처를 주던 아이를 기억하면 마음이 아파요.

교사 G : 졸업 후 저를 찾아와서 제가 누누이 강조했던 말들이 살아가는 데 큰 도움이 되었다고 말해 준 아이를 고맙게 기억해요. 교사로서 역할을 제대로 했구나 싶은 생각이 들어서요. 하지만 학기 중에 저한테 기분이 상해서 졸업할 때까지 눈도 안 마주친 아이를 생각하면 우울해지기도 해요.

아이들도 자신이 인정받는다고 느낄 때 방해자에서 협력자로 변하듯이, 교사도 교사로서 자신을 인정받는 방식을 무척 중요하게 여긴다. 그리고 이 방식이 자신의 생각대로 되지 않을 때 큰 상처를 입는다.

어떻게 인정받을 것인지에 대해서는 교사마다 다를 수 있다. '나'를 강조하는 교사가 있는가 하면, '아이'를 강조하는 교사가 있고, 아이의 수행 능력이나 성취도 같은 '퍼포먼스'가 중요한 교사도 있다. 그리고 아이와 자신과의 '관계' 자체를 가장 중요하게 여길 수도 있다. 그러므로 교사와 아이의 관계에서 보다 근본적으로 살펴야 할 것은 관계 맺기의 성공이나 실패가 아니라 '왜' 그렇게 되었는지를 아는 것이다. 어떤 아이와 호감을 갖게 된 과정이나 계기가 무엇인지, 어떤 아이에게만 지속적으로 상처를 입는 이유가 무엇인지를 이해하면, 아이들과의 관계를 어떻게 이끌어 나가야 할지도 알 수 있게 된다.

아이들과의 관계에 대한 교사의 기대

교사는 아이들과의 관계에서 무엇이 일어나기를 기대할까? 앞서 교사들이 아이들의 상태를 볼 때 드는 생각과 그런 아이들을 바라보는 자신의 마음 상태를 적은 표를 다시 한 번 보자. 이 표는 아이들을 바라보는 교사의 마음 상태가 앞으로 무엇이 일어나기를 기대하는지 보여 주는 단서들이다. 예컨대 아이들이 열정적이지 못하다고 느끼는 교사는 열정을 키워 주는 교사가 되고 싶어 하는 것이고, 꿈이 없는 아이들이 안타까운 교사는 아이들에게 꿈을 주는 교사가 되고 싶은 것이다. 교사와 아이들과의 관계에서 일어나기를 바라는 것에 대해 조사를 해 본 적이 있는데, 그때 다음과 같은 답변들이 나왔다.

- 아이들과 감정 교류가 가능하기를 기대해요.
- 책상 앞에 왜 앉아 있는지, 아이들이 그 이유를 궁금하게 여겼으면 좋겠어요.
- 교사도 아이도 마음과 정신을 수업(교실)에 집중하면 좋겠어요.
- 세상을 아름답게 보는 눈을 가졌으면 해요.

- 아이들이 자신을 가치 있는 존재라고 느끼기 바라요. 자신을 존중해야 주변 사람에게도 존중받을 수 있으니까요.
- 아이들이 열심히 꿈꾸고, 사는 것이 기쁘다고 느끼면 좋겠어요.

아이들과의 관계에서 바라는 것이 있다면, 교사 자신에게도 줄 것이 있어야 한다. 교사는 삶이 즐겁지 않으면서 '선생님은 즐겁지 않지만 너희는 삶이 즐거웠으면 좋겠어'라고 말할 수는 없는 노릇이다.

자신이 갖고 있지 않은 것을 남에게 주는 일은 불가능하다. 파커 파머의 이론을 빌리자면 '소진한 교사가 뇌사 상태에 빠진 아이들을 깨울 수는 없는 것'이다. 그렇기에 학교에서든 집에서든 아이들한테 줄 무언가를 찾아야 하는 것이 교사에게 주어진 과제이기도 하다.

꿈꾸기 어려운 사회의 아이들

아이들과의 관계에서 일어나기를 바라는 내용 가운데 '아이들이 꿈꾸지 않는다'고 걱정하는 교사가 몇 있었다. 이는 교사가 꿈꿀 수 있는 환경과 기회를 만들어 주지 못했다는 뜻이기도 하지만, 보다 근본적으로는 요즘 아이들이 전에 비해 꿈꾸기 어려운 사회에 살고 있다는 반증이기도 하다. 꿈꿀 수 있는 기회가 적어지고, 꿈을 펼칠 수 있는 무대도 좁아졌다. 비단 우리나라만의 현상은 아니다. 국경을 넘어 전 세계 청소년들이 자신의 꿈에 대해 이야기하기가 어려워진 까닭을 짚고 넘어가 보자.

첫째, 직업의 가짓수가 많아진 데서 원인을 찾을 수 있다. 1960년대에서 1970년대까지만 하더라도 직업의 종류는 사무직, 생산직, 서비스직, 광업·공업·농업·어업 정도였으나 지금은 이런 분류가 무의미해졌다. 아이들은 기하급수적으로 늘어난 직업의 종류 가운데서 무엇을 선택해야 할지 막막해한다.

둘째, 직업의 세대 간 전수가 줄어들었다. 어느 나라든 부모의 직업을 자녀가 계승하는 풍토가 점차 사라지고 있다. 그만큼 현대 사회에서는 대를 잇는 직업으로 먹고살기가 힘들어졌다.

셋째, 자신이 꿈꾸던 직업에 대해 긍정적으로 이야기해 주는 사람이 드물다. 예컨대 '선생님, 저는 의사가 되고 싶어요'라는 아이에게 교사는 '요즘은 의사도 별 볼 일 없어. 개원했다 망하는 의사가 얼마나 많은데' 하고 대꾸한다는 것이다. '교사가 될래요' 하면 '교사도 잘리는 직업이야' 하고, '변호사가 되고 싶어요' 하면 '한 달에 100만 원도 못 버는 변호사가 수두룩하대'라는 식이다. 과거에는 소위 출세의 상징으로 꼽혔던 직업들의 위상이 절대적으로 통용되지 않는 이유도 있다.

넷째, 특정 직업군에 편입하는 분명한 법칙이 없어졌다. 스티브 잡스처럼 정규 교육 과정을 밟지 않고도 특유의 감각과 노력으로 크게 성공한 사람이 대표적인 예에 속한다. '이런 과정을 거치면 반드시 성공한다'는 법칙이 무너진 것이다. 또 그저 열심히 한다고 해서 자신이 원하는 직업을 가진다는 보장도 할 수 없게 되었다.

다섯째, 안정적인 직업으로 가는 진입 장벽이 훨씬 높아졌다. 대학교를 나온 것만으로 대접받던 시절은 가고, 석·박사도 흔한 시대가 되었다. 특정한 기술을 갖추기 위해 훈련을 받아도 더 많은 과정과 절차가 계속해서 생겨난다. 그나마 안정적이라고 여기는 직업 세계에 발을 들여놓으려면 많은 절차와 비용이 드는 구조를 극복해야 한다.

이렇게 꿈조차 꾸기 힘든 사회 구조 속에서 살아가는 아이들에게 '너희는 왜 꿈꾸지 않느냐'고 타박한다면 아이들은 억울할 것이다.

3장

교실에서 일어나는
아이들과의 관계 게임
— 나는 어떻게 대처하는 교사인가

어려운 학생에 대한 교사의 대처 유형
— '뮈리엘'의 사례

미국의 정신의학자 에릭 번Eric Berne 은 〈학생들의 심리 게임〉이라는 책에서 '심리 게임games people play'이라는 용어로 인간관계에 작용하는 심리 역학을 설명했다. 그에 따르면, 사람은 '인정받고 싶은 욕구' 때문에 일정한 패턴을 반복해서 의사소통하는데, 교실 안에서도 교사와 아이들 사이에 인정해 주고 인정받는 게임이 이루어진다고 한다. 다음과 같이, 수업이나 교사를 방해하는 '방해 게임'이 대표적인 사례다.

뮈리엘은 출석 체크를 하는 순간부터 떠들기 시작했다. 마침 교사가 실수로 뮈리엘을 '뮈엘'이라고 잘못 부르자, 뮈리엘은 야단법석을 떨며 수업 분위기를 망쳐 놓았다. 이런 상황에서 교사는 뮈리엘에게 어떻게 반응해야 할까?

방해 게임에 대처하는 교사의 유형에는 다음 여섯 가지가 있다.

첫째, '소리 좀 지르지 마'라며 목소리를 높이는 '폭군형 교사'다. 이런 교사는 자신의 권위를 잃을까 봐 두려워서 부모의 목소리로 아이를 상대한다.

둘째, '어휴, 내가 참는다'는 '순교자형 교사'다. 바탕에는 아이가 떠든다고 자기까지 소리를 지르면 체면만 깎이고 평판이 나빠질 거라는 두려움이 있다.

셋째, '선생님 좀 도와줄래?' 하는 '애원형 교사'다. 아이와 맞서는 것이 두렵고, 자칫하면 아이와 싸우게 되는 상황을 피하려고 아이한테 애원하는 모습을 보인다.

넷째, '네 떠드는 목소리가 꼭 앵무새 같구나'라고 반응하는 '언쟁형 교사'다. 떠드는 아이에게 상처를 되돌려 주겠다는 미숙한 마음에 휘둘리는 유형이다.

다섯째, '떠들려면 나가라'고 하는 마음이 급한 '성급형 교사'다. 지금 중요한 것은 이 아이가 아니라 우리 반의 수업 질서를 유지하는 일이라고 생각한다.

여섯째, '수업 시간에 소란 피우는 걸 교장선생님이 알면 내가 어떻게 되겠니?'라고 되묻는 '겁쟁이형 교사'다. 이런 교사는 교장선생님을 자신의 부모로, 자신을 아이로 상정해서 무능함이 알려질까 봐 두려워하는 마음에 사로잡혀 있다.

그렇다면 방해 게임에 열중한 뮈리엘을 진정시킬 수 있는 교사는 어떤 유형일까? '소리 좀 지르지 마'라는 폭군형 교사도 아니고, '그냥 참고 넘어가자'는 순교자형 교사도 아니며, '선생님 좀 도와줄래?' 하는 애원형 교사도 아니다. '어디서 개가 짖나'라는 언쟁형도 아니고, '밖으로 나가라'는 성급형 교사도 아니며, '교장선생님이 알면 안 돼'라는 겁쟁이형 교사여서도 안 된다.

'심리 게임' 이론가들은 사람의 마음속에는 세 가지 목소리가 있다고 말한다. '부모의 목소리', '어른의 목소리', '아이의 목소리'가 그것이다. 부모의 목소리는 보수적이고 비판적이며 보호하는 특성을 지니고, 어른의 목소리는 논리적이고 합리적이며 타산적인 경향을 띤다. 아이의 목소리는 본능적이고 직관적이며 순응적인 성향을 갖는다. 대체로 혼내는 목소리는 부모의 목소리, 성숙한 목소리는 어른의 목소리로 구분한다.

조르고 반항하고 어린아이처럼 굴고 퇴행하는 뮈리엘을 진정시킬 수 것은 바로 어른의 목소리다. 논리적이고 합리적이고 타산적이며 성숙한 목소리로 '이름을 잘못 불러서 미안하다'고 사과한 다음에 뮈리엘의 이름을 제대로 다시 불러 주는 것이다.

인정 부재와 복수 쿠폰

뮈리엘이 자기 이름을 잘못 불렀다

는 핑계로 수업을 망치려는 이유는 무엇일까? 예전에 '교실 심리' 강의에서도 말한 바 있듯이, 교실에서 작용하는 가장 큰 힘은 '인정 시스템'이다. 아이들이 여러 가지 형태로 교사에게 상처를 줌으로써 수업을 방해하는 이유도 '인정 자극'에 있다. 아이들의 심리에는 교사와 친구들에게 자신을 알리거나 그들로부터 인정받고 싶은 욕구가 강하다. 게다가 한창 자라는 때의 아이들은 더 많은 인정을 필요로 하기에 튀는 행동을 적극적으로 추구한다. 그리고 이것이 뜻대로 되지 않았을 때는 스스로에게 '쿠폰'을 발행한다. 말하자면 아이가 교사에게 인정받기 위해 무언가를 시도했는데 원하는 인정을 받지 못하면(인정 부재), 쿠폰을 하나씩 만들어 두었다가 교사를 괴롭히는 방식으로 사용하는 것이다.

교사 입장에서 보면 아이를 인정해 주지 않을 때마다 자신에게 복수로 되돌아올 쿠폰을 하나씩 발급받는 셈이다. 자라는 동안 충분히 인정받지 못한 아이들은 점점 쿠폰 부자가 되어 간다. 쿠폰 부자는 곧 상처 주기의 달인이 되어 어떻게 하면 교사를 힘들게 할까를 궁리한다. 즉, 교사가 아이를 인정해 주지 않으면 상처로 돌려받는다. 따라서 교사는 아이를 충분히 인정해 주고 자존감을 높여 줌으로써 자신에게 적극적으로 협력하려는 '긍정 쿠폰'을 모아야 한다.

수업과 교사를 방해하는 아이의 목적 행동

교사가 아이들에게 상처를 주는 방식은 앞서 살펴본 '선생님병'의 유형을 참고하면 알 수 있다. 그러면 이렇게 상처받은 아이들은 어떤 방식으로 교사에게 상처를 줄까.

교사에게 상처를 주는 아이들의 심리를 루돌프 드라이커스가 정립한 네 가지 유형을 빌려 살펴보자.

첫째, '관심 끌기'다. 물론 아이가 긍정적인 방법으로 관심을 끌려는 것은 문제가 없지만 부정적인 방법으로 관심 끌기를 시작하면 교사에게 상처가 된다. 교사는 이런 식으로 상처받는 것이 싫어서 아이에게 관심을 주지만, 생각보다 많은 아이가 부정적인 방식으로 관심을 끌려고 한다.

둘째, '앙갚음하기'다. 아이는 자신이 인정받지 못한 것에 대해 복수를 하는데, 그 대상은 교사일 수도 있고 과목이나 특정 제도일 수도 있다.

셋째, '힘겨루기'다. 교사에게 인정받지 못한 아이가 반 아이들에게 힘을 행사함으로써 교사보다 우위에 있음을 증명하는 방식으로 교사에게 상처를 준다.

넷째, '무능함 보이기' 혹은 '회피하기'다. 교사가 '해 봐'라고 하면 '못한다'고 반응하는 것인데, 드러내기를 바라는 교사에게 자신을 드러내지 않음으로써 상처를 준다.

학급 경영 방식에 따른 교사 유형

한편 교사가 학급을 어떻게 경영하는지, 아이들을 어떻게 만나는지에 따라서도 어떤 상처를 받을지 예측할 수 있다. 교사가 학급을 경영하는 고전적인 스타일에는 다음 세 가지가 있다. 방임형인 '핸즈오프 스타일hands-off style', 독재형인 '핸즈온 스타일hands-on style', 손을 맞잡는 '핸즈조인 스타일hands-join style'이 그것이다.

최근에는 교육학자 존 쉰들러John Schindler 박사가 정립한 '교사의 학급 경영 유형'이 자주 인용되는데, 이에 따르면 교사는 다음 네 가지 유형으로 학급을 운영한다.

첫째, '촉진자형'이다. 가장 바람직한 형태로, 교사가 협동을 조성하고 아이들은 자기 주도적으로 학급 일에 참여하고 운영해 나간다.

둘째, '지휘자형'은 '나를 따르라'는 식으로 교실을 운영한다. 이러한 돌봄의 형태는 아이들에게 의존을 부른다. 아이들은 자율적이고 창의적인 노력은 하지 않고, 모든 것을 교사에게 물어서 결정하고 행동한다.

셋째, '방조자형' 교사는 교실 내 아무 것에도 신경을 쓰지 않는다. 자연스럽게 아이들도 학급 일에 무관심해져서 교실이 무정부 상태가 된다. 일명 '자수성가형 학급'이라고도 하는데, 여기서는 정글의 법칙이 작용한다.

넷째, '지배자형'은 교사가 모든 것을 정하고, 그 법칙에 따라 아이들을 움직이게 한다. 이런 교사 아래서는 아이들이 어떤 형태로든 반항하려 든다.

촉진자형을 제외한 나머지 유형은 아이들에게 특정한 상처를 준다. 그러므로 교사가 자신이 어떤 유형으로 학급을 운영하는지를 알면 이를 통해 아이들에게 상처를 적게 주는 방식으로 개선해 나갈 수 있다. 다음 말을 마음에 새겨 보면 어떨까 한다.

지배자의 교실에서는 반항이 일어나고,
방관자의 교실에서는 무관심이 일어나고,

지휘자의 교실에서는 의존이 일어나고,

촉진자의 교실에서는 참여가 일어난다.

■ **존 쉰들러의 교사 유형에 따른 교실 매트릭스**

촉진자		지휘자
목표 : 자기 주도적 학생, 자기 주도적 학습. **특징** : 내적 동기, 유능감, 명확한 경계, 공동 책임감, 장기적 목표가 중요, 우리 반이라는 인식. **질문** : 왜 이것을 해야 하나요? **기후** : 자유롭고 교육적. 교사는 건축가이면서 집사 같은 역할, 일차적 목적은 학생들이 자기 방향을 갖고, 내적으로 동기화되는 것.	효과적, 기능적	**목표** : 해야 할 일을 잘하는 학생, 지시에 잘 따르는 학급. **특징** : 외적 동기, 보상에 따른 동기, 명확한 결과, 전체 학생의 효율성, 단기적 목표, 내 반이라는 인식. **질문** : 무엇을 기대하나요? **기후** : 조건적으로 교육적. 교사는 지휘자이면서 초점적 접근, 일차적 목적은 효율성 증가와 기대의 명확성.
학생 중심		교사 중심
방조자		독재자
목표 : 학생을 행복하게, 자기중심적 노력, 수동적 리더십. **특징** : 동기는 학생 관심에 따라, 불명확한 경계, 자기중심적 행동의 증가, 혼란한 에너지, 목표가 모호한 학생들. **기후** : 방조적·우발적. 교사는 수동적인 안내자, 이 교실은 우연적 기후, 명확성의 부재로 정의할 수 있다. 결과적으로 학생들은 스스로를 방어해야 한다.	비효과적, 역기능적	**목표** : 누가 주인인지를 알게 하는 것. **특징** : 순응 혹은 반항, 억압적 리더십, 벌의 회피, 알 수 없는 처벌, 점차 벌에 둔감해진다. 부정적 에너지, 학생들의 의지가 꺾임. **기후** : 방조적·우발적. 교사는 멋대로 판단하는 자, 이 교실은 우연적이고 반항적인 기후로 정의할 수 있다. 학생들은 확인받거나 저항해야 한다.

학생과 교사의 상처 주고받기

대개 학기 초에는 서로를 잘 모르기 때문에 교사와 아이들 사이에 상처 주고받기가 자주 일어난다. 또 상처를 주고받는 동안 서로 힘들어하는 지점을 알아 가면서 관계를 회복하려고 노력하기도 한다. 복구 노력에 성공하면 학년이 끝날 즈음에는 좋은 관계에 도달했다는 뿌듯한 마음을 갖게 되고, 어떻게 상처를 주는지 서로 이해하지 못하고 끝까지 자신의 방식만 고집하면 상처투성이가 된 채 관계를 끝내게 된다.

지금부터는 교사가 아이를 판단하는 시각이 과연 옳은지를 점검하기 위해 교사의 공포에 대해 이야기해 보려고 한다. 때로 어떤 아이가 공포스럽다고 말하는 교사를 만나는데, 그 공포를 정말 그 아이가 주는 것인지, 실은 그런 유형의 아이를 내가 두려워하는 것인지를 잘 구분해야 아이들을 능숙하게 다룰 수 있다.

'무기력한 아이들이 너무 힘들어요.', '나대는 아이들이 너무 싫어요'라고 말하는 교사들의 두려움은 어디에서 비롯한 것일까? 정말 그 아이들 자체가 공포스러운 것일까, 아니면 무기력한 아이와 나대는 아이를 잘 처리하지 못하는 데서 오는 공포일까. 예컨대 교사가 꽤 노력했음에도 아이의 무기력함이 나아지지 않는다면 교사는 그것으로 자신의 능력을 가늠해야 한다. 자신이 부족해서 아이에게 아무런 영향을 미치지 못했다고 느낀다면, 사실 그것은 교사 자신의 문제에서 나온 공포이지 아이 자체의 문제는 아니기 때문이다.

그러므로 지금 자신이 힘들어하는 이유가 누구에게 기인한 것인지 정확히 구별할 필요가 있다. 그래야 제거 가능한 공포를 제거하고, 자신의 공포 때문에 불필요하게 아이들에게 상처 주는 일을 줄일 수 있다. 또 자신에게 내재된 공포 때문에 아이들을 더 힘들게 여겼다는 사실을 알게 됨으로써 교사도 훨씬 편안해질 수 있다.

요즘 아이들에게 거는 옛날 기대

교사들이 흔히 하는 푸념이 있다. '요즘 아이들은 어떻다'는 식의 한탄인데, 따져 보면 그 말 속에는 교사가 아이들에게 어떻기를 바라는 마음, 즉 기대하는 바가 담겨 있다. 그런데 이런 기대가 옳은지 아닌지에 대해서는 얼마나 자문해 보았을까.

현장 연수를 다녀 보면 '나는 아이들하고 친하게 지내고 싶은데 요즘 아이들은 깊은 관계를 맺으려 하지 않아요'라는 이야기를 종종 듣는다. 그런가 하면 '깊은 관계를 맺는 것을 원하지 않는 줄 알았는데, 잘 들여다보니 아이들이 깊은 관계 맺는 법을 모르더라'는 말도 한다. 여기서 더 들어가면 아이들은 가정에서도 깊은 관계를 경험하지 못하고, 자기 자신과도 관계를 맺을 줄 모르는 경우가 많다. 그런데 교사는 이런 아이들이 자신을 신뢰해 주기를 원하고, 그것이 뜻대로 되지 않았을 때 상처를 받는다.

엄밀히 말하자면 이런 이유로 교사가 상처받는 것은 불필요한 소진이다. 교사가 기대하는 아이의 실체를 잘 이해하면 화를 적게 내고, 자신을 덜 추궁하며, 실제로 아이를 도울 수 있는 방법을 찾음으로써 치유가 일어날 수 있다.

인정받는 교사가 되고 싶다면 '요즘 아이들'에게 어떤 방식으로 인정받을 수 있을지 연구해야 한다. 나는 '요즘 아이들'을 잘 이해하는 방법으로 시간 개념을 없애라고 조언하고 싶다. '우리 때는 학교가 이랬는데' 또는 '학교도 예전 같지 않아' 하는 생각을 접으라는 말이다. 이런 말을 하는 순간, 교사는 과거를 기대하는 사람이 되고 만다. 1980년대, 1990년대에 경험했던 학교의 끈끈한 관계 방식을 이 시대에 기대하기란 무리다. 그보다는 요즘 아이들이 느끼고 행동하는 방식에서 의리와 우정을 창출하는 데 도움을 주는 교사가 되어야 한다. 과거가 아닌 미래를 기대하는 교사만이 아이들과 상처 주고받기를 끝낼 수 있다.

4장

교사의 애착 유형에 따른 아이들과의 관계
— 나는 어떻게 접근하는 교사인가

교사 자신의 애착 유형에 대한 이해

'나는 아이들에게 어떻게 접근하는 교사인가?'라는 질문에 앞서, 애착 유형에 따른 아이들과의 관계에 대해 검토해 보자.

교사 가운데는 수업하는 것은 좋은데 아이들과 따로 만나는 것은 싫다는 교사가 있고, 아이들과 만나는 것은 좋은데 수업이 싫다는 교사도 있다. 물론 수업도 아이들과의 만남도 다 좋아하는 교사도 있다.

우리는 늘 누군가를 돌보며 관계를 맺고 살아간다. 돌봄의 형태, 사람과 관계 맺는 양식을 심리학과 정신의학의 한 그룹에서는 '애착 이론'이라 명명하고 그 유형을 구분한다. 처음에는 엄마와 아이의 관계에서 형성된 애착을 중심으로 유형을 구분했는데, 점차 교사나 의사 직군에도 적용하기 시작했다. 어떤 애착 유형으로 아이들을 만나는지를 아는 것은 자신이 무엇을 힘들어하는지, 무엇 때문에 상처받는지 알 수 있어서 중요하다.

수업 시간에 교실에 들어가면 왠지 나를 불편하게 만드는 아이가 있는가? 그런데 나는 왜 그 아이를 볼 때마다 불편한 것일까? 이론가들은 이런 불편이 서로 접근하는 방식이 맞지 않아서 발생한다고 한다. 교사가 아이들에게 접근하는 방식과 아이들이 교사에게 접근하는 방식이 서로 다르기 때문이라는 것이다.

분명히 의식하든 그렇지 않든, 사람에게는 누군가와 관계하는 패턴이 내재되어 있다. 예컨대 새로운 인간관계가 형성되면 이것저것 캐묻고 당장 술이라도 한잔 마시자는 사람이 있는가 하면, 시간을 두고 천천히 친분을 쌓아 가려는 사람도 있다. 이것이 인간관계를 맺는 개인적 패턴이다.

관계를 맺는 패턴은 의외로 일찍, 즉 언어를 배우기 이전에 이미 형성된다고 한다. 그리고 한번 형성된 패턴은 꽤 안정적이어서 크게 바뀌지 않는다고도 한다. 이처럼 비언어적인 상태에서 형성된 패턴을 대표하는 표현이 '왠지'이다. 왠지 좋은 사람이 있고, 왠지 싫은 사람이 있으며, 왠지 불편하고, 왠지 편안한, 정확히 말로 표현할 수는 없지만 마음이 그렇게 느끼는 그 무엇인가가 있다. '왠지'의 패턴은 대개 말을 배우기 전인 18개월 또는 24개월 이전에 형성된 비언어적 경험에 기인하거나, 말을 하게 된 이후에 경험했지만 어떤 충격이나 외상으로 인해 선명하게 기억나지 않는(혹은 기억하고 싶지 않은) 데서 근거를 찾을 수 있다.

  자, 교실에 들어섰는데 왠지 불편한 아이가 있다면 두 가지 경우를 생각해 보자. 하나는 교사 자신이 아주 어렸을 때 불편하고 싫다고 느낀 감정을 그 아이가 갖고 있을 수 있다. 또 다른 하나는 교사 자신이 받은 상처나 충격이 그 아이와 관련이 있는 경우다. 이렇게 생각하고 보면 왠지 '불편하던' 그 아이가 왠지 '편하게' 또는 친근하게 다가오기도 할 것이다. 교사 자신에게 익숙한 경험이나 느낌을 그 아이도 갖고 있기 때문이다. 이것을 '내적 작동 모델'이라고 한다. 익숙함, 편안함, 불편함, 낯섦 같은 내적 작동 모델은 실은 꽤 일찍부터 형성되었거나 성장하면서 받은 충격으로 인해 생긴다는 것을 다시 한 번 염두에 두자.

  이제 앞서 이야기한 애착 유형으로 돌아가 보자. 애착은 개인마다 다르게 나타난다. 관계에서 불편함이나 불안을 만드는 애착 유형으로는 크게 무시형, 집착형, 혼란형을 들 수 있다. 여기서는 중요한 두 갈래 유형, 무시형과 집착형에 대해 중점적으로 다루려고 한다(혼란형 애착은 드물기도 하거니와 혼란형 애착을 가진 사람이 교사가 되는 경우는 거의 없기 때문이다).

  예컨대 어떤 교사는 수업 시간에 교과 내용 외에 다른 이야기를 하는 것은 쓸데없다고 생각해서 불편해한다. 다른 교사는 수업을 기분에 따라 즉흥적으로 이끌어간다. 전자는 무시형 애착 성향을, 후자는 집착형 애착 성향을 띤 교사다. 더 쉬운 예를 들어 보자. 친정어머니와 종종 다투면서도 아침저녁으로 전화통화를 하는 딸은 집착형 애착 관계에 있고, 일주일에 한 번이나 일이 있을 때만 전화해서 짧게 할 말만

하고 끊는 딸은 무시형 애착 관계에 있다.

  교사는 자신의 애착 유형이 집착형인지 무시형인지를 파악함으로써 무엇을, 왜 힘들어하는지 알아야 한다. 자기가 힘들어하는 것이 자신이 받는 상처와 연관되기 때문이다.

교사의 애착 유형별 상처

아이들과 만날 때, 수업을 할 때, 나는 어떤 애착 유형을 보이는 교사인가.

  먼저 무시형 애착을 가진 사람의 특징을 살펴보자. 좌뇌를 많이 쓰는 무시형은 생각을 중요하게 여긴다. 이들은 혼자 있기를 좋아하고, 타인이 자신에게 관심을 갖는 것을 불편해한다. 사람들 사이에 섞여 있을 때도 항상 '나'부터 생각하고, 내가 불편하지 않은 상황을 만들려고 애쓴다. 누군가와 친밀해질까 봐 두렵고, 누군가에게 의지하게 될까 봐 불안해한다. 이런 유형은 어렸을 때 엄마에게 의지하려 했는데 거절당한 경험을 큰 충격으로 갖고 있을 수 있으므로, 무시형에게는 거절당할 일을 하지 않는 것이 중요한 목표가 된다. 한편 무시형의 내면에는 의지하고 싶은 마음도 있다. 과거에 누군가에게 의지하려다 거절당한 경험이 있어서 다시는 누군가와 친밀해지거나 의지하는 상황을 만들지 않겠다고 마음먹었을 뿐이다.

  그렇다면 무시형 성향을 가진 교사는 어떤 아이들을 불편해할까? '선생님, 선생님' 하면서 교무실이고 어디고 따라다니는 아이들, 방과 후에도 떡볶이나 아이스크림을 사 달라고 조르는 아이들이 부담스럽다. 자신을 좋아해 주는 것은 고맙지만 이런 과잉 반응을 받아들이기가 영 성가시다. 무시형 교사는 감성적인 터치를 하는 수업이 힘들고, 감성적으로 대시하는 아이들이 불편하다. 예컨대 아이가 '선생님, 오늘 기분이 어떠세요?' 하고 물으면 수업을 방해하는 행동처럼 느껴진다. 아이들이 호소하는 정서적인 접촉이나 기대를 거절하지만 한편으로는 거절한 자신 때문에 힘들어하기도 한다.

무시형 교사는 아이들을 혼낼 때도 '생각 좀 하라'며 다그치고, 같은 맥락에서, 아이들이 아무 생각 없이 행동하는 것 같을 때 상처를 받는다. 극단적인 무시형 교사는 아예 감정을 차단하기도 하는데, '나한테 말 걸지 말라'거나 혹은 '다가오지 말라'는 무언의 메시지를 발산한다. 누군가에게 받았던 친밀감이나 의존의 상처가 극복되지 않은 탓이다.

집착형 애착 유형을 가진 교사는 무시형과는 반대되는 성향을 보인다. 이들은 좌뇌보다 우뇌를 많이 쓰고, 감정을 더 많이 활용한다. 집착형은 혼자 지내는 것을 힘들어해서 늘 사람들과 함께 있기를 바라고, 그들에게 관심을 받느냐 못 받느냐가 매우 중요한 주제가 된다. 항상 남이 우선이고, 누군가에게 의존하는 것이 편하다.

집착형은 근본적으로 신뢰에 대한 불안과 버려지는 것에 대한 불안이 공존한다. 어렸을 때 기분파인 엄마 밑에서 자라며 자주 예측할 수 없는 상황에 노출되었거나, 엄마가 안전기지 역할을 해 주지 못함으로써 언제 버림받을지 모른다는 공포를 마음 깊이 갖고 있는 경우가 많다.

이런 집착형 교사에게는 어떤 아이들이 힘들까? 수업 시간에 반응이 없는 아이, 고맙다는 인사를 안 하는 아이, 자신이 감정 표현을 했는데도 호응이 없는 아이 등이다.

 의사 집단에도 그렇지만 교사 집단에도 집착형보다 무시형이 많은 편이다.

교사의 애착 유형별 인정 시스템

 무시형 교사와 집착형 교사에게 인정 시스템은 각각 어떻게 작용할까.

 무시형 교사는 내가 나를 인정하는 게 중요해서 동료 교사나 아이들의 평가나 인정은 별로 신경 쓰지 않고, 자신이 세운 기준에 부합하는지 여부에만 의미를 부여한다. 이들은 이론적인 수업에 능하고, 수업을 제대로 마치는 것을 중요하게 여긴다. 수업을 잘해서 아이들한테 인정받는 것보다 자신이 수업을 잘한다고 느끼는 만족감, 즉 자부심이 더 중요하다.

 반면에 집착형 교사의 인정 기준은 타인이다. 누군가가 '선생님, 왜 이렇게 못 가르쳐요?'라고 말한다면 이만한 상처가 없다. 이들은 '내가 잘 못 가르쳐서 아이들에게 버림받지 않을까?' 하는 불안감에 시달린다. 항상 타인에게 인정받으려 애쓰고, 의존적이며, 중심이 되는 기준이 없어서 예측하기 어려운 특징을 보인다. 담임을 맡은 반에 대해서도 끈끈한 공동체로 인식하고, 그렇게 만들려고 노력한다. 반 아이들이 대화를 많이 하고, 감정적으로 서로 얽혀 있음을 자랑스럽게 여기며, 그러다 아이들이 자신이 기대한 감정대로 행동하지 않으면 불안해한다.

 이번에는 아이들이 도움을 필요로 할 때 두 유형이 각각 어떻게 반응하는지 알아보자.

무시형 교사는 생각은 잘하지만 느끼는 것을 힘들어한다. 아이가 '선생님, 이건 저한테 너무 힘들어요'라고 말하면 '힘들면 더 열심히 해' 혹은 '괴로우면 하지 마'라고 대답한다. 반면에 집착형 교사는 잘 느끼지만 생각하는 것을 어려워한다. 아이가 힘들다고 말하면 '그래, 힘들구나' 하고 공감해 주지만 어떻게 해 보라고 구체적인 방법을 제시하는 데 서툴다. '힘들어서 어떡하니', '힘들어도 학교는 나와야 해' 하는 정도로만 반응한다.

당연하게도 이런 애착 유형은 교사뿐만 아니라 아이들에게도 나타난다. 아이들 가운데도 무시형 애착 유형을 띠는 아이, 집착형 애착 유형을 띠는 아이가 있다. 그래서 교사와 아이의 유형이 서로 상충할 때 둘 사이에는 상처를 주고받는 구조가 만들어진다.

예컨대 무시형 교사는 집착형 아이가 접근하면 '이 아이가 왜 이렇게 나를 힘들게 하나' 하며 상처를 받고, 집착형 아이는 '저렇게 차갑고 내 마음도 모르는데 무슨 선생님이야' 하고 상처를 받는다.

지금까지 한 이야기의 핵심은 교사든 아이든 어느 한쪽이 잘못해서 일방적으로 상처를 받는 것이 아니라는 사실이다. 따라서 '적합성'의 측면으로 접근하는 것이 바람직하다. 비슷한 유형이 만났을 때는 필요한 감정을 공유하면서 적절한 거리를 유지하고, 상반되는 유형끼리는 서로 불편한 점을 이해하면서 평균 수준의 관계를 맺도록 노력해야 한다. 그래야 교사도 아이도 상처를 적게 받는다.

이렇게 이야기하다 보니 '교사 상처'라는 말이 오해를 부를 수도 있겠다는 생각이 든다. 교사를 하나의 피해자 모델로 규정하는 느낌을 주지 않을까 싶어서다. 그러나 이제는 누가 누구에게 상처를 준다는 개념으로 생각하기보다 서로 상처를 주고 동시에 받을 수 있는 관계라는 사실을 받아들이는 자세가 필요하다. 물론 교실에서 받는 상처는 앞서 이야기한 것처럼 '인정'을 통해 이루어진다는 것, 특히 무시형 교사는 과제 성취도 기준이 높아서 인정에 인색하기 쉬운데, 이 점은 의식적으로 노력할 필요가 있음을 잊지 말아야 한다. 돌보는 사람으로서 교사는, 아이와의 관계에서 주요한 흐름이 무엇인지를 알고 개선 방향을 정해야 한다. 교사로서 내가 무엇이 편하고 어떤 걸 잘할 수 있는지를 알면 내가 받는 상처를 조절할 수 있고, 상대방이 받을 상처도 줄이도록 배려할 수 있을 것이다.

왜 관계 맺기 힘든 아이가 될까?

어른들은 아이들이 관계 맺기에서 어떻게 힘들어하는지, 일부는 알고 일부는 모른다. 이 가운데서도 별 것 아닌 것으로 알고 있지만 아주 힘들어하는 관계 방식들을 살펴보자. 이런 방식이 누적되면 아이들은 혼란스러워하고, 아동기에 이런 방식이 오래 누적되었다면 앞으로의 애착 관계가 불안정형에 가까워질 가능성이 높다. 다음은 관계를 힘들게 만드는 불안정 애착을 가져오는 상호 교류 방식이다.

감정적 오류들의 반복

① 상반되는 신호 보내기 : '이리 와'라고 해서 다가오면 '저리 가'라고 하는 것, 아이들에게 해 보라고 시켜 놓고 아이가 막상 하고 나면 창피를 주는 것.

② 감정적인 반응을 하지 않는 것 : 아이가 아프다고 하는데 쳐다보지도 않는 것, 아이가 선생님을 부르는데 쳐다보지 않는 것.

혼란스런 감정의 반복

① 깜짝 놀라거나 당황하는 반응 : 아이를 보고 놀란 표정을 짓는 것, 학생을 보고 놀라거나 심하게 불편스러운 감정을 보이는 것.

② 무표정 혹은 알 수 없는 표정 : 아이가 알기 힘들 정도로 상황과 무관한 표정이나 행동을 하는 것, 학생이 이해할 수 없는 행동을 교사 기분에 따라 하는 것, 영문을 모르겠다는 감정이 들게 하는 것.

부정적으로 괴롭히는 행동의 반복

① 언어적 놀림 : 아이가 싫어하는 소리 내기, 싫어하는 별명 계속 부르기, 학생이 듣기 싫어하는데 자신은 재미있다고 계속하는 행동.

② 신체적으로 성가시게 하는 행동 : 싫다고 하는데 만지는 것, 갑자기 몸을 건드리는 것, 신체를 건드려 깜짝 놀라게 하는 것.

역할 반전

① 역할 반전 : 아이에게 위로받으려는 것, 재미있게 해 달라고 시키는 것, 아이한테 안심시켜 주기를 바라는 것.

② 부적절한 역할 : 부부 간이나 어른끼리 해야 할 말을 아이에게 하거나 시키는 것, 아이에게 조숙한 언어를 사용하는 것, 선생님끼리 할 이야기를 아이들에게 하는 것.

위축, 철퇴

① 신체적 거리 두기 : 아이에게 필요한 스킨십을 하지 않는 것, 가까이 오는 것을 싫어하는 것, 안아 주지 않는 것.

② 언어적 거리 두기 : 말하지 않는 것, 헤어지거나 만날 때 인사하지 않는 것, 말을 무시하는 것, 학생들의 인사를 받지 않는 것.

아이가 우는데 부모가 달래 주지 않거나 웃고 있다면 아이는 깊은 상처를 받는다. 그리고 이런 감정을 오랫동안 조율하지 않으면 아이는 감정 처리에 어려움을 겪게 된다.

교실에서도 마찬가지다. 힘들어하는 아이들을 위의 방식으로 대하면 더 힘들어하고, 감정 처리를 제대로 하지 못하게 된다. 이는 교사들을 대하는 주변의 관계에도 똑같이 작용한다. 소통과 상처의 치유 과정에서 필요한 가장 기초적인 습관이 이런 감정적 소통을 잘 조율하는 것이다.

"새롭게 한 발을 내딛는 것이
세상 사람들이 가장 두려워하는 것이다."
도스토예프스키

"인간은 괴로워하고
그 괴로움을 서로 나눔으로써 전진해 왔다."
헨리 나우웬

Part 4
열망통

1장 성장의 기회는 어떻게 만들어지는가

2장 교사의 열망 베스트 3 — 수업, 관계, 성장

3장 언제나 멋진 수업을 꿈꾼다

4장 아이들을 좋아하는 교사가 더 성장한다

5장 성장하는 교사의 비결

1장

성장의 기회는
어떻게 만들어지는가

교사라면 누구나 한번쯤 아이들을 위해 기도해 본 적이 있을 것이다. 멋진 교사가 되겠다며 첫 출근하던 날, 마음속에 열정과 의욕을 가득 품고서. 하지만 세월이 지나고 경력이 쌓이면서 자신도 모르게 처음 가졌던 열정이 식어 가는 것을 느끼고, 어느 순간 내가 처음 꿈꾸었던 교사로 성장하지 못했다는 자괴감에 빠지며 소스라치게 놀라기도 한다. 어떻게 보면 자연스러운 일이기도 하다.

무엇이 이렇게 교사의 성장 욕망을 가로막고 좌절하게 만드는 것일까? 또 언제부터 교사들은 좌절에 기초한 치유에 대해 이야기하기 시작했을까? 과연 교사들이 원하는 성장에 대한 욕망은 무엇으로 채울 수 있을까?

교사 성장의 기회 ①

— 롤 모델, 교사들은 누구를 열망하는가?

성장에 대한 욕망을 가진 교사들은 어떤 표상을 원한다. 스무 명 정도의 교사들과 대화를 나누면서 '여러분이 되고자 하는 인물의 표상이 있는지, 혹은 지표나 귀감으로 삼고자 하는 사람이 있는지' 물어보았다. 한참 침묵이 흐른 뒤에 '그런 사람이 있나요?' 하는 공허한 대답이 돌아왔다.

의사들은 의사로서 첫발을 내디딜 때 '히포크라테스 선서'를 한다. 그리고 의사의 전형 내지는 모범이 되는 인물이 누구냐고 물으면, 의료계에 문외한인 사람도 슈바이처 정도는 댄다. '닥터 노먼 베쑨'도 있고, 우리나라에는 허준 선생, 현대 의료계에는 장기려 박사 같은 분도 있다. 정신과만 하더라도 프로이트나 융이라는 대표 주자가 있고, 그 이후에도 귀감이 될 만한 의사들이 많이 나왔다. 물론 대부분 의사들은 지표가 되는 인물로 자신을 가르쳤던 선배 의사를 꼽는 경우가 더 많기는 하다.

교사들이 귀감으로 삼을 수 있는 대표적인 인물은 누가 있을까? 누가 과연 나를 교사로 이끌었나, 내가 스승으로 여기면서 마음을 비추는 인물은 누구인가, 이 질문에 곧장 대답할 만한 이름이 있을까?

미국 현역 교사들이 꼽은 '존경하는 인물'에 〈교실의 고백〉, 〈바보 만들기〉의 저자인 존 테일러 개토John Taylor Gatto가 있다. 그는 일흔이 넘은 나이에도 아랑곳없이 활발한 활동을 벌이고 있으며, 뉴욕 주에서 주는 '올해의 교사상'을 세 차례나 받았다. 제자들뿐만 아니라 많은 교사가 그의 교육철학에 공감하고, 그의 이야기를 책으로 엮어 내기도 했다. 말하자면 '교사들의 스승' 같은 인물이라고 할 수 있다.

우리나라에도 이런 인물이 있느냐고 묻는다면, 세부 분야로 들어갔을 때 한두 명 이름을 거론할 수 있는 정도일 것이다. 대표적인 분으로 글쓰기 교육 분야에 이오덕 선생이 있다. 최근에 이오덕 선생의 전집이 나온 것을 보고 참 잘됐다는 생각을 했다. 그리고 누가 더 있을까 찾아보니 2010년에 독립운동가로 서훈을 받은 김교신 선생이 눈에 띈다. 김교신 선생은 함흥 영생여자고등보통학교, 양정중학교, 경기중학교, 개성 송도중학교 등에 재직하면서 많은 제자들을 길러 냈고, 이후에는 노동자들에 대한 지원을 하다가 생을 마감했다. 교육의 역사에 문외한인 터라, 내가 떠올릴 수 있는 인물은 이 정도뿐이다.

한참 침묵이 흐른 뒤에 대화를 나누던 교사들이 자신의 표상이 되는 스승 교사에 대해 고백하기 시작했다. 대부분 자신의 학교생활 경험에서 만난 소중한 선배 교사들이었다. 저마다 교사로서의 삶으로 자신을 인도해 준 특별한 스승이 있었던 것이다. 하지만 여전히 교사를 대표할 만한 '교사들의 표상'은 떠올리기 힘들어했다.

교사 집단의 정체성을 확인시켜 주고 고양시켜 주는 '정신적 스승으로서 교사 표상'은 반드시 필요하다. 개인을 뛰어넘는 집단적 표상으로서 스승이야말로 교사 집단을 정화시키는 중요한 역할을 하고, 교육철학과 교사의 생애에 대한 올바른 지침을 제공해 주기 때문이다. 그리고 무엇보다 교사들에게 '나도 그처럼 되고 싶다'는 강렬한 욕망을 갖게 해 준다.

교사 성장의 기회 ②

— 당신의 현재 멘토는 누구인가?

교사가 성장하는 데 필요한 요소들은 여러 가지가 있겠지만, 교사 집단 내부를 둘러보았을 때 가장 시급한 것은 바로 멘토. 신입 교사에게 아랫사람이 아니라 후배로서 그리고 동료로서 멘토링을 해 주는 사람. 그러기 위해서는 초임 교사가 10년차, 20년차 교사들에게 내공을 전수받을 기회를 학교 내부에 체계적으로 갖추고 있어야 한다.

교사들이 자발적으로 참여하는 연수 프로그램의 강사로 일하다 보면 새내기 교사들이 '배우기 위해 여기저기 떠돌아다니다 여기까지 찾아왔다'는 식의 이야기를 자주 한다. 그러나 한 교사가 성장하기 위해 필요한 것들이 학교 근무와 교육청의 지원, 혹은 연수만으로 채워질 수는 없다. 교사 집단 내부에서 서로가 서로를 육성시키는 자발적 혹은 제도적 장치가 있어야 불필요한 시행착오를 줄일 수 있다.

다행스러운 것은 과거보다 다양한 학교 내, 학교 간, 또 과목 중심, 교육학 중심의 연수나 모임이 많아졌다는 사실이다. 여기에서 다양한 경험과 교류가 형성되면서 젊은 교사들은 멘토를 찾고, 함께 연구할 그룹을 형성하고, 자신의 지속적인 발전을 위한 기회와 발판을 마련하고 있다.

롤 모델로 내세울 만한 뚜렷한 인물도 없고, 이게 전형이다 하는 교사상도 없다는 측면에서 교사들은 다른 분야에 비해 너무 외로운 직업군이다. 스스로 교사 철학을 세우고, 자기만의 이상적인 교사상을 그려 놓고, 거기에 맞춰 홀로 성장해야 한다면 교사 집단은 더욱 개인화할 수밖에 없다. 교사 집단의 개인화를 막는 의미에서도 멘토 제도가 필요하다.

교사 성장의 기회 ③
— 성장을 위한 연수와 훈련

의욕과 열정을 품고 교사로 출발한 사람을 더 성숙하게 하면서 대 교사가 되도록 이끄는 요인은 여러 가지가 있겠지만, 그 가운데 첫째를 꼽으라면 단연 학생이다. 그리고 학생과의 경험을 더 큰 교훈으로 만들기 위해서는 절차탁마切磋琢磨를 통해 그 경험의 결정체를 만드는 과정이 필요하다. 나는 이것이 연수와 훈련이라고 생각한다. 그래서 연수와 훈련은 받으면 좋은 것이 아니라 꼭 필요한 것이다. 이런 점에서 보면 그동안, 또 지금 이 순간에 이루어지고 있는 많은 교사들의 성장 과정은 자수성가형에 해당한다. 영어식으로 표현하면 self-made.

물론 어떤 분들은 이미 성인으로서 어엿한 교사가 된 사람을 누가 키워 주느냐고 기분 나빠할 수도 있겠지만, 누구든 자기 혼자서 전문가로 성장하기란 힘들다. 더욱이 통섭, 융합, 퓨전, 집단 지성 등을 이야기하는 시대에 혼자 아이들과의 관계, 과목과의 관계, 교육철학과의 관계를 풀어 가기는 역부족이다. 동료, 팀, 멘토, 스승이 필요하고, 이런 만남이 조직화되어야 한다. 교사 성장의 욕망을 자수성가 방식으로 풀어 왔다는 많은 교사들을 보면 마음이 아프다. 자수성가한 사람들의 나쁜 특징은 자기만의 방식을 고집하는 것, 남의 말을 듣지 않는 것, 자기 말을 듣지 않으면 분노하는 것, 의심하고 경계하는 것, 남과 섞이는 것을 싫어하는 것 등 부정적인 내용들이 많기 때문이다. 어떻게 보면 자수성가 방식의 성장 과정이 교사 집단 내부에 이런 경향을 강화시켰다고 볼 수도 있다.

교사 성장의 기회 ④
— 교사 집단에 대한 사회적 존중

파커 파머는 교사들을 스스로 거듭나게 하는 프로그램 'Teacher Renewal Program'의 이름을 'Teacher Formation'이라고도 칭했는데, 교사의 정체성을 확립하고 확고한 교사상을 갖게 하자는 취지에서 본다면 'Teacher Formation', 즉 '교사로 만들어지는 과정'은 가장 적확한 표현이라고 할 수 있다. 그가 이 프로그램을 하게 된 계기는 수많은 공립학교 교사들과의 만남을 통해서였다. 그는 1994년부터 페처협회의 지원으로 공립학교 교사들과 함께 '가르칠 수 있는 용기(CTT : Courage To Teach)'라는 워크숍을 개발했는데, 여기에 참여했던 교사들이 '나의 성장을 가로막는 것은 이런 것입니다' 하고 밝힌 책이 바로 〈가르칠 수 있는 용기〉다.

이 워크숍에서 교사들은 '우리는 때때로 우리가 하고 있는 일에 비해 평가절하당하고 있다고 느낀다'고 밝힘으로써 자기 성장을 저해하는 가장 큰 요인으로 '사회적으로 존중받지 못하는 것'을 꼽았다. 위축된 사람들은 자기방어와 생존에 급급해서 제대로 성장하기가 어렵다.

평가절하는 교사들에게 무엇보다 중요한 가르침에 대한 용기를 잃게 만들고, 자괴감에 빠지게 한다.

급격한 사회적 변화 앞에 놓여 있다는 측면에서 1990년대 말 미국의 교사들이나 2010년대를 사는 한국의 교사들이 느끼는 심정에는 아마 큰 차이가 없을 것이다. 의욕과 열정은 사라지고, 가치는 평가절하되어 있다. 신념을 빼앗긴 채 가르치는 일보다 다른 일들에 치여 고립을 느끼고, 그 누구보다 상처받기 쉬운 감정 상태에 놓여 있다. 이런 교사들과 함께 생활하는 아이들은 또 어떻게 할 것인가.

그 어떤 위로나 격려도 없이 외로움과 싸우며, 스스로 상처를 보듬고, 게다가 성장까지 해야 하는 교사라는 직업. 이 속에서 견딘다는 것은 '분투'라는 단어를 빼고서는 생각할 수 없을 듯하다.

정체성에 대한 고민과 상처받아 아픈 교사들에게 진정한 위로가 필요한데, 정작 교실에 남은 것은 '무시'뿐이라는 교사들의 아픈 외침이 들려온다. 교실에서는 학생으로부터 무시당하고, 교실 밖에서는 학부모로부터 무시당한다. 그 사이사이 관리자로부터 받는 무시 또한 만만치 않다. 많은 교사가 하루하루를 '무시당하고 있다'는 느낌과 싸우고 있다 해도 과언이 아닐 지경이다. '무시'라는 무시무시한 무기 앞에서 교사로서의 삶이 위협받고 있는 것이다.

'무시당하지 않고 사는 것은 어떻게 사는 것이냐'는 질문에 한 교사는 '존중받고 싶다'고 대답했다. 존중받는 교사로 살고 싶다는 대답은 절박하게 들렸다. 학생으로부터 존중받고, 학부모와 관리자, 나아가 교육제도로부터 존중받는 삶을 사는 것이 지금 교사들에게 절실하다. 그런데 존중에는 권한도 포함해야 한다. 권한을 배제한 존중은 의미가 없기 때문이다.

나는 프랑스의 프레네 교육을 접하면서 우리나라 교사들이 프랑스 교사들에 비해 권한 면에서 절대적인 차이가 난다는 것을 알게 되었다. 프레네 학교는 물론이고 프랑스의 공교육 교사들은 자신이 교사라는 데 큰 자부심을 느낀다. 특히 수업 시간에 있어서는 조금 과장해서 교육부 장관이라 할지라도 교사에게, 또는 그 교사의 수업에 함부로 참견하지 못한다. 교사들은 '수업은 아이들과 나의 특별한 기회이고 권한'이라고 말한다.

우리는 이미 짜여진 교육과정 안에서 자신이 가르치는 교과목에 대해 행사할 수 있는 권한을 많은 부분에서 제한받고 있다. 오로지 '성적'이라는 목표를 향해 달려가면서 '진도 빼기'에 온힘을 쏟고 있다. 국어, 영어, 수학 등 교사가 선택한 전공과목, 자신이 좋아하는 과목의 가치를 학생들과 공유하고 싶어도 그럴 수 없는 실정이다. 시험에 나오지 않는 것은 이미 가치를 잃었고, 아이들은 그것을 중요하게 여기지 않게 되었다. 가르치고 싶은 것을 가르칠 수 없는 현실에 교사들은 허탈해 한다.

어느 교사는 이렇게 탄식했다. '오랜 기간 교사로 지내면서 내가 가르치고 싶은 것은 하나도 못 가르쳤어요. 교실에 들어가면 내가 하고 싶은 말보다 교과서에 나와 있는 대로 진도만 나가요. 국가에서 정해준 교과서로 시키는 수업만 해야 하죠. 나는 직함만 교사일 뿐, 수업조차 자유롭게 할 수 없는 교사예요. 이런 교사, 무슨 의미가 있을까요?'

〈가르칠 수 있는 용기〉에도 비슷한 구절이 나온다. '교사들의 가슴은 지금 얇아져 가고 있다. 교사들의 가슴을 떠받치고 두텁게 해야 할 무엇이 우리에게 필요하다.'

교사들의 인격적인 성장, 직업적인 성장, 사회적 집단으로서 성장을 가로막는 여러 가지 이유들로 인해 지금 대한민국 교사들의 가슴도 얇아져 가고 있다.

2장

교사의 열망 베스트 3
— 수업, 관계, 성장

더 성장하고 싶은 열망

　수술을 앞둔 의사가 있다. 그는 수술실로 향하기 전 자신의 방에서 눈을 감고 손만 재빠르게 움직인다. 허공을 이리저리 가르는 손짓은 다름 아니라 수술 동작이다. 메스로 긋고, 수술 부위를 봉합하는 동작을 반복한다. 늘 해 오던 일임에도 수술에 임할 때마다 신성한 의식처럼 수술 전 과정을 머리로, 손으로 되뇐다. 마치 권투 선수가 하는 섀도복싱과 유사하다.

　의학 드라마의 한 장면이다. 외과 의사의 꿈은 수술을 잘하는 것이다. 출혈이 적고, 상흔은 가능한 작게, 빠른 시간 안에 병소 부위에 접근해서 깔끔하게 처리하는 것. 모든 외과 의사의 열망일 것이다.
　교사들에게 가장 큰 열망은 당연히 수업을 잘하는 것이요, 교사에게 수업은 외과 의사의 수술과 똑같다. 수업도, 수술도 직업적 정체성과 삶의 정체성을 표현하는 숭고한 노동 행위다. 또 외과 의사가 수술을 잘하고 싶어 하는 마음과 교사가 수업을 잘하고 싶어 하는 마음은 매우 중요한 열망이다. 교사로 살면서 가장 싫은 일이 수업일 수는 없으며, 그래서도 안 된다. 수업을 포기한다는 것은 현장 교사직을 포기한다는 것과 같은 말이다.

교사가 갖는 두 번째 열망은 관계에 대한 것이다. 아이들과 정말 좋은 관계를 맺는 것, 아이들이 훌륭한 어른으로 성장할 수 있도록 돕는 것이 교사가 가진 또 하나의 열망이다. 이 두 가지 열망은 때때로 충돌을 일으키며 교사들에게 고민거리를 던져 준다. 아이들은 나를 좋아하는데 왜 성적이 안 나오지? 내가 수업은 잘하는데 아이들은 왜 나를 싫어하지? 가르치는 일은 좋은데 나는 왜 아이들이 싫지?

지금은 이런 고민을 안고 있는 교사라 하더라도 처음 교사가 되려 했을 때는 '아이들이 좋아서, 가르치는 일이 좋아서'라는 분명한 이유가 있었을 것이다. 수업을 잘하는 것, 아이들과 좋은 관계를 맺는 것, 이 두 가지는 교사의 정체성을 대변하는 것이며 교사 성장의 촉진제이기도 하다.

세 번째는 성장에 대한 열망이다. 교사들의 기본 속성을 들여다보면 '성장하고 싶어 하는 사람'임을 알 수 있다. 교사나 의사, 전문직에 종사하는 대부분의 사람들은 성장에 대한 강한 욕구를 갖고 있다. 교사들과 상담을 하거나 연수 후기를 읽어 보면 반드시 나오는 표현들이 '나는 몇 년차 교사인데도 이런 점이 부족하다', '아직도 모르는 것이 많다'라는 것이다. 아무도 그들에게 경력이 얼마나 됐는지 묻지 않았는데도 자신의 경력을 밝히고, 자신에게 부족한 것을 말한다. 연차에 연연해하는 것은 그만큼 성장에 대한 강한 욕구가 있다는 뜻이다. 10년차일 때보다 20년차 때가 더 나아야 하고, 20년을 넘고 30년이 되면 더 많은 것을 깨닫고 싶다는 성장에 대한 욕구에는 또 다른 두려움이 내포되어 있기도 하다. 내 교실에 어떤 아이들이 들어와도 두려움 없이 내가 정한대로 수업을 하고 싶다, 과연 그럴 수 있을까 하는, 수업도 관계도 지금보다 나아져야 한다는 강한 열망이다.

수업과 관계를 통한 치유와 성장

교사에게 아이들과의 관계란 무엇을 의미할까? 교사로서 사는 동안은 아이들과의 관계가 삶에서 가장 큰 부분을 차지하기에 나이를 먹어갈수록 '수업'과 '관계'에서 자신에게 어떤 성장이 일어나고 있는가를 잘 관찰해 볼 필요가 있다.

수업과 관계, 이 둘 사이에서 겪는 딜레마는 새삼스럽지도 않거니와 교사들만의 것도 아니다. 모든 전문직 종사자의 '정체성'과 관련되어 있다고 할 수 있다. 교사, 의사, 변호사가 주인공인 드라마의 기본 갈등 구조를 보면 짐작이 갈 것이다.

너무나 잘 가르치지만 성질이 호랑이보다 무서운 선생님, 가르치는 것은 좀 별로지만 친형이나 누나 같은 선생님, 아이들 사이에서는 두 선생님 가운데 누가 더 좋은지 논쟁이 벌어지기도 한다. 무대를 병원으로 옮겨도 마찬가지 상황이 벌어진다. 성질은 까칠하지만 수술 솜씨만큼은 일류급인 외과의, 환자의 이야기를 들어 주느라 하루를 다 보내고 아직 수술은 잘 못하는 외과의가 주인공. 둘 중 누구에게 환자를 맡길 것인가가 이 드라마의 갈등 구조다. 이처럼 전문직 논쟁은 전문적 기술과 관계성, 이 두 가지를 항상 대척점에 배치한다. 여차저차해서 갈등은 극적으로 마무리되고 훈훈한 결말을 선사하지만 말이다.

하지만 현실은 드라마가 아니다. 수업과 아이들과의 관계에서 비롯된 갈등은 교사에게 상처가 되기도 하고 치유가 되기도 하면서 그 결말을 쉽게 보여 주지 않는다. 여기서도 교사가 아이에게 어떤 태도를 취할 것인지가 관건이다. 사실 수업은 교사들을 치유하는 데 큰 역할을 하고, 아이들과의 관계도 마찬가지다. 따라서 지금까지는 상처받은 것에만 집중했다면 앞으로는 어떻게 치유로 이끌어 낼 것인가에 집중할 필요가 있다.

교사들 가운데는 한두 번쯤 자신의 상처받은 내면을 치유하기 위해 힐링 캠프 혹은 힐링 연수 같은 프로그램에 참석해 생각을 공유하면서 치유한 경험이 있을 것이다. 캠프나 연수가 치유의 한 과정인 것은 분명하지만 어떤 의미에서는 치유를 위한 준비 과정이라고 할 수 있다. 본격적인 치유는 교실에서 이루어져야 하기 때문이다. 교사와 아이들이 한 공간에서 수업을 하면서 이전에는 미처 경험하지 못했던 새로운 관계를 맺을 때, 치유의 효과는 가장 크게 나타난다.

'나에게 수업이란 ○○○다.' 교사들에게 중요한 명제이기에 질문을 던져 본다. 프랑스 생나제르Saint Nazaire에서 온 교사 장 폴은 이렇게 대답했다. '나에게 수업이란 대화다. 대화 없는 수업도 이루어질 수 없다.' 여기서 힌트를 얻을 수 있지 않을까? 당신에게 수업은 무엇인가, 하는 질문과 함께 장 폴과의 대화를 소개한다.

장 폴과의 대화 : 수업은 대화다!

2009년 한국을 방문한 생나제르 학교의 장 폴 선생과 교사, 수업 등에 대해 대담을 나누었다. 통역은 김세희 선생님이 맡아 주었다. 필자가 선정한 질문에 장 폴 선생은 성의껏 자신의 생각을 들려주었다.

① 수업과 아이들에 대한 목표는 어떻게 세우나요?

첫 번째 질문으로 목표를 어떻게 잡고 또 어떻게 성취하는지에 대해 물었다. 곧 시작할 새로운 학기에 목표를 잘 잡기 위한 생각에서 나온 질문이기도 했다.

장 폴은 목표를 정할 때 중요한 것은 목표에 도달할 수 있도록 하는 것이라고 했다. 그리고 중요한 목표의 달성은 빨리 가서는 안 되고 천천히 가되 깊이 있게 가야 한다고 덧붙였다. 아울러 빨리 가는 것과 천천히 가야 하는 것을 구분하는 것도 중요하다고 말했다(대체로 노련한 교사들은 천천히 가면서 깊이 있게 가야 한다고 말한다). 그는 피상적으로 빨리 가다가 생겨나는 문제들을 가장 우려했다. 그리고 중요한 일일수록 빨리 적당히 해서는 안 된다는 것을 더욱 분명히 했다.

② 교사들은 어떻게 해야 잘 성장할 수 있나요?

다음 질문은 젊은 교사들이 어떻게 해야 더 잘 성장할 수 있는가 하는 것이었다. 장 폴은 일반 학교든 별 학교든, 생나제르 학교든 교사의 성장에 대한 과제가 힘든 것은 똑같다면서 내면의 깊은 생각을 가진 젊은 교사를 키우기란 쉽지 않다고 전제했다. 젊은 교사에게는 일정한 수련 기간이 필요하고 그 기간 동안 지도 감독자와 회의, 토론, 작업의 의미 찾기 과정을 거친 다음에야 학생을 맡긴다고 했다. 이런 과정을 거치기 힘들다면 차라리 한 학기에 두 명 이상 신규 교사를 받지 않고 기존 교사들이 조금 더 힘든 것이 낫다고도 했다. 신규 교사가 오면 그가 머뭇거리게 하지 말고 '하면서 배울 수 있도록' 돕고, 또 혼자 지내지 않도록 하면서 적어도 둘 이상의 교사가 신규 교사를 돌보아야 한다고 말했다. 여기서 '하면서 배울 수 있도록 한다'는 것을 장 폴은 젊은 교사들이 초기에 수업의 테크닉이나 레시피만 배우려고 하는 경향이 있는데, 교실은 늘 테크닉이나 레시피보다 복잡한 상황을 가지고 있다는 사실을 교사들이 알게 해야 한다는 것이었다. 젊은 교사와 나누어야 할 중요한 대화는 인간에 대한 이야기라고 강조했다. 즉, 수업 테크닉보다 수업을 하기 위해 앉아 있는 학생들에 대한 이해가 더 중요하다는 뜻이었다. 인간에 대한 풍부한 상상력, 경험이 결국 좋은 수업을 만든다는 것이다.

③ 젊은 교사들의 열정과 헌신을 발전시켜 나갈 수 있는 방법은 무엇일까요?

젊은 교사들의 초기 열정과 헌신을 유지하고 발전시켜 나갈 수 있는 방법에 대해서도 물었다. 장 폴은 그런 과정에 대한 비법은 없다고 단언했다. 하기야 모든 이가 초기 열정과 헌신으로 지속되는 그런 집단은 없을 것이다.

장 폴은 새로운 교사의 열정과 헌신이 지속되기를 원한다면 그들을 잘 도와야 하며, 현실에서 원칙을 지키는 것이 가장 중요하다고 덧붙였다. 그리고 신입 교사와 학생들이 기대하는 것이 있듯이, 경험자인 선배 교사들도 기대하는 것이 무엇인지를 말해 주어야 한다고 했다. 신규 교사가 많은 질문을 하도록 유도하고, 질문하지 않는다면 그를 당황하게 만들어야 한다고. 즉, 질문이 없을 때는 전통 교육 방식처럼 가르쳐 주려 하지 말고 가르치지 않는 방식을 통해 서로 새롭게 배울 수 있는 방식을 찾아야 한다는 것이다.

④ 진정한 교육은 무엇인가요?

진부한 질문이지만 교육에 관여하는 사람이라면 누구에게나 하는, 인터뷰를 할 때마다 가장 힘들고 짜증스럽기도 한 질문을 던져 보았다. 장 폴은 바로 대답했다. '진정한 교육은 대화'라고. 대화하는 것이 교육이요, 교실에는 대화가 있어야 한다고. 대화는 일방이 아니라 서로 가르치는 것을 뜻한다고 했다. 즉, 교육은 질문과 토론으로 이루어져야 한다는 의미였다. '교사는 학생을 설득할 수 없다. 단지 제안할 뿐이다, 교사는 제안하는 사람이고 학생은 생각하는 사람이다, 훌륭한 교사는 학생이 꾸준히 생각하도록 돕는 사람이다, 학생은 배운 것과 자신의 삶의 의미에 대해서 생각하는 것이 중요하다, 교사는 무엇을 배워야 하는지에 대해 제안하고 이끌어 주는 역할을 하는 사람이다.' 이것이 장 폴의 대답이었다. 이 말대로라면 우리의 수업은 대체로 이 원칙을 모두 위배하고 있다. 거의 모든 수업이 교사의 독백으로 이루어지고 있으니까 말이다.

대화가 수업이라면 세상 어디든 교실이라고 할 수 있을 것이다. 그 속에서 우리는 만나고 이야기를 나누고 있다. 교사는 단지 대화의 제안자, 화두를 던지는 자이고, 사유하고 수행하는 자는 학생이라는 생각은 동양의 학습법과도 매우 유사하다. 동양의 현자들은 주로 화두를 던져 놓고 제자들과 헤어졌다. 곳곳을 떠돌던 제자들은 수행을 하면서 답을 찾아와서 스승에게 내민다. 그러면 스승은 다음 화두를 던지고. 이렇듯 학생은 언제나 자신의 생각을 찾아가야 한다. 좋은 화두를 던지는 스승에 따라 좋은 제자가 나오기 마련이다. 최근에 만난 양명학을 전공한 후배 하나도 내게 강의를 의뢰하면서 똑같은 이야기를 했다. '형이 다 할 필요는 없고, 와서 좋은 화두만 하나 던져 주고 가면 돼요.'라고.

하지만 화두를 던져 주면 제자들의 기본 태도는 투덜거리는 것이다. '뭐야, 이거 답을 주지도 않고.' 분명히 이런 반응이 올 것이다. 그래서 다시 물었다.

⑤ 생각하지 않으려는 학생들은 어떻게 하나요?

장 폴은 그것은 당연하다고 했다. 하지만 학생이 생각하려 들지 않는다는 것은 복잡한 현상의 결과라고 생각한다고 말했다. 이는 학교라는 시스템의 문제일 수도 있고, 학생 개개인의 문제일 수도 있고, 교사의 문제일 수도 있다고. 시스템의 문제라면 시스템을 고쳐야 하고, 교사의 문제라면 교사를 도와야 하고, 학생 개개인의 문제라면 학생을 도와야 한다. 그리고 학생이 생각하지 않으려 할 때 교사의 권위를 사용할 수도 있다고 생각한다고 말했다. 이 점에서 약간의 오해가 생길 소지가 있어서 교사의 권위가 무엇을 의미하느냐고 되물었다. 그가 말하는 교사의 권위란 '적합한 교육과정을 짜는 것, 학생에게 적합한 수업을 선택할 수 있도록 도와주는 것'을 말한다고 했다. 그는 교사와 학생의 책임 구분은 명확하다고 했는데, 학교가 민주적이고 자율적이라고 해서 모든 것에 대한 책임을 똑같이 지는 것은 아니라고 했다. 교사의 권위와 역할에서 중요한 것은 교육과정을 구성하는 것이고, 이것은 교사의 권한이라고 했다. 물론 교육과정에 대한 학생의 동의도 중요하다고 했다. 자주 학교라고 해서 학생이 모든 것을 주도하는 것은 아니다. 동아리는 학생이 주도하지만 수업은 교사가 주도한다. 교사의 임무는 학생들에게 수업을 통하여 배우도록 하는 것이며, 학교는 이 모든 것이 배움이 되도록 이야기를 나누는 곳이라는 것이다.

흔히 대안학교를 하면서 헷갈리기 쉬운 것이 교사의 경우, 자신들의 권위에 대한 의문이다. 그래서 학생이 잘 되도록 돕기 위한 모든 것이 허용될 수 있는 것인지, 아니면 학생이 잘 되도록 하는 것도 학생이 결정할 문제인지에 대해 얼마간 무장 해제된 상태를 경험했던 것도 사실이다. 이는 아마 권위라는 말에 대한 좋은 경험이 없어서 생겨난 현상일 수도 있다. 가령 좋은 아빠를 경험한 사람이 좋은 아빠의 권위가 어떤 것인지 알고, 좋은 교사를 경험한 사람이 좋은 교사의 권위가 어떤 것인지를 알 수 있는 것과 마찬가지일 것이다. 권위가 전혀 불필요한 것이라고 생각하지 않는다면 말이다.

⑥ 생나제르 자주 고교에서 오래 근무한 이유가 있나요?

20년 넘게 교사로 일한 그는 '진정한 교육으로서 대화를 할 수 있었기 때문'이라고 대답했다. 그러면 학생들과 어떻게 대화를 해 왔는지 궁금해졌다. 이번에는 그가 오랫동안 몸담았던 실험학교 생나제르 자주 고교에 대해 질문했다. 그는 IUFM이라는 프랑스의 교원대(교사 양성소)에서 교수로 근무한 적도 있다. 그런데 IUFM보다 생나제르 자주 학교가 자신이 일하기에 더 좋은 곳이었다고 한다. 처음에는 동료들이 연구와 사유가 자유롭고 근무조건이 더 좋은 곳을 버리고 현장 학교에 가는 것을 말리기도 했다고. 그는 왜 생나제르 고교에서 17년 이상 일하고 있을까?

장 폴은 '자신의 길을 가고자 하는 힘 때문'이라고 했다. 자신이 중요하게 여기는 가치를 사랑하고, 자신이 원하는 삶을 일관성 있게 가고 있는 중이라고. IUFM을 비롯해 몇몇 다른 직장에도 있어 보았지만 인생을 배우게 해 준 곳은 생나제르 자주 고교였다고. '창조하고 있는 나'를 발견할 수 있는 곳이기에 발전해 가는 중이며, 아이들과의 소통을 통해 자신의 가치를 찾고 평가받을 수 있기 때문이라고 했다. 생나제르 자주 고교에서 최고의 행복은 '팀으로 일하면서도 개인이 자유로움을 느낄 수 있다'는 것이라고도 덧붙였다. 팀으로 일하면서 개인의 자유로움을 느낄 수 있게 해준다는 것은 쉽지 않은 일이다. 우리는 팀으로 일하면 늘 개인의 부자유를 느끼고, 또 개인의 자유를 누리면서는 팀의 안정감을 부러워하기 일쑤다. 물론 장 폴이 말하는 것은 17년 넘게 생나제르에서 일하면서 얻은 깨달음과 치열한 투쟁의 결과라고 생각한다. 그리고 장 폴 혼자 얻은 것이 아니라 함께한 팀원들의 존중과 배려가 있었기에 가능한 일이기도 했을 것이다.

⑦ **그래도 실패하는 일이 있지 않았나요?**

짓궂다는 생각이 들면서 질문을 던져 보았다. 실패가 없는 곳은 없으니까, 그들의 실패에 대해서도 들어 보고 싶다는 생각이 든 것이다.

장 폴은 네 가지를 하면 그 가운데 한 가지 이상은 실패한다고 했다. 다만 전통 학교는 실패를 두려워해서 성공한 것만 내놓고, 실험학교는 실패를 두려워하지 않는다고 했다. 사실 생나제르 학교의 체계를 전적으로 이해하고 잘 따라오는 학생은 전체 학생의 3분의 1뿐이고, 3분의 1은 동조하는 정도, 나머지 3분의 1은 잘 따라오지 않아서 걱정하는 아이들이라고 했다.

⑧ 나쁜 교육, 나쁜 학교가 있다면 어떤 상태를 말할까요?

좋은 교육에 대한 이야기는 나누었다는 생각에 장 폴이 갖고 있는 나쁜 학교에 대해 물었다.

장 폴은 학생들에게 말하지 않는 교사가 많은 학교, 학생들이 무엇을 배우는지 모르게 하는 학교, 학생들이 무엇을 배우는지 전혀 모르는 학교라고 대답했다. 좋은 수업의 모형이 참된 대화라고 말한 것처럼, 나쁜 교사는 말하지 않는 교사이며, 학생들이 무엇을 하는지 모르고, 또 학생들이 학교에서 무엇을 배우는지 모르는 상태가 최악이라고 했다.

3장

언제나
멋진 수업을 꿈꾼다

지금도 기억나는 내 인생의 수업들

교사가 성장하는 데 있어서 수업은 심장과 같다. 가슴 뛰는 순간을 선사한 수업, 교사들의 경험담 몇 가지를 소개한다.

2002년에 첫 발령을 받은 한 교사의 이야기. 총 6개 학급에 교사도 12명에 불과한 작은 학교였다. 그해에 여중생들이 미군 장갑차에 깔려서 사망한 사건이 있었다. 그는 특별한 이유가 있었던 것은 아니지만 전국을 떠들썩하게 한 사건이니만큼 수업 시간에 다루어 보자는 생각이 들었다. 1교시 수업만으로는 부족할 것 같아서 다음 교시의 선생님에게 미리 한 시간을 더 빌려 놓고 시작했다. 두 시간 동안 열띤 토론이 이어졌고, 교실 분위기는 점점 달아올라 끝날 기미가 보이지 않았다. 급기야 3, 4교시 선생님한테까지 수업을 빌리게 되었다. 네 시간 연달아 수업을 하는 동안 뭔지 모를 감격으로 가슴이 벅차올랐고, 그 느낌은 오래도록 기억에 남았다. 그는 그 뒤로 똑같은 경험을 해 보지 못했노라고 했다.

한 영어 교사는 스티브 잡스의 연설문을 갖고 수업을 했다. 연설문의 내용을 설명해 주고 어떤 의미가 담긴 것인지 아이들과 함께 이야기를 나누었다. 종이 울리고 수업을 마치는데 아이들이 다 같이 박수를 쳤다. 그 표정에서 한결같이 '멋지다, 이렇게 살고 싶다'는 것이 느껴졌다고 한다. 하나가 된 느낌이 교실을 꽉 채웠고, 그 순간 교사로서 뿌듯한 보람을 느꼈다고 한다.

어느 국어 교사는 한동안 교실 문 앞에만 서면 두려움에 사로잡혔다고 한다. 신입일 때는 누구보다 자신만만하고 열정이 넘쳤는데, 10년 가까이 교사로, 또 주부로 동분서주하는 동안 체력도 자신감도 바닥이 난 상태였다. 마음 치료를 받으면서 힘을 내려고 노력하던 어느 봄날, 글쓰기 수업을 하고 있을 때였다. 조용한 교실, 글씨 쓰는 소리만 사각사각 들리는데 갑자기 눈물이 왈칵 쏟아지면서 자신과 아이들이 하나가 된 느낌을 받았다고 한다.

교과 진도 나가기에 급급하고 성적 향상에만 촉각을 세우는 것은 비단 어제 오늘만의 일은 아니다. 그러니 한 학급에서 교과목과 관계없는 내용을 가지고 네 시간을 연달아 수업했다는 것만으로 충분히 기억에 남을 만한 일이다. 네 시간이라는 숫자가, 아이들의 박수 소리가, 펜이 사각사각 종이 위를 스치는 소리가 '기록'으로 남았기 때문이다. 마치 야구 선수들이, 늘 하는 경기지만 어느 특정한 날의 경기와 점수 기록이 평생 기억에서 잊히지 않는 것처럼 말이다.

'수업이야 매일 하는 건데 새삼 기억해서 뭘 해, 별 탈 없이 넘어가면 그걸로 됐지'라는 생각을 갖고 있는 교사도 있을 것이다. 하지만 지금 소개한 교사들의 사례에서처럼 아이들과 교사가 일체감을 느끼는 순간, 교사는 자신도 모르게 한층 성장한다. 그 순간을 기억하는 것만으로 자신을 성찰하고, 다시 한 번 추스를 힘을 얻을 수 있다.

그런 면에서 수업을 모니터링해 보는 것도 하나의 방법일 것이다. 일종의 수업 일기를 쓰는 것이다. 수업의 내용과 자신이 시도했던 다양한 방법들, 아이들의 반응, 특별히 기억하고 싶은 내용을 기록으로 남겨 놓고 보완해 나간다면 자기 성장에 큰 도움이 될 것이다.

멋진 수업을 방해하는 요인

교사와 아이들에게 주어진 50여 분의 시간, 묘한 화학적 반응이 일어나 '일체감'을 느낄 때 교사는 평생 남을 수업으로 기억한다. 하지만 이런 멋진 수업은 쉽게 찾아오지 않는다. 교사라면 누구나 갈망하는 그 순간을 방해하는 요인은 무엇일까.

첫 번째 방해 요인은 우리나라의 교육제도에 있다. 교사 자신이 전공과목에서 가치가 있다고 여기는 부분을 자유롭게 적용할 수 없다는 점. 수업은 교육과정, 진도, 성적, 시험, 진학률 등 제도적인 것들에 얽

매어 어쩔 수 없이 견뎌야 하는 시간으로 기록될 뿐이다.

두 번째 요인은 선행 학습이다. 교실 구성원 대부분이라고 해도 과언이 아닐 정도로 우리 아이들은 '선행 학습'을 하고 학교에 온다. 학교 수업을 잘 듣기 위해 선행 학습을 했는데, 그것이 오히려 학교 수업을 방해하는 것이다. 다른 예를 들어 보자. 가족을 위해 영양가 있고 맛있는 요리를 만들어 정성껏 밥상을 차린 주부가 있다. 한데 막상 아이는 친구들과 군것질하고 와서 배부르다며 제 방으로 들어가고, 남편은 회식이라며 늦는다. 혼자 늦은 저녁을 먹기 위해 식탁에 앉은 주부의 심정은 어떨까. 선행 학습이 수업에 미치는 영향도 이와 비슷하다. 마치 모든 것을 다 알고 있다는 표정으로 앉아 있는 아이, 더 이상 새로 배울 것이 없다며 책상에 엎드려 잠을 청하는 아이, 이런 아이들 앞에서 어떻게 좌절하지 않을 수 있을까.

세 번째 방해 요인은 아이들과 집단적 협력이 쉽지 않다는 점이다. 온갖 자극적인 매체에 노출되어 있는 요즘 아이들은 자기 코드에 맞지 않고 재미가 없으면 좀처럼 협력에 나서지 않는 특성이 강하다. 아이들 간의 학습 격차, 학습 양식의 차이, 정서적 어려움이 있는 아이들이 겪는 집중하기 어려운 문제도 해결하기 쉽지 않은 과제들이다. 따라서 교실에서 집단적 호응이 이루어지는 수업을 하려면 더 많은 노력과 다양한 테크닉의 수련이 필요해진다.

마지막으로 수업을 힘들게 하는 요인은 교사 자신에게 있다고 할 수 있다. 수업에 대한 높은 기대가 오히려 힘들게 하는 것이다. 아이들의 반응을 예측하면서 준비했던 수업 내용이 전혀 공감을 받지 못할 때,

일부러 준비한 유머인데 아이들이 웃지 않을 때, 꼭 전달하고 싶은 중요한 메시지가 있는데 듣는 아이들이 너무 어려워할 때, 교사는 자신이 기대를 걸었던 수업에서 좌절을 겪는다. 때로는 좌절을 넘어 화를 내기도 한다. 교사들이 교실에서 크게 화내는 흔한 이유 가운데 하나가 수업을 방해받고 좌절감을 느꼈을 때다. 앞서 말한 '기억에 남는 수업'에서 하나를 예로 들어보자. 아름다운 어느 가을 날, '가을'을 주제로 글쓰기를 하기로 했다고 치자. 아이들이 하나가 되어 열심히 글을 쓰고 있는데 불쑥 한 아이가 '이런 거 왜 해요?'라거나 '화장실 가도 돼요?'라며 분위기를 깬다면? 가을이라는 계절이 주는 느낌에 깊이 빠져들어 모두 시상에 잠겨 있는데, 이렇게 찬물을 확 끼얹는다면 화가 나는 것은 당연하다.

즐거운 수업을 하기 위해 동료 교사들과 노하우도 공유하고, 연수도 받고, 나름대로 시나리오까지 준비했는데 단 5분도 집중하지 못 하는 아이들. 수업에 대한 교사의 기대가 때때로 아이들과 조응하지 않을 때 교사는 실패했다는 느낌을 떠안을 수밖에 없다.

하지만 오늘 한 세 시간의 수업이 다 최고가 될 수는 없다. 1승 2패라 해도 실망할 필요는 없다. 때로는 한 학기 전체의 수업이 뜻대로 안 이루어질 수도 있다. 지금의 아이들을 모두 만족시키는 수업이란 지극히 어렵거나 아예 불가능할 수도 있다. 3분의 1만 집중했어도 괜찮다, 3분의 2가 집중했다면 대단하다, 이렇게 생각해야 한다.

그렇다면 교사도 아이들도 다 만족할 수 있는 수업은 어떤 것일까? 어떻게 해야 양쪽 다 성공한 수업이라고 느낄 수 있을까? 교사의 일방적인 공연 같은 수업이 매번 히트를 칠 수는 없다. 모두가 만족하는 수업의 대전제이자 기본 조건은 가능한 한 많은 아이들이 수업에 참여할 수 있도록 하는 구조와 설계를 갖는 것이다. 아이들이 손님이 아니라 주인 행세를 할 수 있는 수업, 침묵하기보다 참여하는 수업, 물론 그 '참여의 문'을 여는 열쇠는 교사가 쥐고 있다.

교사를 치유하는 수업

병원에서 상담을 하다 보면 어느 때는 끝나고 나서 너무 힘이 빠져서 아무 생각이 나지 않는 경우가 있다. 반대로 어떤 상담은 온전히 흡수되어 오히려 내가 치유된 느낌을 받을 때도 있다. 수업도 마찬가지다. 몰입하고 신명나는 수업을 하면 힘을 썼다기보다 힘을 얻은 기분이 들 것이다. 이렇게 힘을 얻는 수업은 그 자체로 교사를 치유하는 효과가 있다. 수업 때문에 받은 상처는 치유도 수업에서 이루어지는 것이 바람직하다.

교사를 치유하는 수업에는 공통점이 있다. 학급의 다수 아이들과 상호 교류하면서 아이들이 가급적 많이 참여할 수 있도록 하는 것이 첫 번째 관건. 그다음은 수업에 대한 교사의 열정이 아이들의 마음에 가닿음으로써 교실이 학습의 도가니가 되어야 한다. 아이들이 교사의 수업에 협력하고 능동적으로 참여할 때 교사는 있는 열정을 다 쏟게 된다. 또 아이들이 진지하고 정중하게 교사의 수업에 관심을 보이고, 질문에 반응하며, 교사가 기대했던 질문을 할 때 서로 '통했다'는 느낌을 받는다. 아이들과 교사가 진리를 중심으로 만나 함께 뭔가를 깨닫고 공감할 때, 혹은 새로운 것을 발견할 때, 동시에 공명하는 경험을 할 때, 교사와 학생에게는 치유가 일어난다. 그리고 교사는 이런 상호작용을 통해 수업 안에서 교사로서의 정체성이 실현되었음을 깨닫게 된다.

교사와 학생 모두를 치유하는 수업의 조건
- 교사의 정중한 초대를 받아들여 아이들의 협력적 분위기가 조성될 때
- 아이들이 참여할 수 있는 기회가 많을 때
- 아이들에게 생각할 수 있는 기회와 더불어 정중한 질문이 생성될 때
- 교사와 아이들이 진리를 중심으로 만난다는 느낌이 들 때
- 함께 깨닫는 느낌을 나누었을 때
- 교사가 수업 중에 아이들 사이에서 새로운 발견을 했을 때
- 교사의 정체성이 실현되었을 때

4장

아이들을 좋아하는 교사가 더 성장한다

성장 과정에 있는 아이들에 대한 애정과 연민

한 교사가 있다. 오래도록 교직 생활을 했는데도 기억에 남는 제자가 한 명도 없다고 한다. 오히려 아이들로부터 벗어나게 된 것을 다행스럽게 여길 정도였다.

또 한 교사가 있다. 그는 여고에서 첫 담임을 하면서 조회나 종례 시간에 아이들에게 인생 이야기를 많이 들려주었다. 아이들과 친해지려고 그런 것이었는데, 선생님의 바람을 알아차리기라도 한 듯 아이들은 선생님의 인생 이야기에서 배운 것이 더 많다고 말했다.

또 다른 교사는 졸업한 뒤에도 연락을 해서 자신의 논문을 봐 달라거나 결혼식 때 주례를 서 달라고 부탁하는 제자가 많다고 했다.

다른 직종의 사람들과 달리 교사에게 주어지는 특별한 은총이 있다면 바로 제자를 키우는 일일 것이다. 그래서 교사들은 새 학기가 시작되고 반 편성이 끝나면 '나와 통할 아이는 누구일까' 하고 무의식적으로 찾게 된다.

이렇게 교사가 교사로서 살아가기 위해 필요한 가장 중요한 덕목 가운데 하나는 아이들을 좋아하는 것이다. 아이들을 좋아해야 교사 생활을 잘 유지할 수 있다는 것은 어찌 보면 당연한 이야기지만, 가르치는 것은 좋은데 아이들은 싫다는 교사가 뜻밖에 많다. 이런 교사들은 아이들이 자신을 고문하는 것처럼 느낄 수도 있으니 학교생활 하기가 고역일 것이다.

교사들은 내가 아이들과 맺고 싶은 관계가 어떤 것인지 생각해야 한다. 그리고 사제지간의 도가 무엇인지도 고민해 두어야 한다. 성장과정에 있는 아이들이 예뻐 보이고 도와줄 용의가 충분히 있어야 하고, 원하든 원치 않든 아이들이 받을 수밖에 없는 상처에 대해서 연민을 느낄 줄도 알아야 한다. 관계에 대한 정의가 없고 실천이 없는 교직생활은 허망하며, 관계에서 기억나지 않는 존재란 사실 없는 것과 다름없다. 스쳐 지나가는 것만으로도 인연이라는 불교의 설법처럼 나와 함께하는 학생들의 관계는 소중한 인연이라는 것을 수용하면서 관계에 대한 노력을 계속해야 한다.

관계를 방해하는 요인들

시대를 불문하고 '요즘 아이들'은 이해하기 어렵다는 게 어른들이 공통적으로 하는 말이다. 이해하기 어렵다는 것은 즉, 소통이 어렵다는 뜻이다. 인터넷과 스마트폰이 일상을 점령한 풍경을 보면 그 상황은 더욱 심해졌다고 할 수 있다. 어른들 입장에서 보면 아이들의 행동과 문화가 도무지 이해되지 않는다. 그래서 아이들과 관계 맺기가 더 힘들어졌고, 이는 비단 교사만의 고민이 아니라 부모들도 마찬가지다. 세대 간 문화 격차가 클 뿐만 아니라 기성세대가 아이들에게 지닌 선입견도 커졌고, 아이들의 변화 속도를 어른들이 따라잡지도 못하는 이유도 있다. 요즘 아이들을 이해하려면 신중한 연구가 필요하다는 의견은 괜한 말이 아니다.

초등학교 교사들에게 아동관에 대해 물어본 적이 있는데, 어떤 교사들은 여전히 고전적인 관념을 가지고 있었다. 모름지기 아동이란 밝고 명랑해야 하며, 때 묻지 않은 순수함을 지녀야 한다고 생각하는 것이다. 하지만 이렇게 낭만적인 아동관을 가지고 교실에 들어갔다가는 욕설과 막장 드라마 얘기로 가득한 뜻밖의 풍경을 만나기 십상일 것이다. 요즘 초등학생들의 최대 고민이 이성 교제인 것을 보면 아이들은 더 이상 어른들이 생각하는 그런 존재가 아니다.

무엇보다 교사와 학생 사이의 관계적 접근을 방해하는 가장 큰 요인은 시간일 것이다. 우리 교육과정에는 편안하게 아이들과 이야기를 나눌 만한 일정한 시간이 없다. 어떤 아이들인지 충분히 알아야 도와줄 수 있고, 그러려면 아이들과 수업 이외에 관계를 맺기 위한 시간이 필요한데, 지금 학교에는 이런 시간이 없다. 그래서 우리는 아이들을 잘 알지 못한 채 피상적인 관계 속에서 서로 부유한다. 그게 아니라면 특별한 교사들이 근무 시간외 노동을 통해 열정적이고 헌신적인 에너지를 발휘해야 한다.

또 다른 요인은 어른들과 가까이 지내기 어려워하는 학생들의 성장 과정에 있을 것이다. 학년이 올라갈수록 어른들과 지내거나 만나는 시간이 줄어든 아이들은 불편한 어른인 선생님과 지내는 데 익숙하지 않다. 이미 과거에 비해 삼촌, 외삼촌, 이모, 고모 격의 어른들을 만날 기회가 줄었고, 또 사교육을 포함해 다양한 분야의 친절한 선생님들을 경험한 아이들이니 만큼 불친절한 학교 선생님을 애매하게 받아들일 수밖에 없다. 교사도 아이들에게 다가가기가 어렵지만 아이들도 선생님에게 다가가는 것이 서툴고 불편하다. 일부 아이들에게는 선생님과 친해진다는 것이 특별한 에너지를 쏟아야 하는 피곤한 일이 되었을 정도다. 이런 불편함이 선생님과 아이들 사이에 거리를 좁히지 못하게 하는 큰 이유일 것이다.

아이들과의 관계를 풀어가는 노력에서, 교사는 먼저 아이들에게 학교 선생님이 익숙하면서도 불편한 존재라는 사실을 인식하는 것이 중요하다.

상담에 앞서 데이트를

혼돈에 빠질 수밖에 없어진 교사들이 해야 할 일은 달라진 세대를 이해하는 것이고, 이해야말로 관계를 치유하는 첫걸음이기도 하다.

아이들과 교사의 관계에서 치유가 일어나는 때는 언제일까? 어느 교사는 한 아이로 인해 상처받고 관계에 고민할 즈음 우연히 그 아이에게 그런 행동을 할 만한 이유가 있다는 사실을 알게 되었다고 한다. 그것을 안 순간 상처는 나았고, 진작 아이와 진심으로 대화를 나누었더라면 좋았을 걸, 하는 후회가 들었다고 한다.

아이들의 말에 따르면, 교사가 학급에서 아이들을 기억하는 방식은 잘하는 아이와 못하는 아이 중심으로 이루어진다. 잘하는 아이 다섯 명과 못하는 아이 다섯 명만 머리에 남아 있고, 그 아이들하고만 관계를 만들며, 나머지 아이들은 그냥 묻혀 가는 관계라는 것이다. 그래서 관심의 대상이 되지 못하는 대다수 아이들은 관계고 말고 할 것이 아예 없다는 것이다.

반 아이들과 골고루 긍정 기억, 재능 기억으로 관계를 맺는 노력이 필요하다. '준영이는 달리기를 잘하는 아이', '철규는 노래를 잘하는 아이' 하는 식으로, 문제 중심이 아니라 흥미 중심으로 아이를 기억하면서 관계를 맺어야 한다. 설령 문제가 있을 때 아이와 만난다 하더라도 관계를 향상시키려면 흥미와 관심, 긍정과 재능 중심으로 이야기를 풀어 나가야 한다. 청소년을 대상으로 하는 관계 맺기나 상담 이론에서도 아이들의 마음을 열기 위해서는 이렇게 접근해야 한다고 강조한다.

아이와 대화를 나눈다는 것이 얼핏 별것 아닌 일처럼 보이지만, 현실적으로 교사가 모든 아이들과 일일이 만나서 이야기할 시간이 없고, 아이들도 선생님과 '진심으로 만나는 것'을 꺼리는 상황에서 결코 쉬운 일만은 아니다. 특별한 계기가 있어서 이런저런 이야기를 나누며 알게 되는 진심, 그 마음을 이해하게 될 때 비로소 관계도 제자리를 잡는다. 이해란 결국 소통이며, 상대를 이해하기 위한 가장 쉬운 방법은 진심을 담은 대화다.

　아이들과 만남을 계획할 때 '상담'이란 표현보다 '데이트'라는 말을 쓸 것을 권해 본다. 아이를 이해하고 깊은 관계를 맺는 것은 어떤 면에서는 일방적일 수 있는 상담을 통해서 이루어질 수 있는 일이 아니기 때문이다. 반면 데이트는 일반적으로 서로 평등한 가운데 이루어진다. 누구나 한번쯤 어른이라고 해서 무조건 옳지 않고, 모든 면에서 아이보다 나은 것은 아니라는 경험을 해 보았을 것이다. 때로는 어른인 나보다 아이들의 생각이 옳을 수 있다는 사실을 인정하고 존중과 이해를 바탕으로 아이들을 대한다면, 관계 또한 치유를 향해 한 걸음 나아가게 될 것이다.

5장

성장하는 교사의 비결

성장하는 교사의 7가지 습관

해를 거듭할수록 성장하고 성숙해 가는 교사들의 일반적인 특징을 일곱 가지로 정리해 보았다.

첫 번째 특징은 균형 잡힌 관심을 갖는 것이다. 전문직의 영원한 갈등인 실력과 인성, 실력과 관계, 이를 균형감 있게 유지하는 것이다. 물론 두 가지가 시소게임을 할 때도 있다. 수업 때문에 고민하는 학기가 있을 수 있고, 아이들과의 관계로 고민하는 학기가 있을 수도 있다. 하지만 수업과 관계, 어느 것 하나 소홀히 하지 않는 균형 잡힌 감각을 유지해야 한다.

두 번째 비결은 자기 돌봄, 즉 아이들과의 관계가 흔들리고 수업이 매끄럽지 않을 때마다 자신을 돌아보는 것이다. 교사들은 자신이 느끼지 못하는 사이에 힘이 소진되어 버리는 경우가 많고, 그럴 때는 재충전이 필요하다. 제때에 재충전을 하지 못하면 관계도, 수업도 삐걱거리게 된다.

세 번째, 끊임없이 현장 탐구를 하는 것이다. 이는 프레네 교육에서도 강조하는 부분인데, 교사는 끊임없이 연구하고 그 연구를 실천하는 사람이어야 한다. 아이들에게 의견을 묻기도 하고, 외국의 사례나 문헌을 참고하면서 연구한 내용을 교실에서 실천하는 일은 교사 성장의 큰 부분을 차지한다.

네 번째, 성장하는 교사들은 대부분 소통이 가능한 교사들로 구성된 토론 집단에 참여한다. 같은 분야에 있는 사람들끼리 서로 의견을 나누고 공감대를 형성하면서 내면을 다지는 일은 꼭 필요하다.

다섯 번째, 지속적으로 누군가에게 피드백을 받고자 노력한다. 혼자서 다수의 아이들을 가르치는 교사라는 직업은 무척 외롭고 힘들다. 가령 일반 회사에서는 팀, 부서 단위로 업무가 진행되어 팀장과 팀원이 조직적으로 움직이고, 이 팀을 저 팀에서 지원해 주기도 하지만 학교는 그렇지 않다. 홈스쿨링 지도자인 존 홀트John Holt도 '학생들이 불행한 이유는 교실에 교사가 한 명뿐이기 때문'이라고 했다.

복수 담임제라는 표현이 적절할지 모르겠지만 아이들이 교사 한 사람으로부터 전적으로 영향을 받는 것이 아니라, 교실에 있는 여러 교사로부터 다양한 면들을 선택해 받아들이도록 할 필요가 있다. 한데, 현재 우리 교실에는 교사가 한 사람뿐이고, 혼자 모든 것을 하려다 보니 끊임없는 자기 혁신이 필요하다. 혼자서 꾸준히 자신을 혁신해 간다는 것은 말처럼 쉬운 일이 아니다. 특별한 공부를 혼자 계획하고, 그 계획에 맞춰서 공부를 해 본 경험이 있는 사람이라면 무슨 말인지 쉽게 와 닿을 것이다. 혼자 다 한다는 것은 결코 쉬운 일이 아니므로 지속적으로 아이들이나 동료 교사로부터 피드백을 받을 필요가 있다.

여섯 번째, 자기 과목에 대한 자부심을 갖는 것이다. 자신이 현재 가르치고 있는 과목이 매우 중요하며, 내가 가치 있다고 여기는 부분을 아이들에게도 가르친다는 데 대한 자부심, 이것이야말로 교사들의 지속적인 성장에 촉진제 역할을 한다. 중·고등학교 교사 가운데 자기 과목이 정말 재미있어서 공부를 더 하다가 대학교수가 된 분들도 꽤 있다. 과목에 대한 자부심은 교사를 성장시키는 중요한 동력이다.

일곱 번째, 진리에 대한 추구다. 오늘 내가 하고 있는 이 수업이, 혹은 아이들과 맺고 있는 이 관계가 세상에 필요한 중요한 가치를 만들고, 진리를 전달하는 의미 있고 숭고한 작업임을 인식하는 것이다. 교실은 사회의 축소판이다. 오늘 교실에서 일어나고 있는 일은 사회에서도 일어나는 일이며, 사회에서 일어나고 있는 일들이 언제 내 교실에서 벌어질지 모른다. 오늘 내가 비민주적으로 아이를 대했다면 아이는 우리 사회가 비민주적이라고 배울 것이며, 내가 한 아이만 편애한다면 나머지 아이들은 이 사회는 예쁘고 잘난 아이들만 사랑받는다고 생각할 것이다. 아이들에게 세상을 사는 참된 진리가 무엇인지 알려 주고자 한다면 교사 자신이 진리에 대해 관심을 기울여야 한다.

교사의 성장 열망을 이루기 위한 비결

- 균형적 관심 : 수업과 관계

- 자기 돌봄 : 독서와 운동

- 끊임없는 현장 탐구 : 연구적 실천자

- 소통이 가능한 교사 토론 집단에 참여

- 학생들에게 지속적으로 피드백을 받고자 하는 노력

- 과목에 대한 자부심

- 진리에 대한 관심 : 사회의 큰 이야기와 교실의 작은 이야기 연결

"바깥에 있는 힘이 우리를 파괴하는 데
성공하는 이유는 우리 내면에 파괴에 협조하는
문이 열려 있기 때문이다."
파커 파머

"우리가 바람직하다고 생각하는 모습으로
세상을 바꾸기 위해서는
있는 그대로의 세상에서 시작하는 것이 필수적이다."
사울 알린스키

Part 5

내면통

1장 왜 교사는 내면의 고통을 겪을 수밖에 없는가 ①

2장 왜 교사는 내면의 고통을 겪을 수밖에 없는가 ②

3장 소리 내어 울 수 없는 교사들, 상처의 치유

4장 파커 파머가 제시하는 내면 치유 처방전

5장 행복한+피곤한 삶을 살 준비가 되었는가

1장

왜 교사는 내면의 고통을 겪을 수밖에 없는가 ①

내면의 상처, 그 출발점을 알자

"할 만한 가치가 있는 일 가운데 그 어느 것도 우리의 생애 안에 성취될 것은 없다. 따라서 우리는 희망으로 구원받아야 한다. 진실하거나 아름답거나 선한 것은 어느 것도 역사의 즉각적인 문명 속에서 완전하게 이해되지는 못한다. 따라서 우리는 믿음으로 구원받아야 한다. 우리가 하는 일이 아무리 고결하다 해도 혼자서는 결코 달성할 수 없다. 따라서 우리는 사랑으로 구원받아야 한다."

신학자 라인홀드 니버Reinhold Niebuhr가 쓴 것을 파커 파머가 자신의 책 〈비통한 자들을 위한 정치학〉의 마무리에 인용한 것이다. 이 글을 소개하는 까닭은 교사들이 생각하는 이상적인 교사상이 어찌 보면 교사 자신의 내면에 큰 통증을 주는 원인일 수 있다는 생각에서다.

교사든 아니든 누군가를 가르친다는 것은 매우 큰 수고를 동반하는 일이다. 열심히 준비했는데 내 이야기에 집중하고 동감해 줄까, 과연 도움은 될까, 하는 크고 작은 걱정들이 앞선다. 더욱이 무엇인가를 특별히 준비했다면 그 걱정은 더해진다. 배움의 목적이 분명하고 자발적으로 찾아가서 듣는 강의도 그러할 터인데, 장소를 학교로 옮기면 교사가 느끼는 부담이나 걱정은 훨씬 더하다.

학교가 나에게 주는 의미가 너무 커서 나는 오늘 꼭 등교한다, 저 선생님께는 꼭 배울 것이 있어서 학교에 간다, 내 돈 내고 다니는 학교니까 절대 결석할 수 없다, 이런 아이들이 과연 얼마나 될까. 어쩌면 교사의 상처는 예견된 것일 수도 있다. 당연한 사실인데 그것을 일상에서 잊고 살아감으로써 상처라고 여기는 것은 아닌지. 하지만 매일 상기하면서 살아야 한다면 이 또한 괴로운 일이 아닐 수 없다.

교사에게는 운명적으로 짊어진 부담, 혹은 영광이 있다. 사회가 '모름지기 교사라면 적어도 이 정도는 돼야지' 혹은 '이렇게 행동해야지' 하는 준엄한 잣대를 들이대는 것이다. 같은 일이라도 교사가 부정적인 행동을 하면 '어떻게 감히 아이들을 가르치는 선생이 그런 짓을 할 수 있느냐'며 비난이 빗발친다. 교사들은 의식적이든 무의식적이든 외부의 압력에 짓눌려 누구보다 더 올바르게 행동하고 생각해야 하며 언행일치를 위해 노력해야 한다. 가르치는 과목에서는 실력 있는 지도자가 되어야 하며, 아이들에 대해서도 상담사나 부모보다 더 많은 것을 알고 사랑하기를 강요받는다.

이런 태생적인 부담감과 함께 교사들이 잊기 쉬운 '사실'들이 내면에 상처를 내고, 아픔으로 몰아가고 있다는 점을 인지해야 한다. 그렇다면 내면의 상처는 어디에서 출발하는가, 상처를 주는 '사실'들이란 과연 무엇인가, 지금부터 하나씩 짚어 보자. 먼저 이 사실들은 매우 단순하며, 있는 그대로 받아들여야 하는 것들임을 이해하고 시작했으면 한다.

교사에게 상처를 주는 '사실'들 ①
— 교사는 혼자다

교실 안에서 교사는 혼자고, 아이들은 다수다. 여기서부터 교사의 고독이 시작된다. 앞으로 교육정책이 획기적으로 바뀌지 않는 한, 교사 혼자 30여 명의 아이들을 이끌고 가야 하는 상황에는 변함이 없을 것이다.

교사라면 한번쯤 한창 수업을 하다가 갑자기 막히는 부분이 생겨서 당황해 있는데, 아이들의 시선이 일제히 자신을 보고 있는 경험을 해 보았을 것이다. 잠깐 수업을 중단하고 교무실에 가서 도움을 청할 수도 없는 노릇이고, 옆에 누구라도 있으면 좋으련만 아무도 없다. 교사에게 주어진 45분은 오롯이 자신이 책임져야 하는 시간이므로 어떻게든 종이 칠 때까지 버텨야 한다. 게다가 이런 때일수록 아이들은 도움이 안 된다.

교사에게는 이런 상황에서 느끼는 소외감이 상당 부분을 차지한다. 그나마 수업이 무르익고 아이들과 자신이 잘 연결되고 있다는 생각, 함께 파도를 잘 타고 있다는 생각이 들면 외로움이나 소외감은 잠시 잊을 수 있다. 물론 이럴 때조차 어느 한순간, 혹시 아이들과의 사이에 단절된 무엇인가가 있지는 않은지 의문이 생기면서 또 다시 외로움을 맛보기도 한다. 또는 아이들이 질문에 대답하지 않거나 수업 내용에 아무 반응을 보이지 않을 때도 교사는 갑작스런 단절감과 불안감, 소외감에 점령당한다. 이때 어떻게 할 것인가는 전적으로 교사에게 달려 있다. 교사란 본디 혼자 고독한 작업을 수행하는 사람이기에 스스로 감당할 수밖에 없다.

이번에는 수업을 준비하는 과정을 보자. 신입 교사 때를 떠올리면 이해하기 쉬울 것이다. 수업 준비는 교사 혼자서 하는 작업이다. 아이들이 이 내용을 좋아할지 싫어할지, 관심을 보일지 어떨지, 많은 것들을 상상하면서 준비한다. 시간에 맞춰 짜 놓은 시나리오와 예시안은 든든한 지원군이다. 그런데 막상 교실에 들어가면 아이들은 예상치 못한 반응을 보이거나 아예 아무런 반응을 보이지 않을 때가 더 많다. 준비한 수업 예시안대로 진행되지 않는 수업, 교사로서는 당황스럽기 그지없다. 공개수업일 때는 더 그렇다. 이때 수업을 마치고 나서 맛보는 씁쓸함과 낭패감이란 이루 말할 수 없다.

교사들이 수업하는 장면을 촬영해 놓은 동영상을 분석해 보면, 고독한 교사는 교실에서 책만 본다는 사실을 알 수 있다. 아이들과 절대 눈을 마주치지 않고, 그날 쓸 교재만 뚫어지게 바라본다. 출석을 부르고, 책에 시선을 고정한 채, 교실 이곳저곳을 오갈 뿐이다. 가끔 너무 떠드는 아이가 있으면 '너 왜 떠드니? 나가 있어' 하고는 다시 책만 본다. 수업 시간에 떠든다고, 한눈을 판다고, 아이를 교실 밖으로 내보내는 것은 교사가 아이들과 소통이 되지 않을 때 쓰는 가장 쉬운 방식이다. 사실 아이들과 눈을 마주치지 않는 교사의 수업은 아이들도 힘들어한다.

그런데 막상 교사가 수업 방식을 바꾸기로 해서 책을 내려놓고 아이들을 보면서 수업을 하면, 이번에는 아이들 쪽에서 거부 반응을 보인다. 그리고 아이들을 보기로 한 교사의 눈에는 온통 '지적 사항'들만 눈에 띈다. 수업 시간 내내 지적만 하니까 아이들의 반응은 더 나빠지고 진도마저 제대로 나갈 수 없다. 그나마 책만 보며 수업을 할 때는 진도라도 나갈 수 있었는데 말이다. 참으로 이러지도 저러지도 못하는 곤란한 상황이다.

여기서 지나쳐서는 안 될 것은 앞에서도 말했듯이 그런 선생님을 보는 '아이들도 외롭다'는 사실이다. 소통하지 못하는 데서 오는 단절과 외로움은 비단 교사만 느끼는 것이 아니다. 이런 상황을 일컬어 '교실에서의 단절'이라고 하는데, 교실에서 두 대상 간에 고독이 형성되는 과정에는 교사의 책임이 더 크다. 그렇다고 운명이라고 체념한 채 마냥 손 놓고 있어서도 안 된다. 교사가 해야 할 중요한 일 가운데 하나가 교실의 아이들과 자기를 연결하는 것이므로. 교사가 관심을 갖는 것과 아이들이 가진 관심이 서로 잘 조화를 이루도록, 또 그런 관심을 갖도록 노력하는 선생님의 마음, 혹은 그 의도를 아이들이 이해하고 적극적으로 참여한다면 둘 사이의 단절은 극복될 수 있다. 교사 혼자 독주하는 수업이야말로 교사와 아이들을 모두 외롭게 하는 불통의 원인이라는 점, 잊지 말아야 한다.

교사에게 상처를 주는 '사실'들 ②
— 말을 듣지 않는 아이들

교사들이 상처받는 이유 가운데 상당 부분을 차지하는 것이 '아이들이 말을 듣지 않는다'는 것이다. 교사라면 누구나 수업 준비를 할 때 아이들의 반응을 기대하며, 자신의 계획대로 적극적으로 참여하고 호응해 주기를 바란다. 누가 방해를 할지도 몰라, 재미없어 할지도 몰라, 이런 부정적인 반응을 전제하면서 준비하는 교사는 없을 테니까 말이다.

하지만 야심차게 준비한 수업을 시작한 지 몇 분도 지나지 않아 딴짓하는 아이가 눈에 띈다. 오히려 수업에 집중하고 관심을 보이는 아이는 얼마 되지 않는다. 이때 교사는 '아이들이 날 반기지 않네, 난 이 수업을 위해 뭘 한 거지'라는 느낌을 지울 수 없게 된다. 자신의 기대와는 너무 다른 아이들의 반응 앞에서 가슴 한 구석이 무너져 내리기도 한다. 나아가 배우려는 자세가 되어 있지 않은 아이들에게 무시당했다는 기분이 들면서 이런 아이들에게 더 어떻게 잘하라는 것인지, 한순간에 열정이 식어 버린다.

한번은 수업 혁신도, 아이들과의 관계 개선도 못하겠다는 교사를 만난 적이 있다. 이유를 물었더니 아이들 눈치를 보면서까지 관계를 바꾸고 싶지 않다는 것이었다. 아이들에게 애정을 구걸할 이유가 없다며, 자기 식대로 밀고 나갈 테니 따라올 사람만 따라오면 된다는 식이었다. 하지만 이렇게 말하는 얼굴에는 외로움과 상처의 그림자가 짙게 드리워져 있었다. 게다가 아이들에게 관계의 단절을 통보하고 나면, 교사의 신념대로 밀고 나갈 수는 있을지언정 결코 행복해질 수는 없다.

아이들은 생각보다 교실에서 하는 수업을 그다지 즐겁게 여기지 않는다. 그렇다고 수업을 포기할 수도 없는 노릇이기에 교사는 많은 시간과 노력을 들여서 수업을 바꾸려는 시도를 해야 한다. 아니면 좋든 싫든 어떤 방법을 써서라도 아이들을 변화시키지 않으면 안 된다.

언젠가 한 교사가 내 강의를 듣고 감동받았다며 해 준 이야기가 있다. 그의 말에 따르면 내가 교사들에게 '신이 되려 하지 말라'고 했다는 것이다. 그러면서 하는 말이, 돌이켜 생각해 보니 자기는 신이 되려고 했던 것 같다는 것이다. 아이들에게 인기 많고, 수업도 잘한다는 소리를 듣고, 행정 업무 또한 능숙하게 처리해서 관리자들로부터 인정받으려 했다는 것이다. 이런 자신의 모습을 깨닫자 굉장히 불편한 마음이 들었다고 한다. 그리고 '교사는 신이 될 수 없다'는 사실을 인정하니 마음이 편해지더라는 것이다. 그는 교사들을 만날 때마다 이 이야기를 꼭 해 달라고 부탁했다.

교사에게 만능인의 역할을 강요한 것은 누구일까? 교사 자신도, 아이들도, 관리자도 아니다. 아이들이 교사를 환대하지 않거나 배우려 하지 않는 것은 교사의 탓도 아이들의 탓도 아니다. 나는 이 사회가 교사들에게 힘든 길을 강요하고 있다고 생각한다. 그러니 사회 구조의 문제를 자신의 탓으로 돌려서는 안 된다. 개인의 탓이라고 생각하면 우울감만 깊어질 뿐 해결의 실마리가 보이지 않는다. 또 제아무리 재미있게 수업을 한다 해도 아이들 전체가 집중하기를 바라는 것은 무리다. 요즘 아이들이 그렇다. 유명 연예인이 와서 수업을 한다 해도 처음 몇

분 동안은 집중하겠지만 45분 내내 꼼짝 않고 앉아서 집중하기란 힘들다.

이렇듯 '아이들이라면 선생님 말을 잘 들을 것'이라는 전제에서 출발하는 것은 결과적으로 큰 실패를 안겨 줄 수 있다. 일찌감치 '아이들이란 원래 말을 잘 안 듣고, 쉽게 집중하지 못하는 존재'라는 사실을 알고 시작하자. 그러면 준비 과정이 더 사려 깊어질 뿐만 아니라 수업 후에도 크게 실패를 맛본다거나 좌절하지 않게 된다.

교사에게 상처를 주는 '사실'들 ③
— 가르쳐야 하는 것과 가르치고 싶은 것

교사가 이것만큼은 아이들이 꼭 배웠으면 좋겠다고 생각해서 열심히 준비하고 수업을 하는데, 아이들에게서 '에이, 다 알아요' 혹은 '관심 없어요' 하는 반응이 돌아온다면? 반대로 오늘 가르쳐야 할 내용은 교사가 보기에는 그다지 중요하지 않은데, 시험 출제 빈도가 높아서 신경을 쓸 수밖에 없다면?

교사는 이렇게 아이들에게 필요하지 않은데 가르쳐야 하는 것과, 자신이 정말 가르쳐 주고 싶은 것 사이에 생기는 간극 때문에 갈등한다. 교실에 있는 동안 계속 실패와 실망의 기운만 느껴야 해서 슬프기까지 하다.

아이들은 학교에 다니는 이상 놀고 싶어도 배워야 하고, 배우기 싫은 것도 배워야 하며, 배워야 할 것을 놓치기도 한다. 교사도 마찬가지다. 아이들에게 환대받지 못하고 혼자라는 외로움, 배우려 하지도 않고 말도 안 듣는 아이들에 대한 서운함 그리고 가르치는 내용마저 뜻대로 할 수 없는 데서 오는 울분 때문에 점점 더 교실에서 소외되어 간다.

많은 교사가 무언가를 가르쳐야 한다는 압박감 속에서 효과적인 전달 방법이 무엇인지, 정말 아이들에게 꼭 필요한 것을 가르치고 있는지, 이에 대한 회의 때문에 더 힘들다고 하소연한다. 게다가 그것을 통해 교사도 아이들도 평가를 받아야 하니, 참으로 가혹한 현실이 아닐 수 없다.

교사에게 상처를 주는 '사실'들 ④
— 하기 싫어도 해야만 하는 일들

'내가 교사가 된 것은 아이들을 가르치는 일이 좋아서였다. 하지만 현실은 달랐다. 가르치는 일에만 전념할 수 없었다. 밀려드는 행정 업무를 처리하다 보면 내가 교사인지 회사원인지 모를 때가 많았다.'

어느 교사의 자조 섞인 푸념이다. 수업, 아이들과의 만남, 이 두 가지가 교사 생활에서 최고의 꽃이 되어야 하는데 다른 것들이 끼어들 때, 교사는 자기 안에 있는 힘이 고갈되면서 정체성에 혼란을 느낀다.

수업 말고도 동료 교사들과의 만남, 행정 업무의 비중이 높아져서 어느 사이엔가 수업 준비에 소홀해지고, 아이들을 돌보는 시간을 빼앗기고 있다는 깨달음에 한없는 자괴감에 빠지는 교사도 있다.

하고 싶지 않으나 해야만 하는 일, 하고 싶은데 할 수 없는 일 사이에서 교사는 또 상처를 받는다. 하고 싶은 일만 하기에는 현실이 받쳐 주지 않고, 행정 업무든 교사 간의 친목 도모든 이런 일을 잘해야 관리자로부터 인정받고 학교가 잘 돌아간다는 소리를 듣는다. 교사의 본분인 수업에 집중하느라 공문 처리를 소홀히 여겼다가는 비난당하기 일쑤고, 때론 지위에 영향을 받기도 한다. 학교를 위해서는 필요한 일이기에 부당함을 감수하고 참는 수밖에 없다.

나는 대안학교를 만들 때 교장이 교감을 겸직하고, 교무부장이 연구부장을, 생활지도부장이 체육부장을 맡아 하면서 최소한의 인원으로 시작했다. 크든 작든 학교를 운영하려면 기본적으로 맡아야 할 역할이 있기 때문이다. 최근에 작은 대안학교를 준비하고 있는 분도 막상 학교를 시작하려니 수업은 둘째치고 생활지도, 급식 등 여러 가지 준비할 사항이 많아서 고민이라는 이야기를 했다.

학교는 단순히 배움과 가르침의 영역으로만 이루어지지 않는다. 학교가 제대로 돌아가기 위해서는 기본적으로 필요한 행정 업무가 교사를 고통에 빠뜨리기도 한다. 교사를 대상으로 한 설문조사에서 자신들을 소진시키거나 시간을 빼앗는 가장 큰 부분이 무엇인지 물었을 때, 대다수 교사가 행정 업무를 꼽은 것만 보아도 알 수 있다.

교사는 행정 업무에 치이면서 특히 관리자에게 혼나거나 때로는 비아냥거림을 들으면서 자존감에 깊은 상처를 입는다. 하고 싶지 않은 일을 해야만 하는 데서 오는 마음의 상처로 인해 또 한 번 아픔을 겪는다.

교사에게 상처를 주는 '사실'들 ⑤
— 서로 돕지 않는 교사들

교사 사회의 내면을 들여다보면 의외로 서로 돕는 것을 힘들어한다는 사실을 알 수 있다. 교사들에게는 서로 협력하는 것이 상당히 어색하고 낯설며 두렵기까지 한 일이다. 일부 혁신학교에서나 수업과 아이들 관계에서 겪는 어려움을 동료 교사들과 의논하거나 학교의 운영체제에 대해 토론하는 정도에 불과하다. 왜 그렇게 도움을 주고받는 것을 싫어하는지, 그 원인을 밝히는 것조차 쉽지 않을 정도다.

가장 큰 이유는 아마 '낙인' 때문일 것이다. 주위로부터 무능력한 교사라는 소리를 들을까 두려워서 지금 자신이 무엇 때문에 얼마나 힘든지를 말하지 못하는 것이다. 다른 학교의 교사들에게는 말할 수 있을지언정 자신이 속한 학교의 동료들에게는 철저히 함구한다. 그래서 교사 연수도 한 학교만을 대상으로 할 때는 어려움이 많다. 도통 질문을 하지 않다가 강의를 끝내고 돌아가려 할 때쯤에야 두어 명이 따라와서 궁금한 것을 묻거나 이메일 주소를 물어보는 식이다. 다른 교사들이 보는 앞에서는 외부인에게 고충을 토로하기 싫은 것이다. 이렇게 같은 동료들끼리도 여간해서는 말하기 어려운데 윗사람에게 말한다는 것은 불가능에 가까울 것이다.

이럴 때 보면 학교야말로 가장 비민주적인 곳이라는 생각이 든다. 아이들이 교사에게 인정받기를 원하는 것처럼, 교사들 역시 타인으로부터 인정받고 존중받고 싶어 한다. 그러면서도 동료들을 존중하거나 인정하는 데는 아주 인색하다. 동병상련이라는 말이 학교에서는 통하지 않는 것일까? 교사끼리 서로 도울 수 없다는 사실, 여기서 또 다른 상처가 시작된다.

교사에게 상처를 주는 '사실'들 ⑥
— 교사의 세속화

우리나라만큼 선생님이 세속화된 사회도 없을 것이다. 이것이 또한 교사에게는 상처가 된다. 요즘 아이들에게는 이미 어린 나이에, 아마 세 살 때쯤부터 선생님이 생길 것이다. 여덟 살이 되어 학교에 들어올 때는 이미 여러 사교육 선생님을 만난 다음이다. 사교육이라는 교육 비즈니스에 익숙해진 아이들에게 학교 선생님은 자신이 겪은 수많은 선생님 가운데 하나일 뿐이다. 그리고 아마 알고 있는 선생님들 가운데 가장 고약한 선생님일 것이다. 자신을 고객으로 대하는 사교육에서 친절하고 상냥한 선생님을 주로 만났던 아이들에게 학교 선생님은 권위적이고 불친절하다. 최근에 알게 된 초등학생은 거침없이 이렇게 말했다. '제일 싫은 선생님은 학교 선생님이에요. 성질 잘 내죠, 편애하죠, 자기 마음대로 하죠.' 아이들에게 학교 선생님은 이런 대상이 되어 가고 있다.

2장

왜 교사는 내면의 고통을 겪을 수밖에 없는가 ②

자꾸 위축되는 마음, 하지만 소리 내어 울 수 없다

사회는 교사에게 요구하는 것이 참 많다. 잘 가르쳐야 하는 것은 당연하고 생활지도와 인성 교육에도 힘써야 한다. 행정 업무는 능숙하게 처리해야 하며 도덕적으로도 사회의 모범이 되어야 한다. 그러면서 정작 칭찬하는 데는 매우 인색하다. 세상은 교사에게 신이 되라고 요구하지만, 때로 교사는 품위 있는 인간이 되기조차 어렵다. 아이들에 치이고, 행정 업무에 치이고, 수업에 치이고, 다른 교육자들에게 치이면서 자기 스스로 좋은 사람임을 느낄 여력이 없다. 한술 더 떠 '과연 내가 교사로서 잘하고 있는가'를 끊임없이 자문해야 한다. 이른바 지독한 '선생님병'에 걸리는 것이다. '내가 잘하고 있나?' 묻고 또 묻는다. 이 질문을 건강할 때 하면 괜찮은데 경우에 따라서는 자기를 파괴하는 질문이 될 수도 있다. 자신을 점검하면서 발전을 추구할 때는 좋은 질문이지만, 그냥 습관적으로 자문만 하는 것이라면 자아를 무너뜨릴 수 있기 때문이다.

'규율 사회의 부정성은 광인과 범죄자를 낳는다. 반면 성과 사회는 우울증 환자와 낙오자를 만들어 낸다.'

한병철 교수가 쓴 〈피로사회〉에 나오는 구절이다. 저자는 한국 사회의 구성원들은 너무 심하게 '내가 잘하고 있나? 나는 편안한가? 나는 행복한가?'를 물으면서 '셀프 힐링self healing'이 아니라 '셀프 킬링self killing'을 하고 있다고 주장한다. 더 행복해져야지, 더 치유해야지, 하면서 정작 자신을 죽이고 있다는 말이다. 아이를 양육할 때도 'good enough(지금도 괜찮아, 지금으로도 충분해)'라고 말해 주는 것만으로 자존감을 높일 수 있는데, '너는 무엇인가 결핍돼 있어, 너는 이런 점이 부족해'라며 부정적으로 말해서 자존감을 떨어뜨린다.

주체를 아이에서 교사로 바꿔 보자. '선생님, 지금으로도 충분해요. 참 괜찮아요. 그런데 우리가 앞으로 무엇을 더 할 수 있을지 한번 점검해 볼까요?'라고 물을 때와 '선생님, 뭐가 부족해서 여기 오신 거지요? 더 많은 연수가 필요한가요? 제가 강의하면서 보니 선생님들에게 부족한 점이 무엇인지 한눈에 알겠던데요. 괜찮은 선생님이 되려면 더 많이 노력하셔야 돼요'라고 말할 때, 이 말을 듣는 교사의 심정이 어떻게 다를지 충분히 짐작하고도 남을 것이다.

지금 이 사회는 교사들에게 자꾸 부족하다고 말한다. 학원 강사처럼 왜 아이들을 휘어잡지 못하냐면서 사교육과 비교하고, 상담사처럼 아이들과 왜 관계를 잘 맺지 못하냐면서 채근한다. 다른 부모와 비교하면서 애정이 부족하다 하고, 다른 공무원과 비교하면서 애국심이 모자라다 한다. 이런 것들이 교사를 움츠러들게 만든다.

위축된 아이들이 과연 무엇을 잘할 수 있는가, 이는 누구보다 교사들이 잘 알고 있을 것이다. 교사도 마찬가지다. 움츠러들고 위축되면 기본적으로 지닌 능력조차 제대로 발휘하지 못하게 된다. 바람이 빠져 쭈그러진 공은 아무리 기량이 뛰어난 선수가 차도 멀리 나가지 못하는 것과 같다.

학부모들로부터 사교육 강사보다 못한 대접을 받으면서 아이들에게 무시당하는 나, 다른 한편에는 교육자로서 존중받고 인정받고 싶어 하는 나, 그 사이의 간극이 너무 커서 교사들은 하루하루가 괴롭다.

교사 내면의 붕괴

외부 환경에서 받는 스트레스, 그로 인해 자꾸만 커져 가는 좌절감은 결국 안에서 곪을 수밖에 없다. 내적인 고통과 좌절감은 의식하지 못하는 사이에 스스로를 미워하게 만든다. 자신을 미워하는 것, 이것도 '선생님병' 증상의 하나다. 자기에게 더 많은 노력을 요구한다든지, 교사가 되기에는 부적합한데 교사가 된 것은 아닌지 의문을 갖는다든지, 전공과목이 적성에 맞지 않는다고 생각하기도 한다. 이런 생각을 하는 것 자체가 사실은 자기를 미워하는 마음에서 나온다.

자신을 미워하기 시작하면 그다음에는 아이들을 미워하게 되어 배우고 싶은 생각이 없는 아이들이 교실에 와서 앉아 있는 것이 밉고, 그 아이들을 학교에 보낸 의무교육 제도가 원망스럽다. 주위를 둘러보면 어떤 교사는 열정이 없고, 또 어떤 교사는 수업 준비도 제대로 하지 않는, 이런저런 단점만 눈에 들어온다. 한 설문조사에서 나온 결과를 보면 교사들이 가장 싫어하는 교사는 수업 준비를 제대로 하지 않는 교사, 근태가 불량한 교사, 특히 체벌하는 교사였다. 학교 분위기가 살아나지 않는 것은 이런 교사들이 존재하기 때문이라 여기며 동료 교사들을 미워하기도 한다. 자기 학대가 타인에 대한 원망으로 이어지는 것이다.

때로 자기를 비하하는 증세가 나타나기도 한다. 어느 교사는 '교사는 성적이라는 성과를 향해 달려갈 뿐이고, 아이들은 시험 보는 기계라고 표현하잖아요? 그럼 제 역할은 그 기계가 잘 작동하게 만드는 엔지니어인가요?'라고 한탄하고, 또 다른 교사는 자신을 가리켜 '걸어 다니는 문제집'이라고 말하기도 한다. 자기 학대와 자기 비하, 타인에 대한 원망, 이 모든 것이 교사의 내면이 붕괴됨으로써 나타나는 현상이다.

가르침으로부터 도주

교사들이 정서적으로 힘들 때 대처하는 양상은 주로 싫음, 미움, 짜증 같은 것으로 나타난다. 듣기에 따라서는 조금 무서울 수 있는데 정신분석학적 관점에서 쓴 글들을 보면 이런 양상을 다음과 같이 표현한다. 벌레처럼 여기기, 쓰레기 더미에서 장미꽃 찾기, 독이 든 양분 주기, 애정이라는 이름으로 증오하기….

옛날 사람들은 아이들이 잘못을 저질렀을 때 흔히 '벌레보다 못한 놈'이라고 비난했다. 아이들이 벌레나 기생충 같은 놈으로 보였던 것이다. 그렇다면 교실은 그 벌레 같은 아이들이 모여 있는 곳이다. 하지만 쓰레기 더미에서도 홀로 피어나는 꽃이 있듯이 자신과 통하는 아이 몇은 있을 것이다. 그런 아이들이 한두 명이라도 있으면 견디는 것이고, 없으면 정말 지루하고 재미없는 나날이 된다.

'독이 든 양분 주기'는 내가 현재 잘못하고 있다는 것을 알면서도 그것을 계속하고 있을 때 일어나는 심리적 현상이다.

'애정이라는 이름으로 증오하기'는 사실상 본질적인 감정은 증오다. 그런데 이것을 차마 증오라고 할 수 없으니 애정이라고 부르는 것뿐이다. 예를 들어 어떤 아이가 굉장히 미울 때 교사는 그 아이를 혼내면서 '내가 네 선생님(혹은 네 엄마)이니까 혼내지, 남 같으면 혼내지도 않아'라고 말한다. 이 말을 들은 아이는 선생님(혹은 엄마)이 주는 최고의 애정 표현은 벌이라고 생각하게 된다. 결국 아이는 '엄마는 사랑할 때마다 나를 혼냈어. 선생님이 나에게 높은 책임감을 느낄 때는 나를 혼내거나 훈계할 때야. 그때 말고는 나한테 별로 관심을 주지 않았어'라는 생각을 갖게 된다.

하지만 이 모든 것보다 더 나쁜 대처 양상은 '무감각한 상태를 정상으로 여기는 마음'이다. 한두 교사의 증상이 교사 집단 전체로 번지면 '무감각한 교사가 정상'인 사회로 변한다. 이렇게 아이들과 정서적 교류를 최소화하고 거리감을 두는 것이 정상으로 여겨지는 사회에서는, 어떤 학생을 특별하게 지도하려고 하면 동료가 '왜 그 아이에게만 특별한 관심을 두지?'라고 묻는 일이 생긴다. 뿐만 아니라 수업마저 무감각하게 진행하도록 만든다.

자신이 어떤 교사인지, 무엇을 가르치는지, 아이들과의 관계는 어떤지, 이것들을 생각하지 않게 되면 점점 감각을 잃어버린다. 또 이렇게 고통이 없는 채로 살아가다 보면, 어느 순간 누가 살짝만 고통을 주어도 그것이 너무 불편하고 힘들어서 견디지 못하게 된다.

한편, 계속 이런 삶을 살 수는 없다는 불안감이 가슴 한구석에 똬리를 틀면서 교사들로 하여금 '최고의 교사'를 향해 끊임없이 자기 계발을 하도록 몰아 부친다.

교사가 입은 복합적인 상처를 치료해 주지 않고 그저 개인의 문제로 치부하면, 위의 증상들로 인한 부작용은 전부 아이들에게로 향한다. 교사들의 내면 붕괴가 교사를 가르침으로부터 도망치게 하고, 그저 무감각한 상태로 지내게 하며, 또 그것이 교사 집단 전체로 번지는 일을 막아 낼 처방이 필요하다는 사실을, 우리 사회는 강하게 인식해야 한다.

교사이자 부모라는 이중성

교사들은 자신이 교사이자 부모로 살면서 갖는 이중성을 회피하고 있지만, 이 또한 공교육이나 대안 교육 교사들에게 큰 상처로 자리 잡고 있다. 적지 않은 대안학교 재학생들이 공교육 교사들의 자녀라는 점도 시사하는 바가 크다.

공교육 교사로서 아이들의 사교육 문제를 놓고 타협점을 찾기도 쉽지 않다. 교사인 부모가 집에서 아이의 밀린 숙제를 놓고 '학원 숙제와 학교 숙제 가운데 어떤 것을 먼저 하라고 할 것인지', '밀린 학원 숙제를 학교에서 하면 안 되는 것인지' 아이와 논쟁을 벌이다 마음이 혼란스러워졌다는 이야기를 들은 것도 벌써 오래 전이다. 공교육 교사로서 학원 강사의 상담을 받는데, 같은 과목이라서 더 속상했다는 교사도 있었다.

학교에서 아이들을 대할 때의 원칙과, 집에서 부모로서 자녀에게 행하는 원칙이 달라지는 분열을 경험하는 것도 교사들의 내적 정체성에 혼란을 준다. 부모의 역할과 교사의 역할이 갈등을 일으킬 때, 더 가까운 선택이 무엇인가는 질문할 필요가 없다. 게다가 자녀가 학업에서 멀리 달아나려고 하거나 뜻대로 되지 않을 때는 학교에서 수업을 하면서도 마음이 편치 않다. 어려움을 가지거나 문제를 일으킨 자녀의 부모가 교사일 때도 그렇다. 특히 엄마 교사들은 교직을 유지하기 위해 자녀가 크는 동안 시간을 함께 보내지 못해서 더 속상해한다. 교사의 자기애가 파손되어 체면이 서지 않고, 모범생 출신인 교사로서는 기대에 못 미치는 아이가 이해되지도 않을 뿐더러, 누구에게 마땅히 말도 못 하기에 속이 시커멓게 타 들어간다. 병적일 정도로 자기애가 심한 부모일 경우에는 혹독하게 힘든 시기를 겪기도 한다. 한국 사회에서 교사 엄마, 교사 아빠로 살아간다는 것은 자신을 분열시키거나 해리시켜야 하는 내적 고통이 뒤따르는 측면이 강하다.

반면 내 아이를 통해 학급의 아이들을 더 잘 이해하게 되어 학교생활이 편해졌다는 교사도 있다. 학교와 학원을 다니면서 힘들어하는 아들과 이야기를 나누면서 똑같은 상황에서 비슷한 갈등을 겪는 반 아이들을 내 아이처럼 느낄 수 있게 되었다는 고백을 하는 교사. 결국 해결의 실마리는 아이와의 대화였다.

3장

소리 내어 울 수 없는 교사들, 상처의 치유

자기 개방, 어려움 털어놓고 고백하기

한 내담자 이야기를 먼저 할까 한다. 이른바 성공한 기업가인 그는 나이가 좀 있는 의사를 찾았고, 그래서 가장 선배인 내가 맡게 되었다. 외래 진료가 싫다며 비싼 VIP 병실에 입원한 그는 그때까지 세상 누구에게도 털어놓지 못한 이야기를 하겠다며 말문을 열더니, 자기 할 말을 다하고는 저녁에 퇴원했다. 나는 지금도 그의 비밀을 가슴에 담고 있으며, 그는 여전히 잘 살고 있다. 사실 그는 입원하기 전부터 몇 번이나 전화를 해서 정말 이야기하는 것만으로 좋아지는지를 끊임없이 물었고, 나는 제임스 페니베이커James W. Pennebaker의 〈털어놓기와 건강〉이라는 책을 먼저 읽어 볼 것을 권했다.

사람이 두려움을 줄이고 치유하는 방법 가운데 가장 효과적인 것이

'털어놓기', 즉 '자기 고백'과 '자기 개방'이다. 그런데 많은 교사가 '나는 아무 문제없고, 제도와 아이들에게 문제가 있다'고 말한다. '요즘 아이들 진짜 큰일이에요'라고 말하는 교사는 많아도 '나는 요즘 아이들과 지내는 게 어려워요'라고 말하는 교사는 드물다. 본디 교사에게 문제가 있다는 것이 아니라, 상처받아서 문제가 생겼다는 것을 인정하자는 이야기다. 자신을 짓누르는 문제를 털어놓지 않으면 마음이 만든 정글 안에 갇히게 되고, 그러면 아무것도 해결되지 않는다.

교사들이 자신의 마음을 털어놓지 못하는 이유는 무엇일까? 아마 교사는 아무 문제도 없는 사람, 문제를 치유하고 지도하는 사람, 기본이 바로 선 사람이라는 선입견 때문일 것이다. 따라서 자신이 어떤 문제를 안고 있으며, 무엇을 두려워하는지 말하기가 쉽지 않다. 그 심정을 이해 못할 것도 아니지만, 자기가 가진 두려움을 솔직하게 털어놓는 것만으로 이미 문제 해결이라는 디딤돌을 밟은 것이나 다름없다는 사실을 알았으면 한다.

치유를 향한 준비 ①
— 조급해하지 말고 자신을 느끼기

내게도 의사로 살면서 늘 지니는 두려움이 있다. 예를 들어 치료를 시작한 지 4주가 지났는데도 나아질 기미가 없는 환자를 앞에 두면 그야말로 심정이 복잡해진다. '이 환자가 과연 회복할 수 있을까?' 이런 생각과 함께 두려움에 빠지기도 한다. 환자도 마찬가지일 것이다. 이때 두려움을 속으로만 키우고 혼자 아파해서는 문제 해결의 길은 요원해진다.

조급함은 상처를 덧나게 하는 가장 큰 요인이다. '날마다 제자리'라고 하는 사람들의 이야기를 들어 보면, 대부분 조급함 때문에 깊이 파고들거나 과정이 드러나는 것을 견디지 못하는 편이다. '빨리 가려면 천천히 노를 저어라'는 속담처럼 우리는 치유를 얻기 위해 차분할 줄 알아야 한다. 조급함과 조바심은 건강의 적이요, 평화의 방해물이다. 우리나라 사람들은 성격이 급해서 빨리 결론 내기를 좋아하고, 지나치게 해결책 중심으로 사고하는 경향이 강하다. 현장 강연을 가도 상처를 오픈하고 나면 곧장 '치유는 언제 시작하나요?' 하고 다음 과정을 재촉하거나, '상처만 이야기하다 끝나는 건가요?' 하고 허무해한다. 하지만 정신과 의사인 내 경험에 비추어 보면 상처를 제대로 알고 분석하는 것만으로 치유 과정의 4분의 3 지점에 도달했다고 할 수 있다. 종양을 제거하는 수술에 비유하자면, 수술이 시작되고 종양에 다다르는데 전체 수술 시간의 대부분을 할애하는 것과 같다. 종양을 제거하고 나면 지혈과 봉합은 순식간에 이루어진다. 마찬가지로 상처를 분석하는 동시에 치유가 일어나고, 상처에 대해 충분히 시간을 갖고 이야기할수록 치유가 쉬워진다. 즉, 과정이 치유를 일으켜 그 과정을 잘 지켜보기만 해도 다음 과정인 '자신을 드러내는 치유의 문턱'에 도달하기가 수월해진다. 차분히 '자신에게 자신을 보여주는 일'에 시간을 투자하자. 내가 무엇을 두려워하는지, 무엇 때문에 힘이 드는지, 나를 드러내 놓아야 비로소 치유가 이루어지고, 때로는 누군가에게 이야기하는 것, 드러내는 것만으로 상당 부분 치유가 되기도 한다.

다시 강조하지만 자기 개방 없이는 치유가 일어나기 어렵다. 마음속에 있는 것은 잘 보이지 않는 법이며, 그것을 말로 드러내 놓으면 보다 명확하게 형상화할 수 있기 때문이다. 상처를 털어놓는 것, 그 자체가 매우 중요한 일이다.

치유를 향한 준비 ②
— 혼자만 힘들다는 편집증에서 벗어나기

다른 사람 앞에서 상처를 드러낼 때 기대할 수 있는 또 하나의 장점이 있다. 나와 같은 일을 하는 동료들의 다양한 사례를 듣다 보면 그 가운데서 내가 겪은 일도 심심찮게 발견할 수 있고, 결국 나만 힘들어하는 것은 아니라는 안도감을 느낄 수 있기 때문이다. '당신도 그런 일로 힘들어했네요, 나도 그랬는데' 하고 대화를 주고받는 자체만으로 치유가 일어나는 것이다.

나는 혼자고 내가 힘든 것을 아무도 모른다고 느낄 때, 고립감은 더 깊어진다. 또 나만 힘들다거나 내가 더 힘들다거나 하는 방식으로 생각하면 의심과 경계심만 늘어나서 불안감에 시달리게 된다. 이를 편집증적 상태라고 하는데, 인생을 힘들고 고통스럽게 하는 가장 원시적인 방식 가운데 하나이기도 하다.

반대로 나만 힘든 것은 아니라는 사실을 직시하면, 그것만으로도 마음이 편안해지는 경험을 할 수 있다.

혼자 있지 말고 모이고 참여하기

두려움을 계속 가두어 두면 더 큰 공포로 변한다. 공포는 또 위축을 포함하여 여러 방향으로 뻗어 나간다. 혼자서 공포를 떨치기는 무척 힘든 일이기에 비슷한 두려움을 가진 사람들이 모이기 시작하고, 비슷한 아픔을 가진 사람들이 모여서 지금 내가 무엇 때문에 두려운지 털어놓는 것으로 변화와 치유가 시작된다.

파커 파머의 책이나 프레네 교육에서 제시하는 교육적 대안 가운데는 교사의 변화가 많은 부분을 차지한다. 이때 가장 자주 언급하는 것이 '혼자 있지 않기'다. 어려운 상황이 되면 누구보다 혼자 있기를 좋아하는 사람들이 교사 집단이다. 다 그런 것은 아니지만 교사 집단은 어떤 문제가 생기면 반드시 '정답'이 있어야 한다고 생각하는 속성이 강하다. 어쩌면 이런 이유 때문에 우리나라에 프레네 교육이 확산되지 못하는 것은 아닐까 하는 생각이 들기도 한다. 프레네 교육에는 이른바 '답이 없는 경우가 허다'해서 애매모호한 채로 견뎌야 하고, 정해진 하나의 답이 아니라 여러 갈래에서 길을 찾아야 하고, 새로 길을 내기도 해야 한다.

우리는 빠르고 구체적인 해결책을 원하는 동시에, 거대담론에서만 해답을 찾으려는 경향이 강하다. 내가 털어놓은 문제, 함께 해결해야 할 과제를 굉장히 높고 큰 곳에서만 찾느라 털어놓은 이후에는 할 일이 없어져 버린다. 하려는 이야기가 죄다 거대담론이 되어서 언제 실현될지 모르기 때문이다. 이렇게 되면 교사 개인이 일상에서 실천하는 부분들은 하찮고 보잘 것 없는 일로 여겨지게 된다.

두려움을 털어놓고 자신을 치유하기 위한 작은 모임에서는 작은 것부터, 할 수 있는 것부터 시작해야 한다. 큰 변화는 오래 기다려야 하므로 당장에 해결책을 찾기보다 문제를 풀어 나가는 과정에 더 세심하게 관심을 기울여야 한다. 파커 파머가 〈온전한 삶으로의 여행〉에서 밝힌 것처럼, 퀘이커 교도들에게 배운 신뢰 서클은 구성원들이 해결책을 내놓지 않는 독특한 구조를 가지고 있다. '서로 고치려 하지 않고, 구하려 하지 않고, 충고하려 하지 않고, 바로잡으려 하지 않기'라는 규칙으로 운영된다. 우리에게 필요한 교사들 간의 모임도 이런 신뢰 서클에 가까워야 한다고 생각한다.

또 하나, 모임 안에서 성숙과 성장이 일어나게 하는 것이 중요하다. 가장 안타까운 일은 이런 모임이 생기고 나면 모임을 계속 키우려고 한다는 점인데, 어떤 모임이든 더 작게 만들겠다고 작정하지 않는 이상 커지게 마련이다. 여기에 모순과 함정이 있다. 모임을 만들었으면 그 모임에 참석한 개개인이 성장하고 성숙해져야 하는데, 사람은 늘 제자리면서 모임의 규모만 커진다. 사람이 모임에 매몰되어서는 안 된다.

상처 치유를 위한 고백과 성찰 훈련

'민주주의를 주장하기에 앞서 민주주의를 실천하라'는 말이 있다. 나는 여기에 '충실함이 해결책'이라는 말을 보태고 싶다. 모임을 통해 문제를 공유함으로써 얻어 낼 수 있는 충실한 해결책은 아이들과 인격적이고 좋은 관계로 지낼 수 있는 방법을 찾고 실천하는 것, 그리고 수업에 참여와 소통의 초대장을 더 많이 보내는 것이다. 즉, 학습과 토론, 고백과 성찰로 우리 자신을 다시 채워 나가는 것이다. 그리고 이에 기초한 실천 경험을 나누는 것이다.

교사 한 사람 한 사람의 실천 경험이 여러 교사에게 확산되고, 또 다른 경험이 추가되면서 극복해 나가기로 했던 실천 사항들이 교사 자신의 몸에 익숙해져야 치유가 일어난다. 숙달되는 것이 곧 성숙이다. 나의 아픈 마음을 털어놓았는데 이후에 별로 달라지는 것이 없다면, 아프다고 주장만 할 뿐 해결책을 몸에 익히지 못했다는 소리다. 재미있고 감동적인 수업과 관계를 통해 아이들과 연결되었다는 느낌을 갖는 것, 그 경험들이 계속 쌓일 때 진짜 관계 맺기가 시작된다.

그리고 이러한 경험들은 동료 교사에게 전파해야 한다. 이 과정이 없으면 충실함 없는 효율성, 말잔치일 뿐인 해결책, 이상적 수사들이 반복될 뿐이다.

영어 'mastery'는 '숙달, 정통, 장인'이라는 뜻을 담고 있다. 그리고 'master'는 '주인'이란 뜻이다. 즉, 그 문제의 주인이 되는 것을 말한다. 상처를 이해하고, 혼자 있지 말고 사람들과 함께 지내면서, 자기 문제를 오랫동안 들여다보고 깨우침을 얻는 것이 '숙달'이다. 그래서 어느 시점이 되면 '나는 꽤 많은 깨우침을 얻었고, 이제는 어느 정도 괜찮은 교사가 되었다. 이 정도면 충분하다'고 말할 수 있는 교사들이 지금보다 훨씬 많아져야 한다. 이렇게 되려면 마음껏 털어놓을 수 있는 개방적인 분위기와 서로 돕는 문화가 자리 잡아야 한다.

상처 치유의 동력
— 교사와 학생의 연대

좋은 의사를 만드는 가장 큰 동력은 역시 환자다. 의사들끼리 하는 말 가운데 '환자는 언제나 옳다'는 표현이 있다. 사실 실력 있고 유명한 정신과 의사들의 스승은 모두 환자였다. 환자의 정신세계, 내면세계에 더 깊숙이 들어가면서 결과적으로 인간의 내면을 더 많이, 더 잘 알게 되었기 때문이다. 그런데 그것은 자기 혼자 알아낸 것이 아니다. 수많은 동료 의사와 토론하고 연구하면서 결론을 얻는 과정에서 알게 된 것이다. 교사를 성장시키는 가장 큰 동력 또한 아이들임에 틀림없다. 그리고 교사를 가장 크게 변화시키는 일도 아이들과의 상호작용이다.

또 다른 치유의 동력
— 교사들 간의 연대, 위로, 격려, 존중

아이들 다음으로 교사를 달라지게 하는 동력은 동료 교사들일 것이다. 동료 교사와 상호작용과 피드백이 잘 이루어지고, 발전적인 토론이 가능한 학교에 근무하는 교사들은 무척 행복한 사람들이다. 교사들끼리 모여서 이것도 해 보자, 저것도 해 보자, 여러 가지 제안을 했는데 전부 거절당한 교사는 5년 뒤에 학교를 옮길 때까지 혼자 학교 밖을 배회해야 한다.

동료 교사에게 내면의 문제를 털어놓고 서로 도울 수 있는 학교 문화는 아이들이 협력하면서 생활하는 분위기를 만드는 데도 큰 역할을 한다. 한 학교에 이런 동료들이 많으면 더 이상 좋을 수는 없다. 가령, 생활지도에 어려움이 많은 아이를 혼자 감당할 때보다 동료 교사와 함께 이야기를 나누는 것이 해결점을 찾는 데 훨씬 도움이 된다는 것은 자명하다.

시소에서 내려오기

때로는 교사의 내면에서 한창 시소 게임이 벌어질 때가 있다. 이상주의와 냉소주의가 번갈아 오르락내리락하면서 마음을 어지럽힐 때다. 교사 연수라도 받으면 한동안은 아이들과 정말 잘 지낼 수 있을 것 같고, 상처받은 아이였는데 아무것도 모르면서 문제 있는 아이로 잘못 봤다며 반성도 하고, 새로운 의욕도 불끈불끈 솟는다. 그러다 다시 마음이 식으면 내가 잘못 본 게 아니라 원래 나쁜 아이였구나, 쓸데없이 열정을 소비하지 말아야지, 후회하기도 한다.

정신과 의사 멜라니 클라인Melanie Klein은 '우리의 마음 안에는 항상 의심과 평화의 자리가 있고, 이들은 상황에 따라 시소를 탄다'고 했다. 의심의 자리로 가면 모두 나를 돕지 않으려 하고, 나한테 피해를 주려고만 하고, 나를 잡아먹으려 하고, 나를 이용해 먹으려 하는 것처럼 느낀다. 그러다 평화의 자리로 옮겨 가면 모든 것은 원래 다 이유가 있는 법이야, 그럴 의도는 아니었겠지, 내가 더 잘 해야지, 하고 마음을 고쳐먹게 된다.

내가 지금 시소의 어느 쪽에 와 있는지를 아는 것만으로 자기를 이해하는 데 도움을 받을 수 있다. 그리고 행복한 교사로 살고 싶다면 의심에 휩쓸리지 않도록 중심을 잘 잡고, 가급적 냉탕과 온탕을 왔다 갔다 하지 않으려 노력해야 한다. 협력하고 연대하면서 교사로서 자기 정체성을 찾는 데 주력해야 한다.

4장

파커 파머가 제시하는 내면 치유 처방전

파커 파머의 처방전 ①

— 교사의 자각

　　　　　　　　　　긴 인생에서 우리는 하고 싶은 일을 얼마나 하면서 살고 있을까? 교사로 살면서 교사답게 가르쳤다고 할 수 있는 시간은 과연 얼마나 될까? 나는 내가 원했던 교사의 모습 가운데 얼마나 실현하고 있을까?

　스스로 이런 질문을 던지면서 교사로 사는 동안 아이들과 이것만큼은 꼭 해야겠다는 것이 무엇인지 찾아내는 일이 중요하다. 파커 파머가 〈가르칠 수 있는 용기〉에서 내린 처방전 가운데 '분리되어 살지 않기로 결정하기'의 실천 과제라고도 할 수 있다. 파커 파머는 또 〈온전한 삶으로의 여행〉에서 '사람은 원하는 삶의 모습을 간직한 채 그것과는 다른 이질적인 삶을 살기 때문에 괴롭다'고 말했다. 여기에 근거해서 말하자면 교사가 느끼는 행복이란, 내면에서 추구하는 것과 행동으로 나타나는 것이 온전히 교사로서의 삶과 일치해야 맛볼 수 있는 것이다. 또 교사로서 자신의 삶이 분리되지 않으려면 아이들에게 독을 줄이고 양분을 주어야 한다. 즉, '독이 든 양분'을 주면서 애증을 애정이라 포장했음을 자각하고, '아이들에게 이렇게 하면 안 되는데' 하면서도 그냥 해 왔던 일들을 최소화해야 한다.

예전에 알던 한 교사는 너무 진실한 나머지 융통성이 조금 없어 보일 정도였는데, 어느 날 때려서 내쫓아 버리고 싶을 만큼 미운 아이가 있다면서 화를 냈다. 게다가 이왕이면 그 일을 자기가 아닌 다른 교사가 해 주었으면 좋겠다고 했다. 말썽부리는 아이를 눈앞에 둔 교사라면 누구나 이런 생각을 할지도 모르겠다. 내가 하면 우아한 이력에 흠이 나고 이미지가 나빠질 테니까, 성질이 나쁜 다른 선생님이 그 아이랑 한판 붙어서 쫓아내 주면 고마울 것 같다는 이야기였다(이런 차원에서 보면 생활지도부장이나 학생부장도 일종의 희생양이라고 할 수 있다).

그런데 누가 하든 나도 성장하고 상대방도 성장하게 하려면 선한 마음으로 해야 한다. 부모든 교사든 상담자든 어른들이 갖춰야 할 중요한 덕목은 상대가 나에게 악을 행하고 독을 주었다고 해도 똑같이 미움이나 독으로 돌려주어서는 안 되는 '관용'이다. 흔히 '원수를 사랑하라'고 하면 그까짓 것 나도 할 수 있다고 생각할지 모르지만, 실제로 감정이 개입되면 원수는 아무리 미워해도 모자란다. 수업 시간에 심하게 떠들면서 나를 힘들게 하는 아이를 선한 마음으로 일관되게 대하면서 아이 스스로 중단할 때까지 기다릴 자신이 있는가? 아마 쉽지 않을 것이다. 하지만 파커 파머는 악을 악으로 갚는 대신 품어서 기다려주고, 내가 잘못된 행동을 하고 있다는 것을 알게 된 순간 멈추는 삶을 살 수 있어야 한다고 강조한다.

아이들로부터 '선생님, 좀 웃으세요'라는 말을 들었다는 한 교사는 자신이 그렇게 웃지 않는 줄 몰랐다고 했다. 자신이 아이들과 벽을 쌓고 지낸다는 것은 알았지만 아무리 그래도 웃어지지를 않더라고. 또 다른 교사는 자신이 아이들끼리 경쟁하도록 부추기고, 상과 벌로 조종 아닌 조종을 하고 있다는 것을 깨닫고 깜짝 놀랐다는 이야기를 들려주기도 했다.

교실에서 소리 지르기, 욱해서 독이 되는 말 내뱉기, 웃지 않기, 경쟁 부추기기, 이런 것들을 하고 있다면 당장 멈추어야 한다.

파커 파머의 처방전 ②
— 교사의 실천

파커 파머가 제시하는 또 하나의 처방은 '공동체 결성하기'다. 앞 장에서 '작은 모임'을 가져 볼 것을 권한 것과 같은 맥락이다. 교사들은 수업을 사적인 것으로 인식하는 경향이 강한데 수업은 공적인 것이다. 따라서 공적인 행위인 수업을 위해 교사들끼리 마음을 열고 협력하는 구조를 만들어 나가야 한다.

파커 파머의 처방전 ③
— 비전을 가지고 공적인 장으로 나아가기

나 혼자서만 하는 게 아니라 다른 사람들과 함께 연구하고 모색하고 공유하면서 교실과 사회를 연결해야 한다. 그리고 공적인 수업에는 반드시 비전이 동반되어야 한다.

파커 파머는 아이들의 작은 이야기와 사회의 큰 이야기를 연결시키라고 제안한다. 오늘날 우리 아이들이 겪는 작은 일들은 사회의 어떤 일과 깊은 관련이 있고, 반대로 사회의 큰 이야기가 아이들의 소소한 생활과 감정에 영향을 미치기도 한다. 이런 사실들을 수업을 통해 알게 해 주는 것이 교사가 할 일이라는 것이다. 이것도 수업을 공적으로 만드는 과정의 하나다.

파커 파머의 처방전 ④
— 처벌과 보상 시스템 변경하기

많은 교육학자들이 교실은 사회의 축소판이라고 말한다. 공적인 공간인 교실에서 나는 정말 협력을 권장하는지, 교실이 공동체임을 이야기하는지, 또 어떤 처벌과 보상을 사용하는지, 스스로에게 물어보자. 공동체에 걸맞게 처벌과 보상 시스템에도 변화를 주어야 한다. 특히 교사는 '잘한다, 못한다, 맞다, 틀리다'와 같은 표현을 조심스럽게 사용해야 한다. 잘하는 아이들에게 잘한다고 말하는 것, 못하는 아이들에게 못한다고 말하는 것을 당연하게 여기는데, 교실에서 이런 말들을 사용할 때는 매우 신중해야 한다. 잘하는 아이에게 잘한다고 칭찬하는 것이 잘하는 축에 끼지 못하는 대다수 아이들에게는 편애의 증거가 되기 때문이다. 즉, 보상 차원에서 한 말이 결과적으로 '처벌'이 될 수도 있다. 이미 잘하고 있는 아이에게 그렇게 말하는 것조차 경우에 따라서는 그 아이를 처벌하는 일이 되기도 한다. 처벌과 보상을 잘못 적용했을 때는 교사가 역공격을 당하는 일이 벌어지기도 한다. 아이들이 '저 선생님은 잘하는 애들만 예뻐해. 그래서 나를 싫어해' 하고 말이다.

우리 사회의 전반적인 풍조가 결과를 놓고 잘했다 못했다 말하는 데 익숙하고, 노력과 과정에 대해 칭찬하는 데는 인색한 편이다. 여러 번 강조하지만 칭찬의 대상을 결과가 아니라 노력과 과정으로 바꾸어야 한다. 과정을 견디고 노력한 것을 칭찬하는 일이야말로 교실에서 민주주의를 확대하고 실천하는 방법이다. 교실을 사회의 축소판으로 받아들인다면 수업을 공적인 행위로 만들기 위한 이러한 노력들이 필요하다.

5장

행복한+피곤한 삶을 살 준비가 되었는가

상처받는 교사의 삶

되풀이해서 말하지만 내가 나쁜 교사라서, 혹은 부족한 교사라서 아이들과 지내기가 힘든 것이 아니다. 교사 개개인의 불성실이나 아이들에 대한 무관심, 사랑 부족, 나아가 애국심 부족 때문에 생기는 문제들이 아니라는 뜻이다. 지금의 교육제도가 교사들을 힘들게 하고, 자유롭지 못하게 하며, 본인의 의지와 상관없는 외부 요인들이 서로 상처를 주고받게 만든다.

교사가 받는 상처를 개개인의 문제로 치부해 버리면 아이들과 관계 맺기는 더욱 힘들어진다. 따라서 앞서 언급한 대전제들이 교사에게 어떻게 상처를 주는지 교사들이 알았으면 좋겠다. 그래도 문제를 해결하려면 교사가 주체가 될 수밖에 없다. 교실에서 이루어지는 수업 속에서,

자신의 생활 속에서, 혼자 혹은 동료들과 풀어 나가는 방법밖에 없다.

교사에게 상처를 주는 사실(전제)들의 변화 ①
— 학생과 함께하는 교사

여러 번 말했듯이 아이들은 원래 어른 말을 잘 듣지 않는다. 선생님 말을 들으려 하지 않고 자기 말만 하려고 한다. 그런데 내가 보기에는 교사도 아이들과 별로 다르지 않다. 어쩌면 아이들보다 더 심할지도 모른다. 이른바 '선생님병'에 걸려서 아이들의 말은 듣지 않고 자신의 말을 먼저 들으라고 명령한다. 한데, 아이들이 교사의 말을 조금이라도 잘 듣도록 하고 싶다면 강요와 명령을 하지 말고 교사가 먼저 아이들의 이야기를 들어 주어야 한다.

또 아이들은 원래 선생님을 좋아하지 않는다. 이것이 바꿀 수 없는 현실이라면 교사가 먼저 아이들을 좋아하면 된다. 자신이 환대받지 못하는 존재라고 실망하기에 앞서 내 교실에 들어오는 아이들을 먼저 환대해 주면 된다.

가르치는 문제도 마찬가지다. 교사는 자신이 가르치고 싶은 것을 가르쳐야 하지만, 가르치고 싶지 않은 것도 가르쳐야만 하는 것이 현실이다. 그렇다면 시간 확보와 분배가 중요해진다. 가르치고 싶지 않으나 가르쳐야만 하는 것들은 핵심만 추려서 최단 시간에 끝내고, 나머지 시간을 자신이 꼭 가르치고 싶다고 생각한 것에 할애하면 된다.

특별히 친분을 쌓지는 않았지만, 고등학생 시절 내게 아주 많은 영향을 준 선생님이 있다. 지구과학 선생님이었는데 '쓸 데 없는 것을 가르쳐서 미안한데, 시험에는 많이 나오니까 무작정, 죽어라고 외워라' 하고는 전원이 '달달달' 외우게끔 했다. 그리고 나머지 시간에는 과학자들의 사생활, 불교 이야기 등 교장선생님이 알면 난리가 날 만한 수업을 했다. 당시에는 있을 수 없는 일이었는데, 노트 필기로 점수를 매기기도 했다. 평가 기준은 노트 필기와 시험, 숙제로 내준 독후감이었다. 노트는 반을 접어서 한쪽에는 시험에 나올 만한 핵심 내용 요약으로 채우고, 나머지 한쪽은 소감을 적게 했다. 또 선생님이 정해 준 권장도서를 읽고 독후감을 써서 내야만 했다. 지금은 그때 외웠던 고생대, 중생대의 주요 특징은 싹 잊었지만 이상하게도 수업 외에 들려준 이야기들은 거의 기억난다. 불교와 자연과학의 상관관계, 아인슈타인의 이론과 공즉시색색즉시공이 통한다는 것 등. 나는 그 선생님 덕분에 지금의 내가 있다고 믿는다. 특히 대안학교를 만들 때 큰 도움을 받았다.

그 선생님은 가르치고 싶지 않은 것은 짧은 시간 안에 확실하게 가르쳐서 끝내고, 남은 시간에는 과학에 대한 호기심을 불러일으킬 만한 이야기를 해 주셨다. 당시로서는 찾아보기 힘든 개혁적인 교사랄까, 피곤한 삶을 자청했다고나 할까, 특별히 기억에 남는 선생님이다.

프레네 교육에서도 '교사로 산다는 것은 피곤한 삶을 선택한 것'이라고 말한다. 어쨌든 공교육 기관이기 때문에 관할 교육청에서 지시하는 일들은 일단 처리해야 한다. 하지만 '아이들과 하고 싶은 것'을 더 많이 하기 위해 노력한다. 가르치고 싶은 것을 가르치고 아이들과 함께 나누기 위해서는 약간의 피곤함을 감수할 각오가 되어 있어야 한다.

교사에게 상처를 주는 사실(전제)들의 변화 ②
— 서로 돕는 교사 문화 만들기

교사들은 가르치는 일 말고도 많은 일을 해야 한다. 그렇다면 일을 현명하게 분담할 줄도 알아야 한다. 수업 이외의 업무를 해야 하는 것이 옳은가 아닌가를 따지기 이전에 업무 분담을 하는 것이 훨씬 합리적인 방법이다. 그리고 지금의 고통에서 벗어나려면 교사들끼리 돕는 문화를 만들어 정착시켜야 한다. 교사가 행정 업무로부터 부담을 덜 느끼도록 환경이나 제도를 개선하는 과정이 필요한 것은 분명하지만, 큰 환경을 바꾸는 데는 시간이 오래 걸린다. 지금, 학교에는 행정 업무로 우울해하거나 학교에 나가기 싫어하거나 다른 학교로 옮기고 싶다는 생각을 하는 교사들이 너무 많다. 교사들끼리 잘 협의하고 분담해서 처리하는 것이 당장의 해결책이 될 수 있고, 분담이 잘 이루어지면 특정 개인이 자신을 다 소진할 만큼 많은 양의 업무를 도맡아 하지 않아도 된다. 교사 사회는 서로 돕는 문화가 발달하지 않았다는 전제를 과감히 버리고, 서로 돕는 문화를 만들자.

칭찬받기를 바라지 말고 자화자찬하라

사회는 교사를 칭찬하지 않는다. 의사들도 술자리에서 모이면 고충을 토로할 때가 있다. 의사들이 괴로운 이유는 국민이 자기들을 싫어한다는 것 때문이다. 의사들은 자기네가 대한민국 의료 제도의 피해자라고 생각한다. 교사도 마찬가지다.

그런데 의사도 교사도 스스로 피해자네 희생양이네 하며 괴로워하지만, 밖에서 보는 시선은 돈 잘 버는 직업, 혹은 정년이 보장된 철밥통일 뿐이다. 무슨 사건이 벌어지면 싸잡아서 비난받는 대상이기도 하지만 맞선 상대로 의사가 나오면 대놓고 부러워하고, 여교사랑 결혼하면 '봉 잡았다'며 덕담을 건넨다. 교사란 직업은 이렇게 이중의 잣대를 들이대는 것만으로 괴롭다. 하지만 사회가 교사를 칭찬하지 않는다고 화만 내지 말고, 먼저 나서서 자신들의 공로나 귀감을 널리 알리는 것은 어떨까? 사회가 우리를 칭찬하도록 바꾸는 데는 시간이 걸리지만, 우리가 우리 안의 귀감을 널리 전파하는 일은 당장이라도 할 수 있다. 그리고 반드시 필요한 작업이기도 하다. 교사들의 작지만 아름다운 실천이 교내에 알려지고, 학부모들에게 알려지고, 나아가 지역사회에도 알려져야 한다. 우리가 아이들을 정말 잘 돕고 있다는 것을 아이들도 알아야 하고, 학부모도 알아야 하고, 교육청도 알아야 하고, 국민도 알아야 한다. 왼손이 하는 일을 오른손이 모르게 할 필요는 없다.

긍정의 자기 검열을 하라

'이건 아닌데…' 하면서도 어쩔 수 없이 가르칠 때, 아이들에게 주는 가르침에는 독이 들어 있다. 그리고 이 사실을 깨닫자마자 '이게 독인데, 내가 오늘 또 아이들에게 독을 주었구나' 하는 생각에 괴로워진다. 그동안 몰랐는데 내가 애정이라는 이름으로 아이들을 미워하고 있었구나, 입으로는 사랑한다고 말하면서 혼내고 있었구나, 이를 알게 된 순간부터 마음은 한없이 불편해진다.

하지만 이런 생각에서 빨리 벗어나야 한다. 머릿속에서 맴도는 부정과 자책의 감정을 지우지 않으면 '나는 무엇인가를 못하는 사람'이라는 짐을 짊어지게 되고, 이후로도 계속 '나는 왜 못하나, 나에겐 무엇이 부족한가'를 끝없이 묻게 된다. 내면에 또 하나의 상처를 새기게 되는 것이다. 그리고 여기부터가 교사들이 중심을 잘 잡아야 하는 지점이기도 하다. 자신의 부족함을 찾는 질문은 스스로를 결핍의 구덩이에 몰아넣기 때문이다.

자기 점검을 하려고 질문하는 것 자체가 나쁜 것은 아니다. 다만 어떤 방식으로 하는가가 중요하다. '지금도 꽤 노력하는데, 지금도 충분한데'라는 전제가 깔려 있어야 한다. 또 성장에 도움이 되는 질문, 긍정적 자극이 되는 질문, 긍정적 요소를 생산하는 질문을 해야 한다. 즉, 긍정의 자기 검열이 필요하다.

현실적 전제로부터 변화의 방향으로 나아가기
- 나는 혼자고 아이들은 다수다.
- 아이들은 말을 듣지 않는다(아이들과 연결하기).
- 아이들은 교사를 좋아하지 않는다(아이들의 말에 귀 기울이기, 먼저 아이들을 환대하기).
- 교사는 가르치고 싶은 것도 가르쳐야 하지만 가르치고 싶지 않은 것도 가르쳐야 한다(가르쳐야 할 것들을 확보하고 호감을 느끼도록 가르치기).
- 현명하게 일을 분담하고, 교사 간 협력 문화를 발전시킨다(돕는 문화 만들기).
- 사회는 우리를 칭찬하지 않는다(우리 안의 귀감 널리 전파하기).

"목표를 이루어서 행복한 것이 아니라
비슷한 꿈을 함께 꾸면서 비슷한 길을 가기 때문에 행복한 것이다."
줄리앙

"슬픔이 변하여 춤이 되게 하시니."
시편 30:11

Part 6
행복한 교사

1장 행복한 교사에 다가서기

2장 불행한 교사의 자화상

3장 교사 회복 프로젝트 — 레질리언스 워크숍

4장 교사들이 만든 '행복한 교사 십계명'

1장

행복한 교사에 다가서기

행복한 교사의 조건 ①
— 연약함 인정하기

 자기 계발서를 읽으면서 밑줄을 긋고, 와 닿는 구절을 공책에 적다 보면 한동안 자신에게 변화가 일어난 것 같아서 기분이 좋아진다. 새로운 삶에 대한 기대감으로 마음이 한껏 부풀기도 한다. 그런데 시간이 지남에 따라 '왜 내 삶은 여전히 제자리지?' 하는 의문이 고개를 든다. 이런 상태가 몇 번이고 반복되는 것은 변화에 대한 여건이 마련되지 않았거나, 자신이 기대한 만큼 변할 수 있는지를 잘 따지지 못한 상태에서 무조건 변화만 추구했기 때문일 것이다.

 자기 계발서에 나와 있는 수많은 문구들은 우리가 조금만 노력하면 금방이라도 그 조건에 도달할 수 있는 것처럼 이야기한다. 하지만 실제로 그런 변화를 얻으려면 엄청나게 많은 장애물을 뛰어넘어야 하고, 그 많은 장애물을 뛰어넘으려면 여간 강인하지 않아서는 안 된다.

따라서 지금부터 말하는 '교사가 행복해지려면'이라는 주제에 대한 논의는 '우리는 강하지 않다'는 사실을 인정하는 것에서부터 시작하라고 당부한다.

자신이 처음 가졌던 포부, 의욕, 꿈을 모두 이루어 내기란 그 어떤 교사에게도 결코 쉬운 일이 아니다. 교사 개개인의 능력이나 정신력이 아무리 강해도 현실 속 과제나 장애, 방해물이 너무 크고 높아서 가지고 있는 희망을 모두 성취하기란 불가능에 가깝다. 꿈꾸는 교사상이 실현될 때란 자신과 비슷한 다른 동료, 자신을 지지해 주는 아이들과 학부모, 좋은 학교 시스템이 유기적으로 반응할 때뿐이다. 먼저 아이들과 내적인 연결을 통해 마음을 열어 주면 아이들이 변할 수 있고, 이에 반응하듯 동료 교사들이 변할 수 있다. 그러면 학교와 학부모도 변하게 된다. 이렇게 주변에서 서서히 변화를 보일 때 사회에도 변화를 제안할 수 있다.

교사 개개인은 그렇게 강하지 않으며, 어떤 위대한 교사도 혼자 교육 전체를 뒤바꿀 수는 없다. 강해지려고 애쓰며 혼자 모든 것을 해결하려는 순간, 어느새 불행으로 가득 찬 자신을 발견하게 될 뿐이다. 불가능한 싸움을 시작하기 위해 에너지를 낭비하지 말고, 행복한 교사가 되는 것은 홀로 '위대한 영웅'이 되겠다는 생각을 버리는 데서 출발한다는 것을 명심하자. 모든 변화의 출발은 우리가 연약하다는 것을 인정한 순간부터 가능하고, 그래야 비로소 변화의 조짐을 느끼고 행복을 향해 나아가는 자신을 찾을 수 있다. 그렇다고 해서 강하지 못하다는 사실을 인정하는 순간 자신이 연약해진다고 느낄 필요는 없다. '편안한 마음'이 더 강한 힘을 발휘할 수 있기 때문이다.

행복한 교사의 조건 ②
— 행복을 받아들이는 자세

"행복에는 정답이 없습니다. 동료 교사들과 행복에 대해 토론한 뒤에 상처만 더 받았다는 이야기를 저에게 털어놓은 교사가 있습니다. 수많은 행복에 대한 이론서가 있고, 교직 10년차 이상의 경험이 있으면 나름대로 교사가 이래야 행복할 수 있다는 견해가 생길 수도 있습니다. 그런데 행복에 대한 이야기를 하는 토론 과정에서 마치 우리는 정답이 있는 것처럼 이야기하면서 다른 사람의 행복은 행복이 아니라고 말하기 시작했습니다. 행복을 문제 풀듯이 하면서 결국 누가 답이냐를 놓고 싸웠습니다. 그러더니 한 줄씩 밖으로 나가 버렸습니다. 결국 우리는 모두 행복에 대해 토론하는 것에 불행을 느끼고 말았습니다. 행복에 대한 수많은 이론들 가운데서 가장 옳은 행복 이론을 찾는 것은 불가능합니다. 행복은 매우 주관적이고, 상대적이며, 옳고 그른 것의 문제가 아니기 때문입니다. 여러 신문에 소개된 '가난한 나라의 행복'에 부자 나라 사람들이 이해하지 못하는 것도 행복에 대한 나라마다의 조건과 문화, 수용의 차이가 있기 때문입니다. 제가 오늘 여기서 행복 이야기를 하는 것은 행복 자체를 학문적으로 말씀드리고 싶어서가 아니라, 우리가 행복에 대한 이야기를 나누는 것이 답이 없는 토론을 하는 것이라는 이야기를 하고 싶어서입니다. 정답을 찾기 위해 책을 열기보다 자신에게서 찾으려 노력하고, 그것을 존중하고, 함께 이야기를 나누면서 다른 사람의 행복에 대해서도 들어 보는 것이 지금 우리에게 필요한 일입니다."

이 내용은 샘 엠 인트레이터가 엮은 책 〈용기 있게 가르쳐라〉에 나오는 대목으로, 어느 교사가 교사들의 치유와 회복, 성장을 도모하는 워크숍에 참가하고 나서 더 혼란스러움을 느끼고 상처만 받고 왔다는 이야기다.

이래야만 교사가 행복해진다, 행복해지려면 이래야 한다는 식의 '행복 도그마'는 있을 수 있다. 하지만 행복에 대해 맹신에 가까운 이상형을 갖고 있으면 다른 사람들이 말하는 행복이 더 이상 내 귀에 들어오지 않게 된다. 그래서 앞의 교사도 워크숍에서 불편했을 것이다. 저 사람은 행복하다고 말하는데 과연 진정한 행복일까? 그가 주장하는 행복만이 행복일까? 이런 의문이 들면 매우 불행한 토론이 이어질 수밖에 없으므로. 물론 교사들에게도 교사로서 느끼는 행복의 표상이 있을 것이다. 어느 교사는 마음먹은 대로 흘러가고 있을 때 행복을 느끼고, 또 어느 교사는 아이들과 소통이 잘 이루어진다고 느낄 때 행복감을 맛볼 수도 있다. 혹은 자신은 행복하지 않아서 행복의 표상이 무엇인지 아예 모르겠다고 말하는 교사도 있을 수 있다.

사람들은 흔히 자신이 어떤 것에 행복을 느끼면 다른 사람도 마땅히 그래야 한다고 착각하는 경향이 있다. '내가 아는 행복은 오직 이 길뿐이야'라고 확신하면서 자신과 다른 의견을 가진 사람에게 동의하지 못한다. 하지만 자신만의 행복을 행복이라고 생각하는 것, 남에게 자신의 행복을 강요하는 것은 진정한 행복일 수 없다.

하나의 예를 들어 보자. 아침에 잘 못 일어나는 아이가 있었다. 그 아이의 기상 시간은 오후 3시. 날마다 아이와 실랑이를 벌이던 어머니는 몇 년을 싸우다 지쳐서 '성장학교 별'에 데려왔다. 한 달 정도 아이가 학교생활을 잘하자 어머니는 너무 행복해했다. 그러다 아이가 다시 늦게 일어나기 시작했다며 슬픔을 호소했다. 나는 '어머니, 이 문제는 아이가 해결해야 하니까 너무 신경 쓰지 마세요. 저도 신경 안 쓰려고요' 했더니 무척 당황스러워했다. '아이가 학교를 더 매력적인 곳으로 느끼도록 저희가 노력할 테니 어머니도 아이와 싸우지 말고, 아이가 왜 그러는지 이유를 들어 주고, 때로는 자고 있을 때 그냥 모른 척해 주라'고도 말했다. 아이의 행동이 나를 불편하게 하지 않는다고 생각하면, 또는 아이 때문에 내가 불행하지 않다고 생각하면, 마음은 한결 가벼워진다. 그리고 그때 행복에도 한 걸음 더 가까워질 수 있다.

2장

불행한 교사의 자화상

불행한 교사의 자화상 ①
— 과잉 전략

　　　　　　　　　　몇몇 교사들에게 어떤 교사를 불행하다고 생각하는지 물어본 적이 있다. 남 탓 많이 하는 교사, 상황을 탓하는 교사, 가장 불쌍한 경우는 자신을 탓하는 교사라고 했다. 궤변처럼 들릴 수도 있겠지만 불행한 교사를 통해서 행복해지는 법을 배우는 것도 꽤 설득력이 있지 않을까 생각한다. 행복한 교사란 어떤 교사인가를 말하면 자칫 도덕 교과서처럼 들릴지 모르니까 반대로 불행한 교사에 대해 말해 보자.

　불행해지기 위한 첫 번째 요건은 과잉 전략이다. 과잉 전략에 빠지면 마치 목숨을 건 듯이 모든 일에 지나친 노력을 기울인다. 너무 큰 의욕을 가지고, 너무 많이 생각하고, 너무 많이 일한다. 특히 교사들에게 가장 스트레스를 주는 일은 과잉 통제다. 앞서 말했다시피 아이들은 원래 말을 잘 듣지 않는 존재다. 특히 요즘 아이들은 절대 선생님이 하라는 대로 하지 않으며, '스승의 그림자를 밟아서는 안 된다'는 말은 알지도 못한다. 이런 아이들을 목숨 걸고 통제하려는 것은 교사가 불행해지는 지름길이다.

둘째, 불행해지고 싶으면 아이들을 닦달해서 성적을 올리면 된다. 성과에 목숨을 거는 것은 비단 교사들만의 문제가 아니다. 현대인들의 가장 큰 스트레스가 성과주의에서 생겨나는 것처럼(얼마 전에 자살한 백화점 직원도 성과주의에 따른 희생자였다), 학업 성취도, 관내 등수 등 교사를 압박하는 성과들은 많다. 이것이 교사에게 스트레스가 되고, 교사를 통해서 아이들에게도 전이된다. 연쇄 반응을 일으키는 스트레스로 인해 많은 교사가 자신을 불행하다고 여긴다.

셋째, 아이들과의 논쟁, 혹은 동료들과의 논쟁에서 항상 자신이 옳다는 데 목숨을 거는 교사도 불행에 빠지기 쉽다. '나는 절대 아이들에게 질 수 없다'는 생각을 가지고 아이들을 상대하면 모든 아이들이 내게 싸움을 걸거나 도전해 오는 것처럼 보인다.

불행한 교사의 네 번째 유형은 신이 되려 하는 교사다. 인성 지도, 인격 개조, 학습 개조 등 새로운 인간을 탄생시키고 싶다는 욕망에 빠지는 일은 불행의 문을 활짝 여는 것과 같다. 자신이 담임을 맡은 동안에는 아이들이 다 내 말에 따르도록 하겠다며 학급 관리를 열심히 하는 교사가 있는데, 교사가 이런 생각을 할 때 아이들은 결코 행복해하지 않는다. 아이들을 불행에 빠뜨린 교사는 행복에서 점점 멀어진다.

불행한 교사의 자화상 ②
— 과소(억압) 전략

과잉도 문제지만 지나친 억압, 자제 또한 불행으로 가는 지름길을 안내한다. 퇴근 시간이 되자마자 학교를 나간다는 교사들이 있는데, 이런 유형의 교사들이 주장하는 불만은 이렇다. '각자 자기 역할을 충실히 수행하면 아무 문제가 없는데, 꼭 누군가 자신의 역할을 제대로 하지 않아서 자기한테 일이 더 돌아온다'는 것이다. 그런가 하면 '교사는 수업만 잘하면 되지' 하고, 자신을 그저 가르치는 기술자 정도로만 인식하는 교사도 있다. 이 또한 불행한 교사들이다.

학교에서는 말하면 할수록 손해다, 학교에서는 자신의 본모습을 가능한 한 내보이지 않는 게 좋다, 괜히 아는 척하거나 할 수 있는 척했다가 일만 더 맡게 된다, 이렇게 생각하는 교사들에게는 공통된 말버릇이 있다. '뭘 그렇게 혼자 다 하려고 그래? 할 수 있는 것만 하면 되지.' 얼핏 들으면 합리적인 것 같지만 사실은 밑바닥에 자신이 하고 싶지 않으니까 동료 교사까지 하지 못하게 선동하는 마음이 깔려 있다. 그리고 이런 교사들 가운데는 개인이 성장해야 조직도 성장하는 것이라며 개인과 조직 사이에 갈등을 조장하기도 한다.

인내심이 최고의 덕목이라며 이동 발령이 날 때까지 버티는 교사들도 있다. 언제든 옮길 때가 되면 옮기면 그뿐이라는 것이다. 사실 공립

학교 교사들 가운데는 마음 한구석에 늘 이런 생각을 품고 버티는 교사들이 꽤 된다.

과잉 전략을 쓰든 억압 전략을 쓰든 다 자기 행복을 위해서 그러는 것이겠지만 전략을 잘못 세우면 행복해지기 위해서 했던 일들이 나중에 불행으로 되돌아올 확률이 높아진다. 또 본인은 행복하다고 느낄지 몰라도 옆에 있는 사람들은 매우 불행하게 봄으로써 결국 자신이 불행하다는 것을 모르는 사람이 되어 버린다. 진정한 행복에 이르는 길을 모르는 채 자기만의 울타리에 갇혀서 사는 어리석은 사람이 되는 것이다.

불행한 전략을 쓰는 교사들

교사들은 왜 행복해지겠다고 하면서 불행해지는 방법만 선택하는 것일까?

첫 번째 이유는 행복해지고 싶다는 마음만 강할 뿐 정작 '행복한 교사'의 모습이 어떤 것인지 모르기 때문이다. 주위에 있는 이들 가운데 누가 행복한 교사인지도 모르고, 무엇이 교사로서의 행복인지도 모른다는 것은 참 가슴 아픈 이야기다. 이제까지 자신이 보아 왔던 대로 그냥 그렇게 살아가는 교사들 모습밖에는 아는 게 없으니 행복해지는 방법 또한 모른다.

두 번째 이유는 행복을 '고통이 없는 상태'로만 정의하기 때문이다. 흔히 행복은 백 퍼센트 긍정적인 상태라고 여겨서 행복을 느끼는 순간에는 그 어떤 부정적인 것도 끼어들어서는 안 된다고 생각하기 쉽다.

하지만 세상에 그런 것은 존재하지 않는다. 행복을 얻기 위해서는 최소한의 고통을 감내해야 하고, 고통을 동반하지 않은 행복이란 허황하기까지 하다. 자꾸 불가능한 것을 손에 넣으려 하기 때문에 더 불행해지는 것이다.

세 번째 이유는 '자신만의 행복 잣대'를 갖고 있기 때문이다. 언제나 행복의 기준을 자신에게만 둠으로써 타인이 행복해져야 자신도 행복해질 수 있다는 사실을 놓친다. 가령 자기 생각대로 되는 것만 행복이라고 믿기에 아이들에게 머리카락을 빡빡 밀라고 해 놓고 그것을 보며 흡족해한다. 정작 머리를 민 아이는 교사에게 그 어떤 존경이나 신뢰도 보여 주지 않는데 말이다. 이는 민머리가 된 아이들의 심정은 눈곱만큼도 헤아리지 않고 자기 기준에서만 생각하기에 할 수 있는 일이다.

네 번째 이유는 행복이 꼭 어떤 기준에 도달해야만 가능하다고 여기며 현재의 행복감을 뒤로 미루기 때문이다. 이런 사람들은 현재가 늘 불행할 수밖에 없다. 어느 교사에게 이런 이야기를 들었다. 누구도 부정적인 평가를 할 사람이 없을 정도로 완벽해 보이는 후배가 있는데, 너무 겸손을 떨어서 좀 밉살스럽다는 것이다. 자신이 볼 때는 수업도 잘하고, 아이들한테도 잘해서 아이들도 그를 잘 따른다고 한다. 그런데 주변에서 칭찬할 때마다 '제가 잘하기는 뭘요. 이 정도 가지고'라며 손사래를 친다고. 이 교사는 현재의 행복은 모른 채 더 높은 기대치만 갖고 사는 것 같다고 했다.

다섯 번째 이유는 남을 따르는 것에서만 행복을 찾기 때문이다. 평판이나 체면만 소중히 여기고 자신의 진정한 욕구는 잘 알아차리지 못하거나 천대하는 사람들이 여기에 속한다.

여섯 번째 이유는 교직이 아닌 다른 곳에서 행복을 찾기 때문이다. 내가 가장 많은 시간을 들여 일하는 곳에서 행복을 찾지 못하고 엉뚱한 곳에서 행복을 찾는다는 것은 어불성설이다. 다른 곳에서 잠깐이야 행복을 맛볼 수는 있겠지만 장기간 계속되면 해리 현상이 일어난다. 교사가 교사로서 살아가는 일에 중요한 의미를 부여하지 않으면, '내게는 다른 일이 있으니까 괜찮아' 하고 자기변명만 되풀이하게 된다. 한마디로 교사이면서 교사로서의 행복을 찾지 않는 것도 죄다.

아이들과 수학여행을 다녀왔다는 어느 교사가 이제까지 한 번도 보인 적 없는 행복한 미소를 지으며 '애들하고 수업만 하지 않으면 교사 생활도 꽤 괜찮은 것 같아요'라고 말했다. 그 말을 듣는 순간, 왠지 그는 더 이상 교사이고 싶어 하지 않는 것 같다는 생각이 들어서 마음이 불편했다. 의외로 많은 교사가 아이들이 없으면 학교도 다닐 만하다, 가르치지 않으면 교사도 할 만하다, 하는 농담을 하는데 아무리 농담이라도 교사로서 겪는 정체성의 혼란과 고충이 한꺼번에 느껴져서 착잡해진다.

일곱 번째 이유는 무엇이 행복한 교사의 모습인지 모르기 때문이다. 교사들은 소외되어 있고, 한 사람 한 사람 개인적인 존재로만 생활한다. 자신을 노출하지 않는 것을 이상적으로 여기고, 그것이 현실로 정착한다. 1년을 함께 일해도, 3년을 함께 일해도 옆자리 동료에 대해 잘 모르는 경우가 허다하다. 동료가 행복한지 불행한지는 더더욱 모른다. 설령 존경하는 선배 교사는 있어도 그의 삶 자체가 행복한지 아닌지는 모른다. 물론 행복한 교사상이 어떤 것인지도 아예 모른다.

교사들이 진정한 행복이 무엇인지 모르고, 행복한 교사란 어떤 것인지도 모르기 때문일까, 아니면 태생적으로 불행을 안고 사는 것이 교사라는 직업이기 때문일까, 놀랍게도 교사 직무 연수 60여 개 가운데 40개가 넘는 과목에 '행복'이라는 단어가 들어가 있다. '행복한 학교생활을 위한', '행복한 교실 만들기', '행복 찾기', '교실에서 행복해지는 법', '교사로서 행복하게 살기', '행복 독서' 등등. '행복'이라는 단어가 넘쳐난다는 것은 현실이 불행하다는 반증임에 틀림없다.

헛똑똑 증후군에 걸린 교사들

예전에 '헛똑똑 엄마 증후군'이라는 글을 써서 좋은 반응을 얻은 적이 있다. 자신은 있는 힘껏 노력을 하는데 아이는 물론이고 본인마저 불행하게 된 경우를 일컫는 말이다. 내가 가장 안타깝게 생각하는 사람들이기도 하다. 이번에는 불행을 안고 사는 헛똑똑이 교사의 특징을 살펴보자.

헛똑똑이 교사는 언제나 아이들에게 최선을 다하지만 아이들은 자신을 잘 따라오지 못한다고 생각하며, 또 자신이 하려고 하는 것을 교육제도가 잘 받쳐 주지 못한다고 생각한다. 게다가 자기 방법은 다 옳다고 확신하며, 의견이 다른 동료가 있으면 그들은 능력이 나보다 한참 뒤처질 뿐만 아니라, 혼자서는 제 할 일을 못해 주변까지 불편하게 만든다고 여긴다. 무엇보다 평가를 잘 받는 것이 중요하다고 맹신해서 항상 결과를 최우선에 놓는다. 또 체면 유지를 중요하게 여기며, 불평·불만투성이면서도 자기가 매우 좋은 사람이라고 착각한다.

그런데 이런 교사들은 일정 시기가 되면 폭발하듯 우울 증세를 보인다. 자기는 최선을 다했고, 능력도 있고, 평판도 좋은데 아이들이나 동료들이 자기를 싫어한다는 사실을 깨닫기 때문이다.

'헛똑똑 증후군'에 빠졌던 한 교사는 자신의 지난 삶을 돌이켜보니 참으로 힘들게 살아왔더라고 한탄했다. 지금 자기 주변에는 사람이 없고, 최선이라고 생각했던 것들이 가져다준 결과는 최악이 되고 말았노라고 인정했다. 왜 그렇게 살아왔냐고 물었더니, 사랑하면 모든 것을 바쳐서 최선을 다해야 한다고 생각했다는 것이다. 그런데 주변에서 모두 '네 생각이 잘못됐다, 넌 진정한 사랑을 모른다'고 했을 때 배신감과 낭패감이 뒤섞여 감당이 안 되더라고.

또 어느 고등학교 교사는 학교에 대한 불만이 정말 많았는데, 주말에는 진도를 따라오지 못한 아이들을 불러서 따로 지도할 만큼 아이들에게 최선을 다했다. 다른 학교에 있는 그를 지금 학교 교장선생님이 스카우트했을 정도로 실력을 갖춘 교사이기도 했다. 그는 동료 교사들, 특히 40·50대 남자 교사들을 보면 한심한 생각이 들었다고 한다. 저렇게 아무 계획이 없어서야 수업이 제대로 이루어질까 걱정스러울 정도였다는데, 정작 교사 평가를 하니 아이들이 좋아하는 교사는 자기가 아니라 그런 교사들이었다고 한다. 게다가 주말까지 반납하면서 보충 수업을 했음에도 반 평균 성적은 오르지 않았다. 이제는 모든 게 혼란스럽고 자기가 너무 무능한 사람처럼 여겨지며, 도대체 왜 이런 결과가 나왔는지 이유를 모르겠다며 답답해했다.

이유는 간단하다. 아이들이나 동료들과 소통하지 않고 자기만 옳다고 믿으며 밀어붙였기 때문이다. 이런 교사와 상담을 하면서 느낀 점은 첫째, 행복에 대해서 이야기하는 것 자체가 굉장히 힘들다는 것이다. '교사가 수업만 잘하고 성적만 올리면 되지, 다른 게 뭐 중요하냐'고 주장했다. 둘째, 이런 유형의 교사들이 잘 쓰는 표현이 '객관적으로'라는 말인데('객관적으로 내가 잘못한 것이 무엇이냐'는 식의), 본인은 객관적이라고 생각할지 몰라도 내가 보기에는 융통성이 부족하고 정서적으로 차가웠다.

헛똑똑이 교사들은 대인 관계에서는 친절하고 예의바르지만 사실 속으로는 상대에게 거리를 두고 있다. 그러면서 '나는 최선을 다했는데 결과는 최악'이라며 '불행감'에 빠져 지낸다. 소통을 중요하게 여기지 않고, 자기 바로 옆에 있는 행복을 눈치 채지 못하는 것이 헛똑똑이 교사들의 가장 큰 단점이다.

헛똑똑 교사 증후군의 특징
- 자신은 언제나 최선을 다한다고 생각한다.
- 따라오지 못하는 아이들이나 받쳐 주지 못하는 제도가 문제라고 생각한다.
- 자신은 대체로 옳고 동료들은 대체로 틀리다고 생각한다.
- 자신은 능력 있고 동료들은 대체로 무능하다고 여긴다.
- 혼자서 할 일을 여럿에게 불편을 주며 한다.
- 평가나 평판, 체면을 우선시한다.

- 불평, 불만이 가득하면서도 좋은 사람인 척한다.

- 도덕적으로 융통성이 없다.

- 정서적으로 차갑다.

- 대인 관계에 거리감을 둔다.

헛똑똑 교사의 불행 포인트

- 아이들이 싫어한다.

- 동료 교사들도 싫어한다.

- 자신의 삶을 착취한다.

- 나중에 외롭다.

- 본인은 최선이라고 한 일의 결과가 최악이다.

- 모든 것을 바쳐 열심히 했는데 주변에서 인정해 주지 않는다.

3장

교사 회복 프로젝트
— 레질리언스 워크숍

레질리언스 워크숍
어느 교사의 일기

　행복해지기 위해서 했던 일들이 불행을 초래하고, 주변에는 도통 행복해 보이는 교사가 없다. 교사가 되고 싶었던 이유나 포부 따위는 잊은 지 오래다. 아이들은 모두 제멋대로고, 수업만 하기에도 벅찬데 행정 업무는 끝날 기미가 안 보인다. 하루에도 몇 번씩 회의가 들지만 어쩌다 한 명쯤 나를 향해 순수하게 웃어 주는 아이를 보면 그래도 조금 힘이 난다. 동료 교사와 함께 교원 연수에 참가한 뒤에 술잔을 기울이며 다시 한 번 의지를 불태운다. 좌절과 불안으로 의욕이 바닥까지 떨어졌다가 또 조금은 행복을 느끼며 나를 끌어올린다.

어찌 보면 이게 일반적인 교사들의 일상이겠지만 지금 주제는 '행복한 교사 만들기'니까 행복한 교사로 전환하기 위한 방법을 생각해 보기로 하자. 여러 아이템을 생각하다가 '레질리언스 워크숍resilience workshop'이라는 이름을 붙여 보았다.

레질리언스는 원래 공학에서 쓰이는 용어로, 용수철에 무거운 물건을 올려놓았다가 내려놓으면 다시 '제 모습으로 복원'하는 현상을 말한다. '복원성', '탄력성', 또는 '역경 극복'의 의미로 해석하기도 한다.

우리는 언제나 깨지고 상처받지만 또 치유받기도 한다. 행복에서 불행으로 갔다가 불행에서 다시 행복으로 돌아오기를 반복한다. 이렇게 복원할 수 있는 힘, 지금 우리 교사들에게는 이런 힘이 필요하다.

행복한 마음으로 학교에 왔다. 정말 오늘은 아이들과 잘 지내고 싶었고, 아이들을 보는 순간 행복한 마음이 들었다. 이런 아이들과 지낼 수 있다니…. 그랬는데 수업을 시작하는 순간 한 녀석이 '에이, 그런 거 왜 해요?'라고 했다. 그 아이의 태도와 말 한 마디에 다시 좌절하고 만다. 애초에 행복한 마음을 가졌던 것조차 후회스럽다. 정말 수업은 고역이고, 전쟁이다.

이렇게 계속 전쟁 상태로 지내는 교사도 있고, 잠시 휴전하고 평화를 찾는 교사도 있을 것이다. 과연 어떻게 평화를 찾을 것인가? 내가 받은 상처나 불행을 복원시킬 수 있는 힘은 어떻게 해야 얻을 수 있을까? 수많은 자기 계발서가 말하고 있는 것처럼 무조건 '나는 행복하다'고 최면을 걸거나 맹목적인 긍정의 마취 주사를 놓아야 할까?

사람은 어려움을 겪을 때 자기를 보호할 수 있는 힘이 있지만, 취약하게 무너질 수 있는 요소도 다분히 가지고 있다. 따라서 곤경에 처했을 때 힘을 보충해 주는 방법을 아는 것도 중요하지만, '자신을 보호하고 버틸 수 있도록 힘을 강화시켜 주는 방법'도 알아야 한다. 이것이 긍정 심리학의 출발점이기도 하다. 인간이니까 불행에 빠질 수는 있지만 그것이 오래 지속되지 않도록, 자기 안에 있는 긍정적인 관점을 살려서 조금이라도 불행을 덜 느끼도록 하는 것이다. 그 방법을 '레질리언스 워크숍'을 통해 찾아보기로 하자.

워크숍 첫 번째 주제
― 강점에 기초한 긍정 교실 만들기

강점을 찾아내는 달인이 되자 ①
― 강점 맹인

밑바닥까지 갔다가 위로 치고 올라올 수 있는 힘 기르기, 그 첫 번째 과제는 강점 찾기다. 그런데 어떤 일에든, 누구에게든, 긍정적인 모습이나 강점을 찾아내지 못하는 경우가 있다. 이런 이들을 '강점 맹인 strength blindness', 혹은 '긍정 맹인'이라 부르자.

어떤 아이를 보고 '저 아이는 도무지 긍정적인 면이라고는 찾아볼 수가 없다'고 표현하는 교사가 있는가 하면, 같은 아이를 두고 '아무개는 이런 점은 참 걱정스럽지만, 저런 점이 있어 다행'이라고 표현하는 교사도 있다. '정말 내 속을 썩이는 아이가 있는데, 그 아이는 진짜 문제투성이에요.' 이렇게 말하고 나면 걷잡을 수 없이 속상하고 아이가 미워진다. 하지만 내 속을 무던히도 썩이지만 그래도 원래 나쁜 아이는 아니라고 말하면 조금 위안이 된다.

병원에서 환자를 대할 때도 마음가짐을 무척 중요하게 여긴다. 가령 증상이 심하고 병동에서 자주 소란을 일으키는데도 미움을 받지 않는 환자가 있는데, 어떤 이유에서건 호감을 주기 때문이다. 의사들끼리는 이런 환자를 '증상은 심하나 인상은 좋다'고 말한다. 인상이 좋다는 것이 그 환자에게는 강점이다. 또 다른 예로, 사회 적응력은 부족하지만 키가 큰 사람이 있다. 얼핏 연결성이 없어 보이는 표현이지만 큰 키가 도움이 될 수 있다. 이게 그 사람의 강점이다. 환자의 심한 증상, 부족한 사회 적응력 같은 취약 요인을 보충해 주는 것은 물론이고, 인상 좋음과 큰 키 같은 보호 요인을 강화시켜 줌으로써 그 사람을 불행에서 벗어나도록 하는 것, 이것이 '레질리언스 워크숍'을 통해서 해야 할 일이다.

강점을 찾아내는 달인이 되자 ②
— 강점을 찾아서 칭찬하자

아이들의 강점을 칭찬하려는데 자꾸 단점만 눈에 뜨인다면? 그렇다. 이상하게도 우리에게는 문제점을 지적하고 단점을 찾는 훈련이 더 잘 되어 있다. 문제점 찾기, 학부모 실망시키기의 달인들인 것이다. 학부모 총회를 하면 '댁의 자녀는 이게 안 되어 있고, 저걸 못하고'라면서 부족한 점만 일러바치기 바쁘다. '자녀는 이런 것을 잘하고, 저런 것 때문에 칭찬받아요. 조금 부족한 요런 점은 집에서 더 준비시켜 주세요'라고 말할 줄을 모른다.

행복해지기를 바란다면 자신이나 타인의 긍정적인 면, 강점이 되는 면을 볼 줄 알아야 한다. 우리가 긍정적인 면을 잘 보기 위해 사용하는 마음 상자에 무엇이 들어 있는지 들여다보자. 그 안에 성적표 혹은 다른 기관으로 아이를 보내기 위한 안내 서류가 들어 있다면? 아이에 대해 써야 할 여러 가지 공문이 들어 있다면? 이런 것들 말고, 아이들과 자기 자신을 긍정적으로 보기 위해 무엇이 필요한지 생각해 보아야 한다. 아이를 보면 느껴지는 희망이 있는지, 아이의 어떤 면이 사랑스러운지, 아이의 어떤 면을 격려할 것인지, 도울 수 있는 새로운 방법은 무엇인지, 아이와 내가 그래도 연결돼 있다는 느낌이나 연대감은 없는지, 내가 아이를 긍정적인 강점 위주로 바라볼 각오가 되어 있는지…. 마음 상자에는 이런 것들이 담겨 있어야 한다.

요즘 회복적 지도라는 학생 생활지도 방법이 유행하는데, 예전에 미국에도 비슷한 게 있었다. 긍정 교실, 긍정적 생활지도가 한창 대두될 때, 미국의 교사들도 아이들에게서 긍정적인 측면이 보이지 않는다고 투덜거렸다.

왜 우리는 강점이나 긍정적인 점은 잘 캐내지 못하는 것일까? 첫 번째 이유는 교사들이 주로 문제를 발견하는 사람으로 훈련이 되어 있기 때문이고, 두 번째는 교사가 생각하는 긍정, 강점의 기준이 너무 높고 허용의 폭이 좁아서이다. 오로지 교사인 자신의 기준과 마음에 들어야 하며, 절대 아이들 기준으로 생각하지 않는다.

교사들이 가진 흔한 고민 중 하나는 자신의 수업에 집중하지 않는 아이, 교실에서 잠만 자는 무기력한 아이 때문에 불행하다는 것이다. 이런 고민에 빠진 교사들은 아이들에게서 어떠한 강점이나 긍정도 찾아내지 못한다. 그러나 아이들은 누구나 강점과 긍정이라는 씨앗을 품고 있다. 교사가 해야 할 일은 그 싹을 틔우고 쑥쑥 자랄 수 있도록 물을 주고 햇빛을 쏘여 주는 것이다. 그런데 정작 물을 주고 키우는 방법을 몰라서 발로 콱콱 밟아 버리거나 더 깊은 땅속에 묻어 버리는 일이 많다.

이런 문제를 조금만 더 깊이 파고 들어가면 인간관의 문제가 보인다. 나는 교사라면 성악설보다 성선설을 믿었으면 좋겠다. 자라나는 아이들을 조금 더 잘 대하려면, 아이들과 더 잘 연대하려면, 성선설을 믿는 교사인 쪽이 아이를 훨씬 행복하게 할 수 있다.

다시 한 번 강조하지만 교사는 '스트렝스 파인더 strength finder' 즉, 강점 찾기의 달인이 되어야 한다. 교육학 분야에서 참고 서적을 찾기가 힘들다면 경영학이나 심리학 관련 서적 가운데서 강점 찾기, 강점 혁명에 관련된 책들을 찾아서 읽어 볼 것을 권한다. 그리고 왜 우리는 긍정을 발견하고 칭찬하거나 격려할 줄 모르는 사람이 되었는지, 그 이유도 생각해 보았으면 한다. 성선설을 믿지 않아서인지, 자신의 기준이 너무 높아서인지, 혹은 타인에 대한 인색함 때문인지. 물론 자신만의 힘으로 불행으로부터 벗어나거나, 아이에게 행복을 찾아 주기 위해 문제점을 찾아 나설 수도 있다. 확실한 대안만 있다면 그것도 좋은 방법이다.

하지만 문제점 찾기에 앞서 나에게 혹은 아이에게 있는 긍정적인 면, 강점을 꺼내서 키워 주려는 노력을 해 보자. 새로운 형태의 학생 생활 지도 방법이 갖고 있는 특징도 바로 이것이다. 긍정적인 면을 확대해서 보고, 아이에게 내재된 강점을 발견해 주자는 것이 기본 취지다.

나는 평소 강의할 때 무기력한 아이들을 돕고 이런 아이들과 잘 지내면서 교사가 행복해지는 법에 대해 이렇게 말한다.

- 아이가 학교에 와 주었다는 것만으로 감사하고 행복해하라.
- 아이가 교실에서 자면서 코를 골지 않는 것만으로 고맙게 여겨라.
- 체육관이나 운동장 등 다른 데 숨어서 자지 않고 교실에 있어 주는 것만으로 감사해라.
- 가끔 잠에서 깰 때면 기뻐해라.
- 볼펜이나 책이라도 가져왔으면 칭찬해 주어라.
- 혹시 고개를 들어 칠판을 보면서 필기라도 하면 학급 전원이 기립 박수를 쳐 주어라.

우스갯소리 같지만 이런 아이들에게는 달리 방법이 없다. 아이가 무슨 일을 해도 감사하고 행복해하라고 당부한다. 수업 시간에 잔 아이도 쉬는 시간에는 깬다. 그때 이야기하면 되는 것이다. 무기력한 아이를 깨워서 굳이 수업 시간에 이야기하려고 하지 말았으면 좋겠다. 수업 시간에 이야기하려는 것은 너무 거친 시도이며 다른 아이들에게도 희생을 강요하는 일이다. 그 아이를 깨우느라 다른 아이들이 다 기다려야 하는데, 그러면 학급 전원이 그 아이를 너무 싫어하게 된다.

자는 아이들을 어떻게 할 것인가, 이 문제에서는 방해하지 말고 잘 자도록 도우면서 천천히 개입해야 한다. 내가 이렇게 말하면 교사들 가운데는 '진짜 그래도 되느냐'고 묻는 이들이 있다. 내가 진짜라고 대답하면 '교사가 무슨 도인이냐'고 반문한다. 하지만 정말로 그렇게 하는 것이 좋다.

은둔형 외톨이 치료 방법도 이와 크게 다르지 않다. 일본의 은둔형 외톨이, 이른바 '히키코모리'를 치료하는 분들과 부모님들에게서 배운 방법이다. 그분들은 아이가 학교에 가지 않고 자기 방에서 꼼짝 않고 1년, 2년을 틀어박혀 있어도 언젠가는 아이가 밖으로 나올 것이라는 희망을 버리지 않는다. 아이의 방문 앞에 밥을 갖다 놓고 꾸준히 '네가 이렇게 살아 있어 줘서 고마워. 엄마 아빠는 네가 있는 것만으로 행복해'라고 이야기한다는 것이다.

상황을 바꾸어서 '네가 학교에 와 주는 것만으로 선생님은 너무 고맙고 행복해'라고 말하자. 여기에서 행복이 출발한다고 생각하자. 학교에 왔다는 긍정적인 모습만 바라보자. '너 자려고 왔니? 학교가 자는 곳이야?'라고 말하면 아이는 자신의 성의가 무시당했다고 생각한다. 성의를 몰라주니 화가 난다. '학교에 나와 주었건만 선생님이 왜 왔느냐며 오지 말라고 해서 안 가겠다'고 말하는 아이도 있다. 지금도 많고, 옛날에도 많았다. 부모가 가라니까, 또 왠지 그냥 가야 할 것 같은 마음이 들어서 학교에 왔는데, 교사의 거친 반응에 그 마음조차 거두어 버리는 것이 아이들이다.

> 워크숍 두 번째 주제
> — 우리 수업, 교실에 특별한 의미 부여하기

모든 일에 의미를 부여하자

불행하다고 느낄 때 행복감으로 전환할 수 있는 복원력을 발휘하기 위해서 필요한 것 가운데 첫 번째가 강점 찾기라면, 두 번째는 '의미 부여하기'다. 현재 벌어지고 있는 이 일은 불행하지만 이것을 긍정적으로 볼 수 있는 면이 있는가를 찾은 다음, 그래도 여기에 어떤 의미가 있을 것이라고 생각하는 것. 이런 생각을 할 수 있다면 불행한 느낌을 조금 줄일 수 있다.

그동안 만난 수많은 교사들이 '교실에 있는 많은 아이들이 내 말을 듣지 않는데, 심지어 자고 있는 아이도 있는데, 내가 여기서 떠드는 게 무슨 의미가 있을까요?'라며 고충을 호소했다. 하지만 세상에 의미 없는 일이란 없다. 다만 교사가 의미 없다고 생각한 순간, 의미가 사라지고 마는 것뿐이다.

사실 나도 때때로 불행감에 시달린다. 교사들의 마음을 치유하는 데 일조하고 싶어서 '교실 심리', '공부 상처', '교사 심리'라는 3부작으로 강의와 저술 작업을 기획했다. 진행하다 보니 생활지도와 학교 폭력을 보태어 5부작으로 해도 좋겠다는 생각이 들었다. 하지만 너무 거창한 목표를 잡은 탓인지 조금 힘들었다. 아무래도 이 분야에 대해 깊이 있게 알지 못한다는 생각이 들어서였다. 그래도 처음에 기획했던 의도, 교사들이 자기를 회복하고 치유하는 데 도움이 되고 싶다는 간절함에 의미를 두자고 다짐하며 마음을 다잡는다.

그동안 많은 교사들을 만났고 상담도 적지 않게 했다. 상당수 교사들이 교사로서 자기 정체성에 대해 고민하고 있었다. 내가 교사가 맞나? 나는 교사로서 훌륭한가? 이렇게 자문도 하고, 교사로서만 살아왔는데 이제 와서 돌이켜보면 인생이 허망하다고 한탄하기도 했다. 그들의 공통점은 하나같이 교실에서 의미를 찾지 못한다는 것이었다. 교사가 교실에서 의미를 찾는다는 것은 매우 중요한 일인데, 특히 교사로서 가장 중요한 '수업을 잘했다'는 성공 경험의 반대편에 있는 '수업을 망친 것 같다'는 실패 경험이 커다란 좌절감을 안겨 주었다.

어떻게 보면 교사에게 실패를 맛보게 하는 것은 아이들 자체가 아니라 아이들이 겪는 고난일 것이다. 그래서 교실에서 실패하는 아이들을 못된 아이나 문제아로 보기보다 현재 어떤 역경 때문에 힘들어하는 아이, 또는 시련을 겪고 있는 아이로 볼 필요가 있다. 교사로 살면서 무언가 어려움을 겪는다면 그 의미를 잘 따져 보자. 그리고 고난이 생각보다 길어질 경우, 고난이 의미하는 것이 무엇인지 진지하게 생각해 보고, 결국 그것이 내게 어떤 선물을 줄 것인지를 받아들임으로써 고난의 열매를 맺도록 하자.

내 수업이 어떤 의미를 가지고 있으며 얼마나 중요한지, 나와 아이의 관계에서 얼마나 중요한 의미가 있는지, 이것들을 놓치면 사실 모든 것이 다 끊어진 것과 다름없다고 보아도 무방하다.

나는 강의할 때마다 오늘이 몇 번째 강의인지를 언급하면서 의미를 부여한다. 예를 들어 17차시 강의라면 나와 참석자들이 열일곱 번이나 만났다는 의미를 갖고 있다. 열일곱 번 만나는 동안 나와 그들이 어떤 의미도 함께 만들지 못했다면 곧 쓸모없는 시간을 보냈다는 뜻이 될 것이다. 그리고 정말로 의미 있는 일이라고 생각하는 사람에게는 '없던 의미'도 만들어진다. 물론 모든 것이 다 중요한 의미는 아닐 수도 있다. 어떤 것은 의미를 벌써 달성했을 수도 있고, 또 어떤 것은 실패했을 수도 있다.

의미 부여를 가장 잘 설득력 있게 말한 사람은 빅터 프랭클Viktor E. Frankl이다. 유대인 심리학자이자 정신과 의사인 그는 자신의 책 〈죽음의 수용소에서〉를 통해 자신은 언제나 죽음에 직면하며 살아왔다고 밝혔다. 그가 말하기를 자신이 살아남은 것은 '내 존재의 의미를 밝혀야 한다는 것, 그 자체를 의미한다'고 했다.

새 학기가 시작되면 아이들과 함께 어떤 의미를 같이 찾자고 정하는 작업부터 해 보기를 권한다. 교사와 아이들의 관계에서 찾아도 좋고, 아이들 개개인 저마다의 의미를 찾아도 좋다. 예를 들어 '성장학교 별'에서는 매번 성장 회의를 한다. 이번 학기가 너에게 어떤 의미가 될 것 같은지 아이들에게 묻고, 아이가 그 의미에 따른 목표를 갖도록 명시한다. 학기를 마무리할 때는 아이들에게 다시 '네가 생각했던 그런 의미 있는 학기가 되었느냐'고 묻는다.

프로이트의 여러 유명 논문도 '의미 부여하기'에서 출발했다. 프로이트는 논문을 쓰기 전에 '과학적 심리학 수립을 위한 프로젝트'라고 이름 붙인 계획서를 썼다. 그 계획서가 있었기에 무의식, 자아, 초자아 같은 명 이론이 태어났다. 과학적 심리학을 하겠다는 그 의미는 목표가 되었고, 목표가 있었기에 계획서도 쓸 수 있었던 것이다. 의미를 정함으로써 나머지 일들이 가능했던 셈이다. 비단 프로이트만이 아니다. 인생 자체를 그렇게 사는 사람들이 많다. 어떤 의미를 이루기 위해서 노력하고, 끝나면 또 다른 의미를 찾기 위해 계획을 세운다. 의미는 또 다른 목표이자, 비전이다.

교사에게 '의미 찾기'는 아이들 전체, 혹은 교사와 어떤 한 아이 사이의 의미일 수도 있다. 의미 부여를 통해 변화와 성장을 도모해 보자. 교사의 성장과 발전은 물론이고 교사 자신과 연을 맺은 아이들의 성장과 발전도 함께 이루는 뜻깊은 작업이 될 것이다. 특히 성장하는 과정에서 실패를 겪는 아이가 있다면 실패에서 벗어날 수 있도록 돕는 것에 의미를 두면 좋을 것이다. 어떻게 하면 삶을 바꿀 수 있는지, 생활을 변화시킬 수 있는지, 아이와 비슷한 일을 겪은 위인 혹은 그 또래 아이의 사례를 들어서 이야기해 준다면 아이와 한 걸음 더 가까워질 수 있을 것이다.

아이들이 자기가 하고 있는 일에 의미를 부여할 수 있도록 도울 때 교사의 역할은 매우 중요해진다. 대부분의 교사나 부모들은 아이들이 문제 행동을 보이면 문제점을 지적하거나 야단을 치기만 하지, 그 행동에 어떤 의미가 담겨 있는지는 알려고 하지 않는다. 하지만 문제 행동은 아이들이 보내는 '구원'의 메시지라고 할 수 있다. 즉, 문제 행동은 어떤 의미를 전달하기 위한 행동이다. 아이들은 자신의 행동에 담긴 의미를 교사나 부모가 들어 주고 이해해 주는 것만으로, 또 자신이 의미를 깨닫는 것만으로 문제 행동을 멈추기도 한다. 우리는 지금까지 문제 행동을 혼내기만 할 뿐 의미를 나눌 기회를 갖지 못했다. 한참 시간이 지나서 아이가 '그때 제가 이래서 그랬단 말이에요. 선생님은 혼내기만 하셨잖아요!'라고 말하면 그제야 알아차리는 어리석음을 반복한다.

워크숍 세 번째 주제
― 교실과 수업을 더 높은 것과 연대하기

연대, 연결로 나아가기

커넥티드니스connectedness. 번역하면 연결, 연대, 사회 구성원 간의 유대감, 애착 등을 의미한다. 교사와 아이들이 함께한다는 느낌, 그 긴밀한 연대감이 복원력을 발휘하는 데도 필요하다. 역경이나 위기를 극복했거나 실패를 반복하다가 성공을 경험한 사람에게는 적어도 한 사람이라도 은인이 있었다고 한다. 가족이나 학교, 사회와 단절한 은둔형 외톨이에게도 마찬가지다.

집에만 있던 아이가 어느 날 집 밖으로 나왔다. 어디에 가냐고 물었더니 옛날 선생님을 만나러 간단다. 예전에 힘들 때 자기에게 그냥 잘해 준 사람은 그 선생님밖에 없었다는 것이다. 사실 그 선생님은 별의미 없이 잘해 준 것일 수도 있다. 하지만 외톨이 아이가 세상에 다시 나와 생활할 때, 그는 유일한 은인이 된다. 우리가 모든 아이들에게 은인이 되어 줄 수는 없지만, 가끔 어떤 아이에게는 중요한 은인이 될수도 있다. 연대감을 다루면서 은인 이야기를 하는 것은 아이들에게 은인을 찾아 주고, 은인과 연결해 주는 일이 중요하다고 생각하기 때문이다.

은인은 아이들만이 아니라 교사에게도 필요하다. 교사의 성장 과정에 전환점을 마련하려면 누군가 마음으로 연결되어 있으면서 나를 지원해 주고 롤 모델이 될 만한 멘토가 필요하다. 그런데 교사들이 의외로 고립된 삶을 살고 있다는 것이 문제다. 조회, 수업, 종례로 이어지는 시간 속에서 아이들을 만나고, 교무실에서 이것저것 하다가 퇴근하면 끝이다. 우리는 누군가를 만나서 변하기도 하고 무언가를 배우면서 변하기도 하는데, 변화의 폭은 누군가를 만나는 쪽에서 훨씬 크게 나타난다.

교사들은 아이들을 비롯해 많은 사람을 만난다. 학교에 찾아오는 자원봉사자, 지역사회에서 아이들을 도와주는 분들, 가족, 친구 그리고 종교를 가진 사람이라면 신. 이 가운데서도 교사에게 가장 많은 변화를 선사하는 존재는 아이들일 것이다. 아이들도 만나는 사람이 크게 다르지 않다. 특이한 것은 아이들에게는 신이나 종교의 역할이 크게 작용할 수 있다는 점이다. 비행에 빠진 아이, 아니면 가정환경이 너무 불우해서 그 아이를 지켜 줄 이가 아무도 없을 때 '신이 너를 보호하고 있다'고 말해 주는 것도 중요하다. 정말 부모나 친인척의 보호가 불가능한 아이들은 그들의 동의 아래 교회에 도움을 청하기도 한다.

교사와 아이들이 좀 더 행복해지려면 우리 아이들을 도와줄 사람이 지금보다 훨씬 많은 것이 좋다. 나는 지역사회에 아이들을 도와줄 수 있는 사람들이 있다면 그들에게 더 자주 학교를 개방해야 한다고 생각한다. '스쿨 폴리스school police제'를 도입하고 사정이 좋아진 사례가 많은 것처럼, 스웨덴이나 노르웨이에서는 학교 폭력 문제가 생기면 학부모들이 대거 학교로 들어온다. 쉬는 시간이나 점심시간을 이용해 아이들과 대화를 나누며 소통하려고 애쓰는 것이다.

우리 아이들을 보면 대인 관계의 폭이 너무 좁아서 부모와 학교 선생님, 학원 선생님 정도가 만나는 어른들의 전부다. 그래서 '자신은 혼자'라고 생각하는 아이들이 많다. 요즘 아이들에게는 마음을 터놓고 기댈 수 있는 어른이 없는 셈이고, 학교 선생님에게 그런 기대를 거는 아이의 경우는 그나마 괜찮은 편에 속한다고 할 수 있다.

아이들과 관계를 맺지 않겠다고 작정한 교사나 선생님과 엮이고 싶지 않다며 자기 울타리를 치는 아이들, 불쌍하기는 마찬가지다. 그러다 보니 교실 안에는 갈수록 불행감이 커진다. 서로 아무런 유대나 연대감 없이 무관심한 모습으로 수업을 한다. 서로 이해할 필요도 없고, 이해를 위해 설명할 필요도 없는 교실. 그 삭막한 교실에서 교사와 아이가 다 아파하고 있다. 그러나 속을 들여다보면 아이들이 선생님과 연대하고 싶어 하지 않거나 엮이고 싶어 하지 않는다는 것은 진심이 아니다. 대부분의 아이들은 선생님이 손 내밀어 주는 것을 좋아한다. 선생님도 행복하고 아이들도 행복한 학교가 되려면 서로가 서로에게 손을 내밀어 주고, 깊은 유대 관계를 맺어야 한다. 그리고 학교만이 아니라 지역사회의 조직, 혹은 지역 내에서 청소년을 돕는 활동가들과도 연계해야 한다.

지금까지 말한 복원력을 기르기 위한 세 가지, 긍정 또는 강점 찾기, 의미 찾기, 연대하기는 불행하다고 느낀 순간 다시 행복으로 전환하는 데 큰 힘이 되어 줄 것이다. 수업을 하다가 어느 순간 갑자기 불행에 빠졌다고 느낀다면 이 순간 긍정할 것은 무엇인지, 거기에 어떤 의미가 있는지, 한번 생각해 보자. 아이들과의 관계를 단숨에 끊으려 하지 말고 아이와 연결된 실낱같은 끈이라도 더 꽉 붙들기 바란다.

4장

교사들이 만든
'행복한 교사 십계명'

'교사의 행복'에 다가가기 위하여

우리는 매일 상처받고 또 매일 회복한다. 모두의 일상이기도 하지만 아이들과 수업하는 교사의 일상은 더욱 그렇다. 우리는 매일 목표를 달성하지도 못하고, 또 다시 목표를 정한다. 하루하루가 기대한 것과 달라도 늘 새로운 기대를 한다. 계속 노력하고 상처를 복구하는 과정에서 역경에 대한 유연성도 얻는다. 역경에 대한 유연성 없이 상처뿐인 매일을 보내야 한다면 참으로 힘들 것이다. 이렇게 행복에 한 걸음씩 다가가기 위해서 견디면서 상승하는 것이 인생이다.

지금부터 말하려고 하는 '교사가 행복해지기 위해 필요한 조언 혹은 위로들'은 어찌 보면 역설적으로 들리겠지만, 그동안의 경험과 상담의 결과에서 나온 것들이므로 도움이 될 것이라고 믿는다.

- 모든 것이 내 책임이라고 생각하지 말 것, 하지만 내 책임이 아니라고도 생각하지 말 것.
- 내가 모든 것을 가르쳐야 한다고 생각하지 말 것, 하지만 내가 가르쳐야 할 모든 것을 준비할 것.
- 교사라는 직업을 대단하다고 생각할 것, 하지만 세상의 작은 일부일 뿐이라고 생각할 것.
- 모든 것이 교사의 책임이 아니라고 생각할 것(이렇게 생각하는 것만으로 조금은 마음이 편안해지고 유연해진다), 하지만 자신의 책임이 무엇인지 생각할 것.
- 내가 다 가르쳐야 한다고 생각하지 말 것, 하지만 편한 마음으로 내가 가르치고자 하는 것을 준비할 것.

매일 행복해야 한다고 강박적으로 생각하는 것도 우리를 실망시키고 불행하게 만들 수 있다. 행복한 날도 있고 그렇지 않은 날도 있는 게 인생이다. 하지만 작은 행복은 매일 필요하다. 어떤 곳에서 작은 행복을 만끽할 것인지 정해 보자.

- 아이가 학교에 와 준 것만으로 나는 오늘 행복하다고 생각하자.
- 교육제도가 죄다 바뀌고, 교사에 대한 사회적 대우까지 바뀌어야만 내가 행복해진다고 생각하지 말자.

- 큰 변화는 이루지 못해도 작은 변화를 위해 오늘 내가 아이들과 깊은 관계를 유지할 수 있는 것이라고 생각하자.
- 작은 변화들이 모여 나중에 큰 변화를 이룰 수 있는 거라고 생각하자.
- 동료 교사의 이야기에 귀 기울여야 하지만, 동료 교사가 이끄는 대로 모든 자리에 따라다니지는 말자. 중요한 것은 많이 듣는 게 아니라 자기 것으로 만드는 것이다.
- 공감할 수 있는 동료와 함께하는 것도 중요하지만, 그만큼 나 혼자만의 시간도 갖자.
- 모든 것을 단순하게 정리하자. 예를 들어 아이가 지각하면 지각할 때까지의 과정에 대해서는 알아야 하지만, 단순하게 지각한 것만 생각하자.

교사들이 만든 '행복한 교사 십계명'

얼마 전 에듀니티에서 교사들을 상대로 설문조사를 했다. 250여 명이 참여한 설문의 주제는 '행복한 교사 십계명'이었다. 현직 교사들이 행복, 신뢰와 소통, 자존감, 소명 의식 등 행복한 교사가 되기 위한 조건 열 가지를 직접 뽑은 것이다. 그 내용을 소개한다.

행복한 교사 십계명

1. 내가 행복해야 아이들도 행복하다.
2. 아이들을 믿고 이해하며 사랑하자.
3. 나를 믿고 사랑하는 교사가 되자.

4. 마음을 내려놓고 여유 있는 교사가 되자.

5. 나는 아이를 변화시킬 수 있는 사람이라고 생각하자.

6. 긍정적인 마음을 갖자.

7. 건강을 잘 챙기자.

8. 자주 웃자.

9. 수업을 연구하자.

10. 동료와 함께 나누자.

나는 행복한 교사 십계명 가운데 첫 번째 명제, '내가 행복해야 아이들도 행복하다'가 핵심이라고 생각한다. 교사 자신이 행복해야 하는 것은 당연하고, 교사와 함께하는 아이도 행복해야 한다. 교사가 행복하려면 마음이 중요하다. 그리고 교사가 행복하려면 변해야 한다. 여기에는 긍정적인 마음, 건강, 유쾌함, 수업 준비, 연대할 동료가 필요하다.

문제는 이런 조건들을 누구나 알고 있고, 하고 싶은데 하지 못하도록 만드는 장애와 방해물이 있다는 것이다. 그렇다면 어떻게 도달할 것인가, 행복으로 가는 과정에 놓인 장애물을 어떻게 거두어 낼 것인가, 이것이 우리의 과제다.

비슷한 꿈을 꾸는 행복

'교사 치유 심리학' 강좌를 진행할 때 '우리, 훌륭한 교사가 되기를 포기해요. 저도 훌륭한 인간이 되기를 포기할게요'라고 말한 적이 있다. 많은 교사가 이 말에 위로를 받았다는 후문이 들린다. 훌륭한 교사 혹은 훌륭한 사람, 이것이 내적인 욕구에서 비롯된 것인지, 혹은 부모나 사회로부터 나온 것인지 잘 살펴볼 필요가 있다. 훌륭한 교사가 되고 싶은 마음의 기원이 자발적인 게 아니라면 누군가의 욕구를 대행하는 데 지나지 않기 때문이다. 그런데 이것을 파악하기가 뜻밖에 쉽지 않다. 나 역시 마흔 중반까지도 '너는 훌륭한 사람이 되어야 한다'는 어머니의 말씀에 상당한 압박을 받으며 살았고, 훌륭한 사람이 되지 못한 데 대한 죄책감을 아직도 다 떨쳐 버렸다고 자신할 수 없기 때문이다.

우리는 왜 훌륭한 교사가 되려고 하는가? 교사로서의 자기만족을 위해서인가, 아니면 교사로서 존재 의미를 찾기 위해서인가. 그게 무엇이든 내가 기준이 되어야 하고, 자신으로부터 나온 것이어야 한다. 하지만 혼자서는 이룰 수 없는 욕구라는 사실도 잊지 말아야 한다.

바람이 어떻게 부는지 알려면 나뭇가지를 보거나 배의 돛을 보라고 한다. 바람 자체는 눈에 보이지 않기 때문이다. 그렇다면 교사가 행복한지 아닌지를 알려면 무엇을 보아야 할까? 당연히 아이들이다. 어떤 사람이 행복한지 아닌지는 그 사람을 보고 알 수 있는 것이 아니라, 그 옆에 있는 사람을 보고 알 수 있다. 남편은 행복하다고 말하는데 아내는 행복하지 않다고 한다면 남편은 진정으로 행복한 것이 아니다. 마찬가지로 교사나 부모는 행복감에 충만한데 아이만 불행한 일은 있을 수 없다. 교사와 부모가 행복하다면 아이도 행복해야 마땅하다.

오늘도 교사들은 꿈을 꾼다. 교사로서 자기 정체성을 충분히 실현하면서 살고 싶다는 꿈, 교육제도가 확 바뀌었으면 좋겠다는 꿈, 아이들의 창의성을 살릴 수 있는 공간이 마련되었으면 좋겠다는 꿈, 아이들의 눈높이에 맞춘 쉼터가 여기저기 있는 학교였으면 좋겠다는 꿈, 입시를 위한 성적이나 진도에 구애받지 않고 내 나름대로 교육과정을 재구성해서 수업하고 싶다는 꿈, 아이들이 내 말을 잘 들었으면 좋겠다는 꿈, 내가 행복했으면 좋겠다는 꿈….

하지만 이렇게 많은 꿈을 꾸면서 이 꿈들이 다 이루어져야 행복할 거라고 생각한다면 행복에 도달하는 길이 너무 멀고 높다. 지금 당장 실현하기 힘든 것, 어쩌면 내가 죽은 다음에나 이룰 수 있는 것들을 목표로 세워 놓고 행복을 꿈꾸는 것은 슬픈 일이다.

이렇게 하면 내가 조금 더 행복해질 수 있을 것 같아, 이렇게 하면 아이들이 조금 더 행복해질 수 있을 것 같아, 하면서 작고 비슷한 꿈을 꾸며 함께 같은 길을 가는 동료들을 보며 힘을 낸다면, 우리는 지금 당장에라도 행복해질 수 있다. 그래서 비슷한 꿈을 꾸는 사람은 많을수록 좋다. 더 많은 사람들이 같은 꿈을 꾸면서 한길을 가면 더 빨리 변화할 수 있을 테니까 말이다. 목표를 이루어서 행복한 것이 아니라 비슷한 꿈을 꾸면서 비슷한 길을 가기에 행복하다고 생각하자.

프랑스에서 온 교사 줄리앙이 말한다. '당신과 나는 비슷한 일을 한다. 나는 저 멀리 프랑스에서 왔지만 우리는 비슷한 일을 한다. 그래서 나는 행복하다. 외롭지 않으니까.' 신영복 선생은 '동지란 함께 비를 맞는 사람'이라고 했다. 희로애락을 함께 겪는 아이들과 동료 교사들이 나의 동지로 있는 한, 행복은 늘 우리 곁에 있다.

| 에필로그

선생님, 고맙습니다
선생님, 감사합니다
― 밤새워 나눈 차 한잔의 대화를 마치며

　선생님들께 공연한 수다를 떨지나 않았는지, 선생님들의 마음을 불편하게 하는 내용은 없었는지, 살짝 걱정이 됩니다. 그래도 진심으로 하고 싶은 말을 했기에 마음은 후련합니다. 하고 싶은 말이 더 있는 것 같은데, 아직은 정리가 되지 않아 다음으로 미루겠습니다.
　이 글을 쓰는 동안 많이 늦었지만, 여러 번 하고 싶었던 말, 계속 참았던 말이 있습니다.
　'선생님, 고맙습니다.'
　이 책의 여백 곳곳에 이 말이 들어 있다고 생각해 주시기 바랍니다.

선생님, 품어 주고 챙겨 주는 존재

　　　　　　　　　　　　제가 이런 글을 쓰게 된 마음속 깊

은 동기가 무엇인지, 한번 들여다보았습니다. 그것은 사실 제 어린 시절 선생님들에 대한 고마움 때문인 것 같습니다. 저는 중·고등학교 시절에 많은 대한민국의 청소년들이 그렇듯이 고민과 방황의 나날을 보냈습니다. 당시 집안사정으로 중학교 2학년 때 이후로 부모님과 함께 지낼 수 없었습니다. 그때, 엄마 아버지와 나누고 싶은데 그러지 못했던 외로움을 학교에 가서 풀어 놓았던 것 같습니다.

수업 시간에 떠들고, 선생님들을 당혹스럽게 하는 질문을 하고, 친구들을 선동하고, 학교라는 제도와 선생님을 마구 미워했습니다. 운동화 대신 고무신을 신고 등교하기도 했고, 교복을 접어서 입고 다녔으며, 회장 선거에 반발해서 교장선생님께 문제를 제기하기도 했습니다. 급기야는 불량 서클(?)을 만들었으니, 선생님들이 보기에는 얼마나 보기 싫고 얄미운 학생이었을까요.

한데, 그때 제 마음을 꿰뚫어 보아 주신, 꾸짖기보다 알아주려고 애쓰신, 미워하기보다 품어 주려고 노력하신 선생님 몇 분이 계셨습니다. 제 인생에서 이분들을 만난 것은 아주 특별한 선물이었다고 생각합니다.

서희석 선생님, 남종현 선생님, 최영미 선생님, 다시 한 번 선생님들의 이름을 불러 봅니다.

'뭐 저런 놈이 다 있어?'라고 하는 선생님들 사이에서 저를 불러다 '힘든 일이라도 있니?', '무슨 말 못할 사정이라도 있어?' 하고 물어봐 주셨고, 챙겨 주셨습니다. 한 분은 상담을 해 주셨고, 한 분은 불량 서클의 지도 교사를 자청해 주셨고, 한 분은 제 자취방까지 찾아와서 이야기를 나누어 주셨습니다. 함께 토론도 해 주시고, 간식도 챙겨 주셨습니다. 그때 널뛰던 제 마음을 그나마 잡을 수 있었던 것은 다 엄마처럼 품어 주시고, 삼촌처럼 토닥여 주시고, 이모처럼 챙겨 주셨던 그분들 덕분입니다. 그 은혜를 잊지 못합니다. 지금도 그때를 생각하면 눈물이 납니다.

그분들과 나눈 수업도 기억에 남지만 그분들이 품어 주신 것과 챙겨 주신 것은 더 또렷이 기억합니다. 그리고 그분들이 주신 메시지 또한 기억합니다. '넌 괜찮은 아이다', '분노해도 괜찮다', '세상은 살 만한 곳이지만 이상과 현실에는 차이는 있다', '네 꿈을 펼칠 수 있도록 노력해라.' 이 말씀이 저의 마음을 잡아 주었습니다.

아이들의 마음을 사로잡는 데는 거창한 메시지가 필요하지 않습니다. 진심으로 전하는 염려, 함께 걱정해 주고 있다는 느낌이 전해지는 것 그리고 가능성에 대해 희망을 심어 주는 것이면 충분합니다.

저는 우리 주위 곳곳에 이렇게 아이들의 마음을 품어 주시고 챙겨 주시는 선생님들이 많다는 것을 잘 압니다. 그리고 저 역시 학창 시절 세 분 선생님께 은혜를 받은 것처럼, 제가 만나는 수많은 아이들에게 그런 선생님이 되려고 애쓰고 있습니다. 제가 저의 길을 가는데 세 분 선생님은 표상이 되어 주셨습니다.

아이를 품는 것은 나를 품는 것이기도 합니다

아이들과 상담하고, 학교를 운영하고, 저 또한 아이들을 품고 챙기다 보니, 그것은 결국 저 자신에 대한 행위이기도 하다는 것을 알게 되었습니다. 우리는 아이들을 품음으로써 자신을 품게 됩니다. 우리가 아이들을 내친다면 곧 우리를 내치는 것입니다. 아이들과 잘 지내려면 아이들과 깊이 연결되어 있어야 하고, 연결되어 있으면 각자에게 하는 행위라 할지라도 서로에게 영향을 미칩니다. 그런 점에서 수십 개의 교육 개혁 프로그램보다 훌륭한 것이 선생님들의 마음이라고 생각합니다. 아이들과 상담을 하면 할수록, 아이들에게 무엇인가를 하자고 하거나 어떤 해결책을 제안하는 일보다 훨씬 강력하고 좋은 방법이 품어 주고(holding), 받아 주고(containment), 공감해 주고(empathy), 챙겨 주는(support) 것이라는 사실을 깨닫게 됩니다.

꼭 알아야 할 것을 모두 알도록 도와주신 선생님들

한편으로 지구과학 선생님과 국사 선생님도 기억에 남습니다. 제가 문과에서 이과로 마음을 돌린 뒤에 과목에 대한 관심과 흥미를 이끌어 주신 분은 지구과학 선생님으로, 정말 기가 막히게 수업을 잘하셔서 늘 감탄했습니다. 깊은 통찰력에, 정리를 너무 잘해 주셔서 나머지 공부를 하지 않을 수 있도록 도와주신 국사 선생님은 또 어떻고요. 두 분 선생님은 창의적인 가르침에 탁월하셨고, 교실 수업의 내용을 사회적 관심으로 확장시키는 데도 뛰어나셨습니다. 그리고 꼭 알아야 할 것에 대해 학급 성원 모두가 알 수 있도록 협동 학습 모델을 1980년대부터 적용해 주셨던 것도, 지금 생각해 보면 참 대단한 일이었습니다. 고등학교를 졸업한 지 30년이 지난 지금까지도 그 수업들이 기억나니까 말입니다.

여러분도 그런 수업이 있는지요? 지금 여러분의 수업도 그랬으면 좋겠습니다. 아이들의 마음에, 기억에 오래 남을 수업, 30년이 지나도 떠오르는 수업을 할 수 있다는 것은 참 멋진 일이라고 생각합니다.

10년 전 일기를 꺼내 보듯 다시 만나는 선생님

수업으로, 또 관계로 선생님들은 우리 마음에 남아 있습니다. 몇몇 사람에게 물어보니 세월이 흐르면 수업 자체는 잊혀도 선생님은 기억한다고 합니다. 그렇게 우리 마음에 남아 있는 선생님들이 계시듯이, 아이들의 마음에도 선생님들이 남을 거라고 생각합니다. 우리는 모두 성장하는 아이들의 마음에 한 페이지씩 역사를 만드는 선생님입니다. 저처럼 그때의 이야기가 너무 좋고, 큰 도움이 되어서 가끔씩 꺼내 보면서 힘을 얻는 페이지가 될 수도 있겠지요. 혹은 특별히 기억에 남을 것이 없어서 건너뛰는 페이지가 될 수도 있겠지만, 적어도 두 번 다시 꺼내 보고 싶지 않은 페이지가 되지는 말아야겠다고 다짐해 봅니다.

선생님은 우리 내면의 역사적 존재

　　　　　　　　　　선생님은 우리에게 그런 역사적 존재입니다. 지금 저와 함께하는 모든 선생님들은 아이들의 성장사에 무언가를 가져다주는 역사적인 존재라는 것, 그것이 선생님의 중요한 정체성 가운데 하나입니다. 저는 오늘 30년 전의 일기를 꺼내어 그때 선생님들의 이야기를 읽고 훈훈해지고, 애틋해하며, 제 성장의 역사에 밑거름이 되어 주신 분들께 감사하고 있습니다. 마음에 깊이 남는 선생님들은 과거에도 그리고 현재까지도 한 인간의 역사의 한 페이지를 따뜻하게 채워 주고 계십니다.

　선생님들이 원하든 그렇지 않든, 알고 계시든 모르고 계시든 이렇게 아이들은 저처럼 선생님을 내적으로 소화해서 표상화합니다. 그렇습니다. 이제 30년 전 기억으로부터 돌아와 지금의 선생님들께 부탁드리고 싶은 몇 가지 이야기를 정리하고 마치겠습니다. 학교에서 아이들과 지내면서, 대한민국에서 교사로 살면서, 덜 상처받고, 자신을 더 잘 돌보면서 의미 있는 교사로 살기 위해, 부족한 제가 드리는 조언을 참고해 주셨으면 하는 바람입니다.

글을 마무리하며, 함께 나누는 다섯 개의 다짐

저 역시 진료실에서, 성장학교 별에서, 의뢰받은 아이들을 돌보는 현장에서 아이들을 만납니다. 저와 함께 선생님들도 이런 다짐을 해보면 어떨까요?

첫째, 우리 자신의 치유를 위하여, 아이들의 욕구를, 아이들의 행동에 숨은 의미를 읽으려고 노력하겠습니다.

아이들의 행동에는 의미가 있습니다. 아이들에게는 욕구가 있습니다. 아쉽게도 모든 아이들이 학교에 공부하겠다는 동기로만 오지는 않습니다. 다양한 욕구를 가지고 의미가 담긴 어떤 행동을 합니다. 우리는 결과로서 행동을 다루지만 의미도 다루고, 그 바탕의 욕구도 헤아리도록 노력해야 합니다. 의미나 욕구를 잘 파악하지 못하고 아이들을 대하면 반드시 교사에게 상처가 됩니다. 아이들에게 준 상처는 다시 우리의 상처가 되기에 우리 자신을 치유하기 위해서라도 아이들을 더 잘 이해할 필요가 있습니다. 아이들을 이해하기 위한 모임을 만들어 매주 한 차례씩 아이들을 깊이 생각하는 자리를 갖겠습니다.

둘째, 우리 자신의 치유를 위하여, 교사들 간의 모임과 대화에 더 노력을 기울이겠습니다.

교사 모임은 가정으로 치자면 부부와 같은 것입니다. 서로 이야기를 많이 나누고 격려하는 문화를 만들기 위해 노력하겠습니다. 부부가 소원하고 갈등이 크면 가정이 불안하고 아이들에게 문제가 생기듯, 교사 간에 대화가 없거나 방임이 일어나면 아이들에게 어려움이 생깁니다. 선생님들이 서로 아이들에 대해 이야기를 많이 나눌 수 있도록 하겠습니다. 선생님들끼리 서로 영향을 많이 미치고 있는 것 아시지요? 같은 학년 선생님끼리, 같은 과목 선생님끼리, 같은 부서 선생님끼리, 선후배 교사끼리, 아이들에 대하여, 학교에 대하여, 자신과 서로에 대하여 충분히 이야기를 나누어 주셨으면 합니다. 환경 치료(Milieu Therapy)나 제도적 교육학(Institutional Pedagogy)에서는 교실의 기후, 분위기, 배움과 가르침의 상호 영향에 따라 학교가 크게 좌우된다고 보고 있습니다. 학생과 상호작용을 하는 교사 모임은 학교에서 아주 큰 영향을 미치는 핵심 집단 가운데 하나입니다. 무기력한 교사 모임은 아이들을 무기력하게 만드는 데 일조하고, 활성화된 교사 모임은 아이들에게 활기를 불러일으킬 가능성이 높으며, 분열된 교사 모임은 학생들 사이의 관계도 분열시키게 됩니다. 교사들끼리 서로에게 가하는 상처를 치유하기 위하여 우리는 머리만 나누지 말고, 가슴(마음과 열정)과 무릎(헌신과 실천)도 나누고, 서로를 위로하고 격려하도록 노력하겠습니다.

셋째, 우리 자신의 치유를 위하여, 민주주의야말로 최고의 치유제입니다.

더 민주적인 학교가 될 수 있도록 노력하겠습니다.

'성장학교 별' 졸업생에게 물어보았습니다. '무엇이 너를 성장시켰니?' 많은 아이들이 학교가 성장시켰다고 대답합니다. 더 자세히 물어보니 수업, 담임, 동아리의 결정에 참여하고, 학교 운영에 대해 이야기할 수 있도록 한 제도가 가장 큰 도움이 되었다고 했습니다. 무엇보다 그런 과정을 통해서 자신이 존중받는 느낌을 받은 것이 중요하다고 했습니다. 교사도 마찬가지일 것입니다. 존중받는 분위기에서 생활한다면 더러 힘든 상황이라도 덜 불편하고 더 힘을 낼 수 있을 것입니다. 어떤 아이가 대뜸 말했습니다, '민주주의가 최고의 치료제예요.' 절차부터 내용에 이르기까지 존중에 기초한 즐거움이 우리를 능동적으로 만들고 창의적으로 변화시킵니다. 그러므로 우리는 다양한 방식으로 학교 내부에 민주적 기후를 확산시켜야 합니다. 어줍잖은 의견일지 모르지만 '학급회의 제대로 하기, 1만 학급 연대(학교가 약 1만 2천 개이므로)', 이런 안건도 교사 모임에 제안하고 싶습니다.

넷째, 우리의 치유를 위하여, 배움이 일어나는 수업을 위해 내 가르침에서 자유와 용기를 더 키워 나가도록 노력하겠습니다.

아이들과 만나는 가장 중요한 방식인 수업에서 우리는 우리가 갖고 있는 권한을 용기 있고 자유롭게 써 나가도록 노력하겠습니다. 수업에서 혁신을 통해 아이들이 배우고, 교사도 더 성장할 수 있는 기회를 만들어 나가겠습니다. 수업에 대하여 아이들에게도 피드백을 받고, 동료 선생님과도 의견을 나누고, 학부모, 멘토와도 이야기를 나누겠습니다. 선생님으로서 진정으로 가르치고 싶었던 것에 대해 이야기하겠습니다. 수업 설명회를 학생들, 동료 교사, 학부모와 해 보겠습니다. 무조건 잘 가르치겠다고 공언하거나 욕심 부리지 않고 목표를 공유하고, 방식을 토론하고, 평가를 나누겠습니다.

다섯째, 우리의 치유를 위하여, 연대에 기초해 더 많은 아이들과 함께하는 데 노력하겠습니다.

끝으로 우리가 희망하는 교육 개혁은 우리 학급에서 시작하지만 모두가 함께할 때 의미가 있습니다. 아이들과 연대하는 것이 가장 중요하지만, 부모 혼자 아이가 잘 자라도록 돕는 것이 불가능한 것처럼 다른 선생님, 다른 어른, 지역사회의 도움이 필요합니다. 학교는 지역사회 연대에 중요한 역할을 할 수 있는 능력을 가지고 있습니다. 더 많이 연대해서 아이들과 교사들의 불행이 지속되는 것을 줄여 나가도록 노력하겠습니다. 학교에서 벌어지는 작은 이야기들이 사회의 큰 이야기와 만나 진실한 배움이 되도록 연대하겠습니다. 학교에 아이들을 만날 수 있는 어른 사회 연대를 구성할 것을 제안하며, '마을 만들기' 같은 사업에 학교도 적극적으로 참여하도록 애쓰겠습니다.

아무래도 저 자신을 비롯해서 여러 선생님들에게 너무 많은 일을 부탁한 것 같습니다.

그동안 교사로 살아온 긴 여정에서 상처도 경험하고, 또 행복한 순간들도 있었으리라 생각합니다. 변화와 성장은 항상 고통을 동반하지요. 하지만 변하지 않으려고, 또는 머무르려고 버티는 데도 힘과 고통은 뒤따릅니다. 전자는 생산적인 고통이고, 후자는 소모적인 고통입니다. 인생은 원래 고통 가운데 행복해지는 것이 아닌가 생각합니다. 원래 뜻대로 되는 것이 별로 없는 게 인생이기도 하고, 특히 아이들 혹은 자식은 참 내 마음대로 안 되지요. 하지만 우리가 상처를 이해하는 것만으로 편안해질 수 있고, 똑같은 상처를 되풀이하지 않을 수 있다는 것만으로 참 다행이라고 생각합니다.

조금씩, 천천히, 연대에 기초해서 순간이 아니라 보다 지속적으로 행복할 수 있는 길로 함께 새로운 출발을 하자고 제안합니다.

이 글의 내용에서 생길 수 있는 오해와 저의 부족함에 대해 다시 한 번 양해를 구하면서, 끝으로 다시 한 번 제 마음을 전해 봅니다.

선생님, 고맙습니다.

참고 문헌

가르칠 수 있는 용기, 파커 파머, 이종인 외, 한문화
가르침과 배움의 영성, 파커 파머, 이종태, IVP
감정이입 피로 증후군, 마크 스텝니키, 이달엽, 학지사
교사를 위한 치유 심리학, 김현수(강의 교재)
교사를 춤추게 하라, 우치다 타츠루, 박동섭, 민들레
교사의 전문성 함양을 위한 교사론, 강성빈, 경성대출판부
단기역동정신치료의 최신 이론과 기법, 데이비드 말란 외, 노경선, 예담
독이 든 양분, 마이클 아이건, 이재훈, 한국심리치료연구소
동기강화상담, 윌리엄 밀러, 신성만, 시그마프레스
멜라니 클라인, 한나 시걸, 이재훈, 한국심리치료연구소
상처 입은 치유자, 헨리 나우웬, 이봉우, 분도출판사
시간의 향기, 한병철, 김태환, 문학과지성사
어린아이의 일을 버리라, 데이비드 씨맨즈, 윤병하, 두란노
온전한 삶으로의 여행, 파커 파머, 윤규상, 해토
용기 있게 가르쳐라, 샘 인트레이터, 이남재, 역사넷
이야기 프랑스사, 윤선자, 청아출판사
자기심리학과 나르시시즘의 치료, 리처드 체식, 임말희, NUN
죽음의 수용소에서, 빅터 프랭클, 이시형, 청아출판사
털어놓기와 건강, 제임스 페니베이커, 김종한, 학지사
피로사회, 한병철, 김태환, 문학과지성사
학교를 칭찬하라, 요아힘 바우어, 이미옥, 궁리
학생들의 심리게임, 에릭 번, 이도영, 중앙적성출판
행복의 조건, 조지 베일런트, 이덕남, 프런티어
현대사회와 청소년, 앤디 펄롱 외, 강영배 외, 박학사
Atypical Attachment in Infancy and Early Childhood Among Children at Developmental Risk(Monographs of the Society for Research in Child Development)(2000), Joan Vondra & Douglas Barnett, Wiley-Blackwell
If You Don't Feed the Teachers, They Eat the Students(2000), Neila A. Connors, Incentive Publications
Discipline Without Tears(2004), Rudolf Dreikurs, Wiley(Revised Edition)
Maintaining Sanity in the Classroom(1998), Rudolf Dreikurs, Taylor & Francis
Transformative Classroom Management(2010), John Shindler, Jossey-Bass

행복한연수원원격연수 happy.eduniety.net

30시간 2학점 원격연수

김현수 샘과 나누는 교사 심리에세이

행복한 교사로 살기 위한 교사 치유심리학 : 희망의 교사!

대한민국의 교사로서, 어쩌면 나도 누군가의 본보기가 될지도 모를 시간들을 위해 **조금 더 행복한 교사로 살기 위한 준비**를 해 보는 시간을 만들어 보고자 합니다.

치유 자각
- 01. 교사가 아프다
- 02. 힘든 현실을 살아가는 '우리'
- 03. 치유의 출발점에 서다
- 04. 교사 문화의 변화가 교사를 치유한다
- 05. 교사 치유의 핵심을 찾다

욕망통
- 15. 교사에게는 무엇이 필요한가
- 16. 교사는 무엇을 바라는가
- 17. 교사는 성장하고 싶다
- 18. 교사는 언제나 멋진 수업을 희망한다
- 19. 학생과 함께 성장하는 교사의 비결

성장통
- 06. 내 안의 상처를 들여다 보다
- 07. '선생님병'에 걸리다
- 08. 교사의 상처는 어떻게 나타나는가
- 09. 상처받은 교사에서 치유하는 교사로

내면통
- 20. 교사는 왜 아플 수밖에 없는가 I
- 21. 교사는 왜 아플 수밖에 없는가 II
- 22. 교사는 왜 아플 수밖에 없는가 III
- 23. 내면의 치유는 '개방'에서 시작한다
- 24. 파커 파머가 제시한 4가지 내면 치유 처방전
- 25. 피곤한 삶을 살 준비가 되었는가

관계통
- 10. 학생을 보다
- 11. 내가 기억하는 학생
- 12. 나는 어떻게 대처하는 교사인가
- 13. 나는 어떻게 접근하는 교사인가
- 14. 교사와 학생은 상처를 주고 받는다

행복한 교사
- 26. 나는 행복한 교사가 되고 싶다
- 27. 불행한 교사를 알면 행복한 교사가 보인다
- 28. 강점을 찾아내는 달인이 되자!
- 29. 의미와 연대가 우리를 행복한 교사로 복원시킨다
- 30. 지금 함께하기에 교사는 행복하다

강의 김현수
http://www.schoolstar.net

현 명지병원 정신건강의학과 과장 / 현 경기도광역 정신건강증진센터 및 자살예방센터 센터장
현 성장학교 별 및 스타칼리지 교장 / 현 프레네 클럽 대표 / 현 서울시 교육청 학교폭력대책 자문위원
저서 행복한 교실을 만드는 희망의 심리학 (에듀니티) / 공부상처 (에듀니티)

happy.eduniety.net

행복한연수원 원격연수

30시간 2학점 원격연수

교실! 교사의 삶의 터전

행복한 교실을 만드는
희망의 심리학

교실에 영향을 미치는 **구성요소와 무의식을 파악하여** 교실에서 벌어지는 **다양한 현상**을 이해할 수 있습니다.

교실 이해
01. 교실 – 교사의 삶의 터전
02. 교실의 구성 요소
03. 내 교실의 기후
04. 교실을 지배하는 교실무의식
05. 아이들 이해: 우리 아이들의 슬픈 결핍
06. 아이들 이해: 아픈 아이들의 교실

관계 이해
07. 교실 지리, 아이들은 어떻게 나누어졌는가?
08. 교실 역동, 아이들의 관계는 어떻게 보아야 하는가?
09. 교실 분열, 아이들이 움직이는 동기는 무엇인가?
10. 또래 관계 이해하기

아이 이해
11. 화내는 아이들은 왜 화를 내는 것일까?
12. 수업을 흐트러뜨리는 산만한 아이, ADHD
13. 산만한 아이 다루기
14. 짜증내고 귀찮아하는 우울한 아이들
15. 우울한 아이들 다루기
16. 학습에 어려움을 겪는 아이들

아이 이해
17. 학습부진 다루기
18. 조용한 아이는 예민한 아이 / 교실의 삼각관계+α
19. 삶이 바뀐 전학생 / 이혼가정의 아이

교실 변화 시동 걸기
20. 상처받는 교사
21. 교사는 왜 지치는가?
22. 상처 받는 교사에서 치유하는 교사로

교실 변화 실천하기
23. 교실 성공심리학: 실패의 무덤에서 성공의 축제장으로
24. 교실 긍정심리학: 부정-문제 중심에서 긍정-강점 중심으로
25. 교실 기여심리학: 갈등과 경쟁에서 협동과 기여로
26. 교실 동기심리학: 능력중심에서 노력중심으로
27. 교실 호감심리학: 냉소와 미움에서 관심과 사랑으로
28. 교실 민주심리학: 체벌중심에서 상담중심으로
29. 교실 치유심리학: 감성교과를 통한 자기치유수업으로
30. 교실에서 돌봄의 체계 (협력/지원기관의 활용)

강의 김현수
http://www.schoolstar.net

현 명지병원 정신건강의학과 과장 / 현 경기도광역정신건강증진센터 및 자살예방센터 센터장
현 성장학교 별 및 스타킬리지 교장 / 현 프레네 클럽 대표 / 현 서울시 교육청 학교폭력대책 자문위원
저서 행복한 교실을 만드는 희망의 심리학 (에듀니티) / 공부상처 (에듀니티)

happy.eduniety.net

30시간 2학점 원격연수

원어민 사고를 이해하는 영어,
즐겁게 놀며 함께 배우는 영어

ARROW ENGLISH

암기 없이 문법 없이 바로 쓰는 영어 능력, 초등 영어교실에서 해결한다!
애로우 잉글리시 학습법을 활용한 교실수업 사례와 교사로서 어떻게 영어공부를 해야 하는지까지 영어학습법에 대한 모든 고민을 풀어줍니다.

1. 대한민국 영어 교육 변할 수 없는가?
2. 새로운 대안, 애로우잉글리시
3. 〈원어민들처럼 생각하기〉가 먼저
4. 원어민 사고에서 나온 기본문장
5. 원어민 사고에서 나온 시제, 더 이상 단순 암기가 아니다
6. 주어에서 가장 가까운 마음, 조동사
7. 〈이다/아니다〉를 분명히 밝히는 영어식 사고
8. 앞으로 날아가는 직선적 이해의 핵심은 전치사
   - above, below
9. 순서대로 영어를 이해하는 비밀은 전치사에 있다
   - in, within
10. 화살표가 가르쳐 주는 전치사의 핵심 이론
    - around, about
11. 화살표만 따라가면 완성되는 전치사의 방향감각
    - amid, among
12. 함께하는 with, 함께하지 않는 without
13. 움직이는 순서대로 확대되는 시야
    - over, under
14. 원어민의 머릿속에 담긴 전치사의 그림
    - beside, next (to)
15. 주어에서 나온 화살표를 따라 주~욱 이어지는 영어의 흐름
    - down, up
16. 영어 문장은 기본 단위와 기본 단위의 연결, 접속사(1)
17. 영어 문장은 기본 단위와 기본 단위의 연결, 접속사(2)
18. 주어에서 나온 화살표를 따라 순서대로 그림을 그리면 간단히 해결되는 관계사 which
19. 주어에서 나온 화살표를 따라 순서대로 그림을 그리면 간단히 해결되는 관계사 who
20. 주어에서 나온 화살표를 따라 순서대로 그림을 그리면 간단히 해결되는 관계사 when, where
21. 주어에서 나온 화살표를 따라 순서대로 그림을 그리면 간단히 해결되는 관계사 how, why
22. 명사대신 길게 내용을 나열하는 덩어리 that
23. 원어민 사고에서 나온 의문문
24. 단축하여 간단히 말하는 비법 : ~ing
25. 단축하여 간단히 말하는 비법 : ~ed
26. 단축하여 간단히 말하는 비법 : to 부정사
27. 초등 애로우 잉글리시 실천 사례(1)
28. 초등 애로우 잉글리시 실천 사례(2)
29. 애로우 잉글리시의 교실 적용 사례 - Game Chain
30. 애로우 잉글리시 활용하기

강사 최재봉
㈜애로우잉글리시 대표

30시간 2학점 원격연수

초중등 교사를 위한 프로젝트학습(PBL) 입문 과정

재미와 게임으로 빚어낸 신나는 프로젝트학습

국내 최강 프로젝트학습(PBL) 실천가들과 떠나는 설레이는 수업 만들기 여행
프로젝트학습의 기본이론과 사례를 탐색하며 프로젝트학습의 준비부터 실천까지 구체적 실행방안을 수립할 수 있게 도와줍니다.

재미에 대한 생각의 전환, 관점 바꾸기
1. 놀이와 학습의 경계를 찾아서
2. 놀이와 학습의 경계를 허물며
3. 재미, 우리 뇌를 알면 보인다
4. 재미에서 학습의 본질을 찾다
5. 펀러닝 – 공자에서 듀이까지

프로젝트학습, 시작에 관한 실제 이야기
6. 프로젝트학습 그냥 시작하면 된다
7. [PBL 실습] 수업 아이디어 구체화 하기
8. [PBL 사례] 학생들이 말하는 프로젝트학습
9. [PBL 교실탐방] 창의적인 아트갤러리 프로젝트
10. [PBL 공감토크] 실천교사와 함께 Q&A 1

PBL의 실천적 이해: 아는 만큼 특별한 수업을 만들 수 있다
11. 프로젝트학습, 재미와 만나다
12. 프로젝트학습, 재미를 해부하다
13. 프로젝트학습, 풍부한 재미를 완성하다
14. 프로젝트학습, 관점이 중요하다
15. 프로젝트학습, 방법보다 철학이 먼저다

실전 PBL: 만들고 행동하고 표현하라!
16. [PBL 사례] 프로젝트학습, 준비부터 실천까지 – 초등사례
17. [PBL 사례] 문제개발에서 수업설계와 실천까지 – 통합사례
18. [PBL 사례] 프로젝트학습, 준비부터 실천까지 – 중등사례
19. [PBL 공감토크] 프로젝트학습을 성공으로 이끄는 전략
20. [PBL 교실탐방] 석유 없는 세상 프로젝트
21. [PBL 공감토크] 실천교사와 함께 Q&A 2
22. [PBL 교실탐방] 에코시티 프로젝트

진지한 재미로 빚어낸 신나는 프로젝트학습
23. 프로젝트학습은 문제로 통한다
24. 프로젝트학습, 문제를 위한 6가지 조건
25. Gamification PBL로 완성하는 재미기반학습
26. Gamification PBL을 수업에서 어떻게 구현할까

도전! 교실 밖 프로젝트학습
27. [PBL 교실탐방] 지구촌 세계박람회 프로젝트
28. [PBL 사례] 박물관을 무대로 재미기반학습을 구현하라!
29. [PBL 공감토크] Gamification PBL의 계획과 실행 전략
30. [PBL 실습] 고궁박물관 프로젝트

강의 총 15명 선생님
정준환 / 정덕년 / 고흥문 / 최미석 / 강나루 / 조윤주 / 김지민 / 김홍순
김준우 / 신혜은 / 장유미 / 최지혜 / 한지혜 / 김잔하 / 박윤기

행복한연수원 원격연수　happy.eduniety.net

30시간 2학점 원격연수

교사, 학생, 학부모의 마음을 영화로 읽어온
대마왕 차쌤의 영화수업 이야기

아이의 마음을 읽는 영화

영화 수업을 처음 시작하는 교사를 위한 친절한 가이드!
영화 수업의 교육적 의미와 방법, 아이들의 변화까지 생생한 경험과 사례를 통해
현행교육과정에 영화를 접목한 효과적인 교수학습방법을 익힐 수 있습니다.

교육, 영화를 만나다
- 01. 차쌤, 영화를 만나다.
- 02. 수업의 시작, 아이들이 변했다.
- 03. 영화를 활용한 수업, 고난이 시작되다.
- 04. 오해에서 의미 찾기
- (1. 영화교육은 일회성 교육이 아니다.)
- 05. 오해에서 의미 찾기
- (2. 영화를 본다는 것, 책을 읽는다는 것)
- 06. 영화를 활용한 수업을 위한 마지막 준비

수업, 영화를 만나다
- 07. 정규 수업시간 확보를 위한 방법
- 08. 좋은 영화를 보는 안목과 고르는 방법
- 09. 영화를 활용한 수업 운영 방법
- 10. 영화 감상 후 활동 방법
- 11. 수업 할 때 유용한 13가지 팁

친해지기 : 아이의 마음 읽기
- 12. 인크레더블을 이용한 아이의 속마음 읽기
- 13. 다툼을 보면 아이가 보인다. – 남학생 편
- 14. 다툼을 보면 아이가 보인다. – 여학생 편
- 15. 오해와 갈등, 그리고 두려움

- 16. 현실을 극복하려는 마음17차시 친구를 사귀고 싶은 마음
- 17. 친구를 사귀고 싶은 마음
- 18. 어른이 되고 싶은 마음
- 19. 다친 마음을 치유해주는 영화 치료 수업

돌아보기 : 교사의 마음 읽기
- 20. 교사는 상처받는다.
- 21. 상처를 이겨내고 교사의 길 찾기
- 22. 배움은 아이의 선택으로 부터 시작한다.
- 23. 깨달음의 극적 순간을 보다.

도와주기 : 부모의 마음 읽기
- 24. 아이는 성장통 엄마는 울화통
- 25. 아빠는 아이를 모른다.
- 26. 우리 아이 바로보기 1
- 27. 우리 아이 바로보기 2
- 28. 우리 아이 바로보기 3

교사, 영화를 만나다
- 29. 교사에게 추천해주고 싶은 10편의 영화
- 30. 자신만의 빛깔을 만들자

강의 **차승민**
現 광려초등학교 교사
실천교육교사모임 부회장

배움의 공동체, 수업디자인

30시간 2학점 원격연수

1시간 수업에 담긴 수업 철학과 실천의 이야기

학교 혁신의 바람을 이끌어온 배움의 공동체의 수업 디자인 사례를 만난다!
배움의 공동체가 추구해온 한 명의 아이도 배움에서 소외되지 않는 질 높은 배움이 무엇인지 뚜렷하게 보여주어
교사의 교육적 상상력을 높여주어 교육과정 재구성, 수업, 평가로 이어지는 수업 디자인을 실천할 수 있게 해줍니다.

교사의 배움
1. 왜 수업인가 – 수업혁신의 배경과 방향
2. 수업디자인과 교육과정 리터러시
3. 수업디자인을 위한 성취기준 이해와 활용
4. 수업디자인 실습(1) – 교육내용 편성 원리와 흐름
5. 수업디자인 실습(2) – 교육과정 재구성의 실제

교사의 실천
6. 주제가 있는 수업디자인
7. 활동, 협동, 표현하는 배움이 있는 수업디자인
8. 아이들과 교재를 어떻게 만나게 할까
9. 듣기에서 시작되는 수업디자인 – 활동지의 변화과정
10. 고3 교실에 꽃 핀 배움 중심 수업

교사의 성장과 수업 변화
11. 평가와 기록, 성장과 변화를 담다
12. 배움 중심 수업으로 전환, 1년의 기록
13. 배움 중심 평가로 전환, 1년의 기록
14. 활동적 배움의 의미 – 수업디자인의 변화
15. 삶과 연계한 교육과정 재구성

16. 돌봄이 있는 과정형 평가
17. 수업 구체화와 교사의 마음가짐
18. 1시간 수업디자인 흐름 잡기
19. 서로 묻고 답하는 열린 평가
20. 수업의 변화, 교과의 재발견
21. 배운 지식을 활용하는 실습 수업디자인
22. 한 분야의 깊이있는 탐구 – 프로젝트 수업디자인
23. 교육과정 재구성의 3단계와 교과융합
24. 도입-기본과제-점프과제의 흐름 이해
25. 성장을 격려하는 평가
26. 학교교육과정과 배움의 공동체 문화
27. 교육과정 재구성시 생각해볼 문제
28. 점프의 배움을 고민하는 수업디자인과 평가
29. 나를 찾아가는 포트폴리오 수업디자인
30. 영혼을 흔드는 배움 중심 수업–평가

강의 **한국배움의공동체연구회**

손우정 한국배움의공동체연구회 대표 / 황금주 한국배움의공동체연구회 사무국장 / 육기엽 한국배움의공동체연구회 연구국장
손임정 한국배움의공동체연구회 운영위원 / 김형규 한국배움의공동체연구회 전남고흥대표 / 손민아 한국배움의공동체연구회 경기안천대표
윤준서 한국배움의공동체연구회전남대표 / 곽지정 한국배움의공동체연구회 운영위원 / 한수현 한국배움의공동체연구회 교육연수부장
전안원 한국배움의공동체연구회 운영위원 / 김말희 한국배움의공동체연구회 운영위원

에듀니티   행복한연수원 원격연수   happy.eduniety.net

30시간 2학점 원격연수

책 읽기 좋은 봄, 여름, 가을, 겨울
교과 정규수업시간에 책 읽는 선생님들의
독서교육 이야기

교사가 지치지 않는
독서교육

독서교육에 대한 전반적인 흐름을 이해할 수 있는 연수!
다양한 교과 수업 적용 사례, 학급과 동아리 독서교육 지도법, 교사공부모임에서 하는 독서,
가정에서 하는 자녀 독서교육 지도법까지 모두 다룹니다.

독서교육, 너는 누구냐?
1. 독서교육, 이렇게 하면 될 줄 알았는데!
2. 내가 고른 책, 왜 인기가 없었지?
3. 같은 책을 읽었는데, 왜 다르지!
4. 독서감상문, 진짜 너희들의 감상이 궁금해.
5. 무엇이 문제인가! 누구의 문제인가!

독서교육, 무엇이 좋은가?
6. [재미] 시집으로 하는 독서교육
7. [쉬움] 네 시간 독서토론
8. [기본] 지적 단련을 위한 서평 쓰기
9. [소통] 책 대화하기
10. [만남] 책 읽고 인터뷰 하기
11. [탐구] 주제 보고서 쓰기

수업으로 들어온 독서교육
12. 교과 독서교육 들여다보기 1탄
13. 교과 독서교육 들여다보기 2탄
14. 국어교사 김진영, 책읽기 수업
15. 체육교사 김재광, 책읽기 수업
16. 윤리교사 김현주, 책읽기 수업

17. 역사교사 정태윤, 책읽기 수업
18. 역사교사 우현주, 책읽기 수업
19. 특성화고 사회교사 허진만, 책읽기 수업
20. 특목고 국어교사 남승림, 책읽기 수업
21. 국어교사 구본희, 자유학기제를 활용한 책읽기 수업

마음에 남는 독서교육을 위하여
22. 제자들이 기억하는 그 시절, 송승훈 선생님의 책읽기 수업
23. 지치지 않는 교과 독서교육을 함께 만들다 1탄
24. 지치지 않는 교과 독서교육을 함께 만들다 2탄

언제 어디서나 누구나 독서교육
25. 동아리와 공부모임에서 하는 책읽기
26. 담임교사가 하는 독서교육
27. 독서로 하는 학교폭력 예방수업
28. 자녀 독서교육에 대한 궁금증 해소

학교 독서교육 꿀팁
29. 실적이 필요할 때 쓰는 방법과 학교 예산 활용법
30. 학교에서 독서교육을 하는 의미

강의 송승훈
現 광동고등학교 국어선생님

15시간 1학점 원격연수

학교와 마을이 함께 아이를 키우며 성장하는
지속가능한 지역 공동체의 새로운 모습

로컬에듀,
혁신교육과 마을교육공동체를 잇다

학교가 지역을 살리고 지역이 학교를 살리는 과정 속 변화된 삶의 새로운 역사!
공허한 교육혁신의 목소리에서 벗어나 우리 교육과 지역의 문제를 명확히 하고 누가, 무엇을, 어떻게 시작하고 협력해야 하는지를
구체적으로 제시하여 교사, 학부모, 행정가, 활동가, 지역민 개개인에게 자신의 역할과 방향을 인식하도록 도와줍니다.

1부 함께 꾸는 꿈
01. 로컬에듀, 지역교육을 위한 희망 로드맵
02. 지역의 교육에 질문을 던지다
03. 지역의 아이는 지역의 힘으로 키운다
04. 로컬에듀, 협력이 답이다

2부 학교의 변화와 성장
05. 따뜻한 학교의 철학과 지향
06. 교사, 실천하면서 배우다
07. 학습 더딤, 어떻게 접근해야 하는가
08. 학교, 연극의 무대가 되다
09. 학교, 마을과 어떻게 만날까
10. 지역으로 깊어지는 혁신교육

3부 마을의 변화와 성장
11. 공동체, 교육과 사회의 변화를 꿈꾸다
12. 학교와 지역사회(1) – 공동체적 안전망
13. 학교와 지역사회(2) – 함께 꾸는 꿈
14. 학부모, 연대와 협력의 주체가 되다
15. 마을의 들꽃, 교육공동체를 만나다

강의
추창훈 선생님, 박일관 교장선생님, 홍인재 교감선생님, 임경수 박사님, 김수정 학부모연대

친절하며 단호한 교사의 비법
학급긍정훈육법

30시간 2학점 원격연수

친절하며 단호한 훈육법으로
행복하고 민주적인 교실 만들기

친절하게 대하는데도 학생들이 예의 바르고, 단호하게 대하는데도 학생들과 친밀할 수 있는 구체적인 방법을 긍정훈육법으로 알려드립니다.

1부. 기본 철학 이해하기
1. 흔들리는 교사를 위한 새로운 훈육법
2. 친절하며 단호한 교사의 원칙
3. 친절하며 단호한 교사의 표현
4. 학생의 참여를 이끌어내는 호기심 질문법
5. 갈등해결을 위한 문제해결 4단계
6. Top 카드로 알아보는 교사 유형(1)
7. Top 카드로 알아보는 교사 유형(2)
8. 칭찬은 고래를 춤추게 만든다?
9. 행동 아래 감춰진 신념
10. 교사문제해결 14단계
11. 감정조절의 기술
12. 긍정적 타임아웃
13. 자기조절을 위한 감정 알아차림

2부. 학급 운영
14. PDC 학급의 구조 (The House of PDC)
15. 가이드라인의 작용과 일과정하기
16. 의미 있는 역할 정하기
17. 상호존중하기
18. 협력하는 학급 세우기
19. 실수는 배움의 기회다
20. 실수에서 회복하기 3단계
21. 원 만들기와 감사 나누기
22. 다름 존중하기 (1)
23. 다름 존중하기 (2)
24. 존중하는 의사소통기술
25. 해결책에 초점 두기와 브레인스토밍
26. 의제 정하기와 어긋난 목표 행동
27. 중등에서 만나는 PDC 이야기
28. 학부모와 함께하는 PDC 이야기 - 교실 수업
29. 학부모와 함께하는 PDC 이야기 - 가정에서의 변화

3부. 교사, 변화를 꿈꾸다
30. PDC로 변화를 꿈꾸는 교사들에게

강의 **김성환**
http://pd-korea.net/

現 조현초등학교 교사(초등교사 14년) / EBS-e "최고의 영어교사" 출연
PD&PDC Educator, PDTC(Positive Discipline Trainer Candidate)
역서 학급긍정훈육법, 학급긍정훈육법 활동편